[Wissen für die Praxis]

Weiterführend empfehlen wir:

ABC des Mietrechts
ISBN 978-3-8029-3236-6

Die Eigentumswohnung von A–Z
ISBN 978-3-8029-3237-3

Ihre Rechte in der Wohnungseigentümerversammlung
ISBN 978-3-8029-4066-8

Geld-Checkliste für Vermieter
ISBN 978-3-8029-3239-7

Profi-Handbuch für Wohnungseigentümer
ISBN 978-3-8029-3929-7

Profi-Handbuch Wohnungs- und Hausverwaltung
ISBN 978-3-8029-3942-6

Profi-Handbuch Wertermittlung von Immobilien
ISBN 978-3-8029-3947-1

BGB – Bürgerliches Gesetzbuch
ISBN 978-3-8029-2038-7

Weitere Titel unter: www.WALHALLA.de

Wir freuen uns über Ihr Interesse an diesem Buch. Gerne stellen wir Ihnen zusätzliche Informationen zu diesem Programmsegment zur Verfügung.

Bitte sprechen Sie uns an:

E-Mail: WALHALLA@WALHALLA.de
http://www.WALHALLA.de

Walhalla Fachverlag · Haus an der Eisernen Brücke · 93042 Regensburg
Telefon (0941) 56 84-0 · Telefax (0941) 56 84-111

Karl-Friedrich Moersch

ABC der Mietnebenkosten

Lexikon für Mieter und Vermieter

2., aktualisierte Auflage

WALHALLA Rechtshilfen

WALHALLA

Bibliografische Information der Deutschen Nationalbibliothek

Die Deutsche Nationalbibliothek verzeichnet diese Publikation in der Deutschen Nationalbibliografie; detaillierte bibliografische Daten sind im Internet über http://dnb.dnb.de abrufbar.

Zitiervorschlag:

Karl-Friedrich Moersch, ABC der Mietnebenkosten
Walhalla Fachverlag, Regensburg 2016

Hinweis: Unsere Werke sind stets bemüht, Sie nach bestem Wissen zu informieren. Alle Angaben in diesem Werk sind sorgfältig zusammengetragen und geprüft. Durch Neuerungen in der Gesetzgebung, Rechtsprechung sowie durch den Zeitablauf ergeben sich zwangsläufig Änderungen. Bitte haben Sie deshalb Verständnis dafür, dass wir für die Vollständigkeit und Richtigkeit des Inhalts keine Haftung übernehmen.

Bearbeitungsstand: Oktober 2016

2., aktualisierte Auflage

Produktion: Walhalla Fachverlag, 93042 Regensburg
Umschlaggestaltung: grubergrafik, Augsburg
Printed in Germany
ISBN 978-3-8029-3238-0

SBL-CPI-1116-14866-O

Nutzen Sie das Inhaltsmenü:
Die Schnellübersicht führt Sie zu Ihrem Thema.

Schnellübersicht

Schnellübersicht

Geld sparen, Streit vermeiden

Was trennt die Bewohner von Kiel und von Leipzig? – Die Kieler haben laut Statistik sehr hohe Heiz- und Warmwasserkosten pro qm Wohnfläche pro Jahr, die Sachsen genießen die Sonne und erfreuen sich an deutlich niedrigeren Heizkosten (Kiel Periode 2008/2009 14,61 Euro pro qm pro Jahr; Leipzig Periode 2008/2009 12,28 Euro pro qm pro Jahr, vgl. Pressemitteilung unter www.techem.de).

Die Kosten für das Wohnen beinhalten die monatliche Miete sowie die „2. Miete", das heißt die Betriebs- oder Nebenkosten. Letztere geben immer wieder Anlass für Streit zwischen Vermieter und Mieter.

Nicht nur Umwelteinflüsse spielen bei den Betriebskosten eine Rolle, sondern auch selbstverschuldete Gründe auf Mieter- oder Vermieterseite. Meistens ließen sich nervenaufreibende und langwierige Rechtsstreitigkeiten vermeiden, wenn die Nebenkosten im Mietvertrag von vornherein klar geregelt wären oder die Beteiligten sich ausführlich über die Rechtslage informieren würden.

Für Mieter und Vermieter ist es gleichermaßen wichtig, über die Betriebskosten Bescheid zu wissen. Wer sich auskennt, ist in der Lage, eine ordnungsgemäße Betriebskostenabrechnung zu erstellen oder sachgerecht zu prüfen.

Dieser Ratgeber in Lexikonform erläutert verständlich die mitunter komplizierten Sachverhalte und komplexen Zusammenhänge, so dass auch der juristische Laie die Denkweise der Gerichte und des Gesetzgebers nachvollziehen kann.

Wichtig: Dieses kompakte Nachschlagewerk dient einer ersten Orientierung. Jeder Mietvertrag ist anders und manche gerichtliche Entscheidungen beurteilen nur eine ganz bestimmte Fallkonstellation, die nicht unbedingt auf jeden anderen Einzelfall übertragbar ist.

Droht eine gerichtliche Auseinandersetzung, empfiehlt es sich, professionellen Rat einzuholen – bei einem Fachanwalt für Miet- und Wohnungseigentumsrecht, beim Haus- und Grundbesitzerverein oder bei den Mietvereinen.

Karl-Friedrich Moersch
Rechtsanwalt und Fachanwalt
für Miet- und Wohnungseigentumsrecht

Ich möchte auf diesem Wege meiner geliebten Frau Gabriele für ihre warmherzige und liebevolle Unterstützung ganz herzlich danken, das gilt auch für unsere Kinder Maximilian, Lisa, Aline, Laura und Aisha.

Abkürzungen

II. BV	Zweite Berechnungsverordnung
Abs.	Absatz
a. F.	alte Fassung
AFB	Allgemeine Feuerversicherungsbedingungen
AG	Amtsgericht
AGB	Allgemeine Geschäftsbedingungen
Art.	Artikel
Az.	Aktenzeichen
BBauG	Bundesbaugesetzbuch
BDSG	Bundesdatenschutz
BetrKV	Betriebskostenverordnung
BetrSichV	Betriebssicherheitsverordnung
BGB	Bürgerliches Gesetzbuch
BGBl.	Bundesgesetzblatt
BGH	Bundesgerichtshof
BV	Berechnungsverordnung
EichG	Eichgesetz
EnEV	Energieeinsparverordnung
EStG	Einkommensteuergesetz
GG	Grundgesetz
GrStG	Grundsteuergesetz
HeizKV	Heizkostenverordnung
IMR	Immobilien- und Mietrecht (Zeitschrift)
kWh	Kilowattstunde
KÜO	Kehr- und Überprüfungsverordnung

Abkürzungen

LBO	Landesbauordnung
LG	Landgericht
MEA	Miteigentumsanteile
m. w. N.	mit weiteren Nachweisen
NJW	Neue Juristische Wochenschrift (Zeitschrift)
Nr.	Nummer
NZM	Neue Zeitschrift für Miet- und Wohnungsrecht
OLG	Oberlandesgericht
qm	Quadratmeter (m^2)
Rn.	Randnummer
S.	Seite
VGH	Verwaltungsgerichtshof
vgl.	vergleiche
WEG	Wohnungseigentumsgesetz
WHG	Wasserhaushaltsgesetz
WoFlV	Wohnflächenverordnung
WuM	Wohnungswirtschaft und Mietrecht (Zeitschrift)
ZPO	Zivilprozessordnung
ZVG	Zwangsversteigerungsgesetz
ZwVVO	Zwangsverwalterverordnung

Einleitung

Mieter und Vermieter von Wohnraum haben in den letzten Jahren bemerkt, dass die Nebenkosten, man spricht auch von Betriebskosten, immer teurer werden. Die Heizkosten steigen unablässig, die öffentliche Hand erhöht regelmäßig die Müllabfuhrkosten, die Grundsteuer und die Abwassergebühren, um nur einige Beispiele zu nennen. Beide Parteien streben an, die Nebenkosten nicht zu Hauptkosten werden zu lassen und diese, wenn möglich, zu minimieren oder realistischer, den Anstieg der Kosten etwas zu verlangsamen. Das Thema Nebenkosten (Betriebskosten) beinhaltet viele Fragen, die mit diesem kleinen Kompendium beantwortet werden sollen.

Gesetzlich geregelt sind die Fragen zu den Betriebskosten im Wohnraummietrecht in den §§ 556, 556a und 560 BGB, in der Betriebskostenverordnung (BetrKV) und in der Heizkostenverordnung (HeizKV). Unter Berücksichtigung dieser Vorschriften bleibt festzuhalten, dass es grundsätzlich erlaubt ist, im Mietvertrag zu vereinbaren, dass zusätzlich zur Miete Betriebs- oder Nebenkosten bezahlt werden.

Im Betriebskostenrecht werden die Begriffe Betriebskosten und Nebenkosten gleichwertig verwendet. Meistens werden auf die zu erwartenden, erst nach Ablauf der Abrechnungsperiode feststehenden Betriebskosten monatliche Vorauszahlungen, oft auch als Abschlagszahlungen bezeichnet, vereinbart, über die grundsätzlich einmal jährlich abzurechnen ist. Die Abrechnung durch den Vermieter hat spätestens zwölf Monate nach Ablauf der Abrechnungsperiode zu erfolgen. Nach Verstreichen dieser Frist kann der Vermieter keine Nachforderungen mehr stellen. Eventuelle Guthaben, weil der Mieter zu hohe Abschlags- oder Vorauszahlungen geleistet hat, sind selbst bei Fristablauf an den Mieter auszubezahlen. Diese gesetzliche Folge ist sozusagen die Strafe für den Vermieter, dass er die Abrechnungsfrist nicht eingehalten hat.

Welche Arten von Betriebskosten vom Mieter verlangt werden dürfen, wird in der Betriebskostenverordnung festgelegt; dort sind insgesamt 17 verschiedene Kostenpositionen aufgeführt. Die Heizkostenverordnung, die zusätzlich bei der Abrechnung der Betriebskosten heranzuziehen ist, bestimmt ergänzend, dass die Kosten des Energieverbrauchs immer, mit ein paar Ausnahmen, verbrauchsabhängig abgerechnet werden müssen und wie sie auf die Mieter verteilt werden müssen. Ebenfalls in der Heizkostenverordnung sind die Kosten des Verbrauchs von Warmwasser geregelt.

Seit der Mietrechtsreform im Jahr 2001 und der Reform der Zivilprozessordnung (ZPO) im Folgejahr sind zahlreiche Entscheidungen des Bundesgerichtshofes (BGH) zum Thema Betriebskosten veröffentlicht worden, die maßgeblich das Betriebskostenrecht steuern. Erst die Reform der ZPO schuf die Zuständigkeit des BGH als letzte Instanz, so dass unser oberstes Zivilgericht sich nunmehr auch mit „Kleinstbeträgen", die auf dem Betriebskostenrecht fußen, „herumschlagen" muss. In diesen Fällen geht es auch meistens nicht um das liebe Geld, sondern – wie Anwaltsmandanten sagen – „ums Prinzip".

Ungeregelte Fragen und unklare Positionen sind durch den BGH in weiten Teilen geklärt worden und dennoch stellen sich danach neue Fragen. Ob die Lösungsangebote des BGH immer in der Sache gerecht sind, ist eine andere Frage, wenn man weiß, was gerecht ist. Jedenfalls haben Vermieter und Mieter in aller Regel ziemlich zuverlässige Vorgaben, wie Betriebskosten abzurechnen sind, welche Positionen dazu gehören und welche nicht.

Wichtige Entscheidungen der letzten Jahre

Abrechnungsfrist (BGH, Az. VIII ZR 115/04)

Der Vermieter hält die zwölfmonatige Abrechnungsfrist schon dadurch ein, dass er dem Mieter eine formell ordnungsgemäße Abrechnung zuschickt. Ob die Abrechnung inhaltlich (materiell) richtig ist, ist dabei nicht entscheidend.

Nachforderung (BGH, Az. VIII ZR 220/05)

Der Vermieter ist mit Nachforderungen aus einer verspäteten Abrechnung nicht ausgeschlossen, wenn er die Verspätung nicht zu vertreten hat.

Rückzahlung der Vorauszahlung (BGH, Az. VIII ZR 54/04)

Ist das Mietverhältnis beendet und rechnet der Vermieter nicht spätestens zwölf Monate nach Ende der Abrechnungsperiode ab, kann der Mieter alle Betriebskostenvorauszahlungen für diesen Abrechnungszeitraum zurückfordern. Rechnet der Vermieter später jedoch ab, kann er Forderungen höchstens bis zur Höhe der ursprünglich geleisteten Vorauszahlungen geltend machen.

Eintrittsrecht (BGH, Az. VIII ZR 78/05)

Mieter haben das Recht, die Unterlagen für ihre Betriebskostenabrechnung zu prüfen. Sie haben Anspruch auf Einsicht in die Originalbelege und Rechnungen. Sie können nur ausnahmsweise fordern, dass ihnen Kopien der Belege zugesandt werden.

Wärmecontracting (BGH, Az. VIII ZR 54/04)

In einem laufenden Mietverhältnis ist die Umstellung auf Wärmecontracting nur dann zulässig, wenn hierfür im Mietvertrag eine ausdrückliche Regelung getroffen ist oder der Mieter der Umstellung zustimmt.

Leerstand (BGH, Az. VIII ZR 159/05)

Zumindest soweit die Betriebskosten nach Wohnfläche auf die Mieter des Hauses verteilt werden, muss der Vermieter die Kostenanteile für leerstehende Wohnungen selbst zahlen. Das gilt auch für verbrauchsabhängige Kostenarten wie für Entwässerung, Müllabfuhr, Hausbeleuchtung und Fahrstuhlkosten.

Bruttomiete (BGH, Az. VIII ZR 212/05)

Die Vereinbarung einer Bruttowarm- oder Warmmiete im Mietvertrag ist unwirksam. Sie ist mit den Regelungen der Heizkostenverordnung nicht vereinbar. Nach der Heizkostenverordnung müssen die Kosten für die zentrale Beheizung und Warmwasserversorgung verbrauchsabhängig abgerechnet werden.

Abflussprinzip (BGH, Az. VIII ZR 221/08)

Wiederkehrende Kosten der Reinigung des Öltanks einer Heizungsanlage sind umlagefähige Betriebskosten. Betriebskosten, die nicht jährlich, sondern in größeren zeitlichen Abständen wiederkehren, können grundsätzlich in dem Abrechnungszeitraum umgelegt werden, in dem sie entstehen.

Kosten der Öltankreinigung (BGH, Az. VIII ZR 221/08)

- Wiederkehrende Kosten der Reinigung des Öltanks einer Heizungsanlage sind umlagefähige Betriebskosten.
- Betriebskosten, die nicht jährlich, sondern in größeren zeitlichen Abständen wiederkehren, können grundsätzlich in dem Abrechnungszeitraum umgelegt werden, in dem sie entstehen.

Fehler in der Betriebskostenabrechnung (BGH, Az. VIII ZR 185/09)

Materiell-rechtliche Einwendungen gegen die Betriebskostenabrechnung (hier: fehlende Umlagefähigkeit der Grundsteuer) muss der Mieter dem Vermieter auch dann innerhalb eines Jahres (erneut) mitteilen, wenn er sie bereits gegenüber einer früheren Abrechnung erhoben hatte.

Wasserzähler (BGH, Az. VIII ZR 112/10)

- Ist im Mietvertrag eine nach § 556a Abs. 1 Nr. 2 BGB zulässige Betriebskostenabrechnung auf der Grundlage eines erfassten Verbrauchs vereinbart, kommt es für die inhaltliche Richtigkeit der Betriebskostenabrechnung allein darauf an, ob der tatsächliche Verbrauch zutreffend erfasst worden ist.

- Beruhen die in die Betriebskostenabrechnung eingestellten Verbrauchswerte auf der Ablesung eines geeichten Messgeräts, spricht eine tatsächliche Vermutung dafür, dass diese Werte den tatsächlichen Verbrauch richtig wiedergeben.
- Den von einem nicht mehr geeichten Messgerät abgelesenen Verbrauchswerten kommt die Vermutung ihrer Richtigkeit nicht zu. In diesem Fall muss der Vermieter im Prozess die Richtigkeit der abgelesenen Werte nachweisen.

Mietminderung (BGH, Az. VIII ZR 223/10)

Ist die Miete gemindert, berechnet sich eine etwaige Nachforderung des Vermieters aus einer Betriebskostenabrechnung dergestalt, dass die vom Mieter im Abrechnungsjahr insgesamt geleistete Zahlung der geschuldeten Gesamtjahresmiete (Jahresbetrag der Nettomiete zuzüglich der abgerechneten Betriebskosten abzüglich des im betreffenden Jahr insgesamt gerechtfertigten Minderungsbetrags) gegenüber gestellt werden.

Anpassung der Betriebskostenvorauszahlungen (BGH, Az. VIII ZR 271/10)

Nach einer Betriebskostenabrechnung ist eine Anpassung der Vorauszahlungen auch dann möglich, wenn bereits die Folgeabrechnungsperiode abgelaufen, aber noch nicht abgerechnet ist. Eine Anpassung von Betriebskostenvorauszahlungen ist nur für die Zukunft möglich.

Heizkosten (BGH, Az. VIII ZR 156/11)

Heizkosten können nicht nach dem Abflussprinzip, sondern nur unter Ansatz des im Abrechnungszeitraum verbrauchten Brennstoffs abgerechnet werden.

Die auf die Anwendung des Abflussprinzips beruhende Fehlerhaftigkeit einer Heizkostenabrechnung kann nicht durch eine Kürzung der auf die Nutzer entfallenden Kostenanteile nach § 12 Abs. 1 HeizKV ausgeglichen werden.

Anpassung von Vorauszahlungen (BGH, Az. VIII ZR 245/11)

Nach einer Nebenkostenabrechnung ist der Vermieter zur Anpassung von Vorauszahlungen gemäß § 560 Abs. 4 BGB nur insoweit berechtigt, als sie auf einer inhaltlich korrekten Abrechnung beruht.

Vorauszahlungen (BGH, Az. VIII ZR 360/11)

Kommt der Mieter mit der Zahlung von durch den Vermieter einseitig erhöhten Betriebskostenvorauszahlungen in Verzug, scheitert eine darauf gestützte fristlose Kündigung des Vermieters nicht daran, dass der Vermieter den Mieter nicht vor Ausspruch der Kündigung auf Zahlung der erhöhten Betriebskosten verklagt hat.

Nachforderung von Grundsteuer (BGH, Az. VIII ZR 264/12)

Der Vermieter kann sich bei der Betriebskostenabrechnung die Nachberechnung einzelner Positionen vorbehalten, soweit er ohne Verschulden an einer rechtzeitigen Abrechnung gehindert ist. Die Verjährung der sich aus der Nachberechnung ergebenden Forderung beginnt nicht vor Kenntnis des Vermieters von den anspruchsbegründenden Umständen (hier: rückwirkende Neufestsetzung der Grundsteuer durch das Finanzamt) zu laufen.

Kalenderübergreifende Rechnungen (BGH, Az. VIII ZR 201/13)

Ermittelt der Vermieter die auf das abzurechende Kalenderjahr entfallenden Betriebskosten aus kalenderübergreifenden Rechnungen des Versorgers, ist die Abrechnung nicht deshalb aus formellen Gründen unwirksam, weil der Vermieter die insoweit erforderlichen Zwischenschritte nicht offengelegt hat.

Personenmonate (BGH, Az. VIII ZR 97/14)

Eine Betriebskostenabrechnung ist nicht deshalb unwirksam, weil eine – nicht näher erläuterte – Umlage nach Personenmonaten erfolgt. Ebensowenig bedarf es der Angabe, für welchen Zeitraum wie viele Personen pro Wohnung berücksichtigt worden sind.

Heizkosten (BGH, Az. VIII ZR 329/14)

Hat der Vermieter den Verbrauch unter Verstoß gegen § 5 Abs. 2 Nr. 1 HeizVK ermittelt, ist in der Regel gleichwohl der ermittelte Verbrauch der Abrechnung zugrunde zu legen und nicht allein nach der Wohnfläche abzurechnen. In diesem Fall ist eine Kürzung gemäß § 12 Abs. 1 Nr. 1 HeizKV vorzunehmen. Der Kürzungsbetrag ist dabei von dem für den Nutzer in der Abrechnung ausgewiesenen Anteil der Gesamtkosten zu errechnen.

Lockerung formelle Wirksamkeit (BGH, Az. VIII ZR 93/15)

Zur formellen Ordnungsgemäßheit einer Betriebskostenabrechnung genügt es hinsichtlich der Angabe der Gesamtkosten, wenn der Vermieter bei der jeweiligen Betriebskostenart den Gesamtbetrag angibt, den er auf die Wohnungsmieter der gewählten Abrechnungseinheit umlegt. Das gilt auch, wenn der Vermieter diesen Gesamtbetrag vorab um nicht auf den Mieter umlagefähige Kostenanteile bereinigt hat; einer Angabe und Erläuterung der zum angesetzten Gesamtbetrag führenden Rechenschritte bedarf es nicht.

Übertragung der Betriebskosten (BGH, Az. VIII ZR 137/15)

In der Wohnraummiete genügt zur Übertragung der Betriebskosten auf den Mieter die – auch formularmäßige – Vereinbarung, dass dieser die Betriebskosten zu tragen hat. Auch ohne Beifügung des Betriebskostenkatalogs oder ausdrückliche Bezugnahme auf § 556 Abs. 1 Nr. 2 BGB und die Betriebskostenverordnung vom 25.11.2003 ist damit die Umlage der in § 556 Abs. 1 Nr. 2 BGB definierten und in der Betriebskostenverordnung erläuterten Betriebskosten vereinbart.

Einwendungsausschluss (BGH, Az. VIII ZR 209/15)

Der Einwendungsausschluss gemäß § 556 Abs. 3 Nr. 6 BGB gilt grundsätzlich auch für solche Kosten, die gemäß § 556 Abs. 1 Nr. 1 BGB i. V. m. der Betriebskostenverordnung in der Wohnraummiete generell nicht auf den Mieter umgelegt werden können.

Die vorstehend zitierten Entscheidungen sind nur ein paar wenige Urteile, die wichtig für das gesamte Betriebskostenrecht sind. Weitere Details finden Sie im nachfolgenden lexikalischen Teil.

Abflussprinzip/Leistungsprinzip

Wie Nebenkosten im Wohnraummietverhältnis abzurechnen sind, regeln drei gesetzliche Vorschriften: § 556 ff. BGB, die Betriebskostenverordnung sowie die Heizkostenverordnung.

Nach welcher Abrechnungsmethode ist vorzugehen? Es gibt das Leistungs- oder Zeitabgrenzungsprinzip sowie das Abflussprinzip.

Was versteht man unter Abflussprinzip und was versteht man unter Leistungsprinzip?

Eine Betriebskostenabrechnung, die nach dem sog. Leistungsprinzip (Verbrauchs- oder Zeitabgrenzungsprinzip) vorgenommen wird, bedeutet, dass dem Mieter für eine bestimmte Abrechnungsperiode (maximal 12 Monate) bis spätestens 12 Monate nach Ablauf der Abrechnungsperiode im Rahmen der Betriebskostenabrechnung, die Kosten in Rechnung gestellt werden, die erbracht, verursacht oder verbraucht wurden – unabhängig davon, wann der Leistungserbringer oder der Versorger dem Vermieter die Rechnung hierfür erstellt hat oder wann die Rechnung vom Vermieter konkret bezahlt wurde. Bezahlt z. B. der Vermieter eine Versicherungsprämie im Dezember eines Jahres für die Zukunft, nämlich für das nachfolgende Abrechnungsjahr, stellt sich die Frage, ob die Prämienrechnung in die „alte" Betriebskostenabrechnung eingestellt werden muss, oder in das Jahr, in dem die Versicherungsprämie „zählt".

Maßgeblicher Zeitpunkt für die Abrechnung nach dem Abflussprinzip ist der tatsächliche Geldabfluss vom Bankkonto des Vermieters, das heißt der Zeitpunkt, in welchem der Vermieter die Rechnung bezahlt hat (BGH vom 11.11.2009, Az. VIII ZR 221/08). Darunter fallen auch Kosten für den Verbrauch im vorherigen (zurückliegenden) Abrechnungszeitraum oder für einen in der Zukunft liegenden Abrechnungszeitraum. Beispiele mögen die Problematik verdeutlichen: Der Vermieter bezahlt im zurückliegenden Abrechnungszeitraum elf Abschlagszahlungen für die Lieferung von Kaltwasser und erhält im neuen Abrechnungszeitraum die Jahresabrechnung vom Versorger mit einem Nachzahlungsbetrag, den er sofort bezahlt. Wird nach dem Abflussprinzip abgerechnet, gehört die Nachzahlung in die neue Abrechnung, wird nach dem Leistungsprinzip abgerechnet, gehört der Nachzahlungsbetrag in die „alte“ Abrechnung, weil in diesem Abrechnungszeitraum das Wasser von den Wasserwerken bezogen wurde.

Der BGH hat die Frage grundsätzlich dahingehend beantwortet, dass Vermieter nach dem Abflussprinzip abrechnen dürfen. Damit hat der Vermieter quasi eine Art Wahlrecht. Der Vermieter durfte damit – so die Entscheidung des BGH – nicht nur die Kosten für den in 2004 erfolgten Verbrauch von Kaltwasser und Abwasser abrechnen, sondern auch Beträge für das Jahr 2003, die der Versorger ihm erst im Jahr 2004 berechnet hatte.

Diese Auffassung wird mit dem Argument begründet, dass es für den Vermieter ein unzumutbarer Aufwand sei, aus den Abrechnungen des Versorgers mit vom Kalenderjahr abweichendem Abrechnungszeitraum jeweils die auf einzelne Kalenderjahre entfallenden Beträge herauszurechnen:

BGH vom 20.02.2008, Az. VIII ZR 49/07

(...) Auch das Abflussprinzip ermöglicht grundsätzlich eine sachgerechte Umlage von Betriebskosten, indem es auf die Kosten abstellt, mit denen der Vermieter im Abrechnungszeitraum vom Leistungsträger jeweils tatsächlich belastet wird. Die Betriebskostenabrechnung vereinfacht sich dadurch jedenfalls für bestimmte Betriebskostenarten für den Vermieter unter Umständen erheblich. (...)

Allerdings kann die Abrechnung nach dem Abflussprinzip im Fall eines Mieterwechsels zu unwilligen Ergebnissen führen.

Sofern vertraglich nichts vereinbart ist, ist der Vermieter nicht an eine bestimmte Abrechnungsart, also Abflussprinzip oder Leistungsprinzip, gebunden. Nach Auffassung des BGH liegt der Vorteil im Abflussprinzip insbesondere darin, dass die Kontrolle der Abrechnung durch den Mieter vereinfacht wird, da der Mieter anhand des Fälligkeitsdatums der Rechnung sowie des Zahlungsbelegs gegenüber dem Versorgungs-/Leistungserbringer feststellen kann, ob die in die Abrechnung eingestellte Kostenposition in diese oder eine andere Abrechnungsperiode gehört.

Nach Auffassung des BGH ist es eine sachgerechte und vereinfachte Abrechnung, wenn die Betriebskostenabrechnung jeweils auf die Kosten abstellt, mit denen der Vermieter in einer Abrechnungsperiode vom Versorger/Leistungserbringer tatsächlich belastet wurde und wann er die Rechnung bezahlt hat. Sollte der Mieter den Verdacht einer Manipulation haben, ist es dem Vermieter nach den Grundsätzen gemäß Treu und Glauben gemäß § 242 BGB verwehrt, sich auf das Abflussprinzip zu berufen.

Die Heizkosten dürfen jedoch nicht nach dem Abflussprinzip abgerechnet werden, da die Heizkostenverordnung als zwingendes Recht dagegensteht (BGH vom 01.02.2012, Az. VIII ZR 156/11).

Gemäß § 7 Abs. 2 HeizKV dürfen nur die Heizkosten unter Ansatz des im Abrechnungszeitraums verbrauchten Brennstoffs abgerechnet werden. Es dürfen nur die Kosten des im Abrechnungszeitraum tatsächlich verbrauchten Brennstoffs abgerechnet werden. Das ist auf der Basis des Abflussprinzips nicht gewährleistet.

Weitere Stichwörter:
Abrechnungsperiode, Abrechnungszeitraum

Abgaswegeüberprüfung bei Gasfeuerstätten

Der zuständige Bezirksschornsteinfegermeister muss jährlich die Abgaswege von Gasfeuerstätten auf der Grundlage der Kehr- und Überprüfungsordnung (KÜO) des jeweiligen Bundeslandes untersuchen, um die Betriebssicherheit von Gasfeuerungsanlagen zu gewährleisten. Geprüft wird, ob die Ableitung von Abgasen durch den Schornstein ordnungsgemäß erfolgt, es wird der Kohlenmonoxid-Gehalt (CO) im Abgas gemessen. Sollte dieser aufgrund fehlerhafter Einstellung der Gastherme zu hoch, also „mangelhaft" sein, werden Vermieter und Mieter durch einen Mängelbericht vom Schornsteinfeger informiert.

Die Höhe der Gebühr für die Abgaswegeüberprüfung bemisst sich nach der Kehr- und Überprüfungsgebührenordnung des jeweiligen Bundeslands. Die Gebühr kann als Betriebskosten nach § 2 Nr. 4a und Nr. 4d BetrKV auf die Mieter umgelegt werden.

Weitere Stichwörter:
Schornsteinreinigung, Thermenwartung

Ablesetermin

Zur Ermittlung des tatsächlichen Verbrauchs für Heizung und Warmwasser müssen die Anfangs- und Endstände des jeweiligen Nutzers (Mieters) als Verbrauchsdaten am Ende eines Abrechnungszeitraums ermittelt werden. Hat der Vermieter eine „Wärmedienstfirma" beauftragt, ist der Vermieter befugt, die Wärmedienstkosten zuzüglich der Warmwasserkostenabrechnung auf den Mieter umzulegen. Zu den Wärmedienstkosten zählen die Kosten der Ermittlung, der Aufteilung auf die einzelnen Parteien sowie das Erstellen der Heizkostenabrechnung an sich. Die Ablese- und Ermittlungskosten laufen dann unter der Rubrik Warmwasser- und Heizkosten und sind keine Verwaltungskosten. Verwaltungskosten dürfen normalerweise nicht auf den Mieter umgelegt werden.

Grundsätzlich hat der Mieter das Ablesen der Messeinrichtungen zu dulden und muss folglich dem Ableser Zugang verschaffen. Der Vermieter oder die von ihm beauftragte Firma benennt dazu einen bestimmten Ablesetermin mit Ersatztermin für die Ablesung. Falls nicht abgelesen werden kann, wird der Verbrauch geschätzt.

Weitere Stichwörter:
Verbrauchserfassung, Verbrauchsschätzung, Verwaltungskosten, Wärmedienstkosten

Ablesung

Werden die Betriebskosten auf der Grundlage von Messgeräten oder Verbrauchserfassungsgeräten ermittelt, insbesondere Heizkostenverteiler, Kaltwasseruhren, Warmwasseruhren, Gaszähler und Wärmezähler, müssen diese Geräte einmal im Jahr zur Feststellung der Verbrauchsdaten abgelesen werden.

Der Ablesetermin sollte vom Ableser rechtzeitig, das heißt mindestens zehn Tage vorher angekündigt werden. Auch sollte bei der Ankündigung ein Zweit- oder Ersatztermin vorgesehen sein, falls der Mieter zum ersten Termin keine Zeit oder keine Möglichkeit hat, den Ableser in die Wohnung zu lassen, z. B. weil er im Urlaub ist.

Erst wenn dieser zweite Termin ebenfalls verstreicht, kann der Verbrauchswert vom Vermieter oder von dem von ihm beauftragten Abrechnungsdienst geschätzt werden.

Für die formelle Ordnungsgemäßheit einer Betriebskostenabrechnung hat es keine Bedeutung, ob die in der Abrechnung für den jeweiligen Mieter angesetzten Kosten auf abgelesenen Messwerten oder auf einer Schätzung beruhen. Es kommt auch nicht darauf an, ob eine Schätzung, die der Vermieter vorgenommen hat, den Anforderungen des § 9a HeizKV entspricht. Einer Erläuterung der angesetzten Kosten bedarf es nicht (BGH vom 12.11.2014, Az. VIII ZR 112/14).

Der BGH stellt an die formelle Ordnungsgemäßheit einer Betriebskostenabrechnung nur noch geringe Anforderungen. Ob die Abrechnung richtig oder falsch ist, ist eine Frage der materiellen Richtigkeit der Abrechnung und berührt die formelle Wirksamkeit nicht. Die Abrechnungsfrist ist mit der Vorlage einer formell ordnungsgemäßen Betriebskostenabrechnung gewahrt. Selbst die Vorlage einer falschen Abrechnung wahrt die Abrechnungsfrist.

Weitere Stichwörter:
Eichpflicht, Heizkostenverteiler nach Verdunstungsprinzip, Verbrauchserfassungsgeräte, Wasserzähler

Abrechnung

Oft wird die Frage gestellt, wie eine korrekte Abrechnung der Betriebskosten aussehen muss, damit sie wirksam ist und ggf. gerichtlich durchgesetzt werden kann.

Eine Betriebskostenabrechnung muss eine Zusammenstellung der einzelnen, abgerechneten Kostenarten beinhalten, wobei jeweils die Gesamtbeträge genannt werden müssen. Außerdem muss ein nachvollziehbarer und schlüssiger, das heißt verständlicher Verteilerschlüssel angewandt worden sein, mit diesem wird der konkrete Kostenteil des einzelnen Mieters ermittelt. Sodann ist dem Gesamtanteil als Summe der Einzelposten die in der Abrechnungsperiode geleisteten Vorschüsse der Summe nach anzugeben und zu subtrahieren. Wenn diese Kriterien gegeben sind, liegt grundsätzlich eine formell ordnungsgemäße Abrechnung vor.

Weitere Stichwörter:
Abrechnungsperiode, Betriebskostenabrechnung,
Fehler in der Betriebskostenabrechnung, Teilabrechnung

Abrechnungseinheit

Werden mehrere Häuser eines Vermieters über eine gemeinsame Heizungsanlage mit Wärme und Warmwasser versorgt, bilden diese zur Abrechnung sog. Abrechnungseinheiten. Will der Vermieter wirksam die Betriebskosten in diesen Fällen abrechnen, ist eine klare Regelung im Mietvertrag sinnvoll.

Der BGH hat für die Zusammenfassung mehrerer Wohngebäude zu einer Abrechnungseinheit in seinem Urteil vom 14.07.2010 Folgendes gesagt:

BGH vom 14.07.2010, Az. VIII ZR 290/09

Werden mehrere Wohngebäude von Beginn des Mietverhältnisses an durch eine Gemeinschaftsheizung versorgt, können diese Gebäude für die Heiz- und Warmwasserkostenabrechnung zu einer Abrechnungseinheit zusammengefasst werden, auch wenn als Mietsache im Mietvertrag nur eines der Gebäude bezeichnet wird. Einer dahingehenden mietvertraglichen Abrechnungsvereinbarung bedarf es nicht.

Nach diesem Urteil ist der Vermieter auch berechtigt, insbesondere bei preisfreiem Wohnraum, nach billigem Ermessen gemäß § 315 BGB mehrere Gebäude zu einer Wirtschafts- und Abrechnungseinheit zusammenzufassen. Es sei denn, im Mietvertrag ist etwas anderes vereinbart, denn die vertragliche Regelung geht der gesetzlichen Bestimmung vor.

§ 315 BGB

(1) Soll die Leistung durch einen der Vertragschließenden bestimmt werden, so ist im Zweifel anzunehmen, dass die Bestimmung nach billigem Ermessen zu treffen ist.

(2) Die Bestimmung erfolgt durch Erklärung gegenüber dem anderen Teil.

(3) Soll die Bestimmung nach billigem Ermessen erfolgen, so ist die getroffene Bestimmung für den anderen Teil nur verbindlich, wenn sie der Billigkeit entspricht. Entspricht sie nicht der Billigkeit, so wird die Bestimmung durch Urteil getroffen; das Gleiche gilt, wenn die Bestimmung verzögert wird.

Weitere Stichwörter:
Betriebskostenabrechnung, Betriebskostenvereinbarung, Zentralheizung

Abrechnungsfehler

Die Ausschlussfrist nach § 556 Abs. 3 Satz 2 BGB ist nicht tangiert, wenn der Vermieter innerhalb der Abrechnungsfrist eine formell ordnungsgemäße Betriebskostenabrechnung vorlegt.

§ 556 Abs. 3 Satz 2 und 3 BGB

Die Abrechnung ist dem Mieter spätestens bis zum Ablauf des zwölften Monats nach Ende des Abrechnungszeitraums mitzuteilen. Nach Ablauf dieser Frist ist die Geltendmachung einer Nachforderung durch den Vermieter ausgeschlossen, es sei denn, der Vermieter hat die verspätete Geltendmachung nicht zu vertreten.

Auf die inhaltliche Richtigkeit kommt es laut BGH nicht an, wörtlich heißt es im Leitsatz:

BGH vom 17.11.2004, Az. VIII ZR 115/04

Die Frist des § 556 Abs. 3 Satz 2 BGB zur Abrechnung über die Vorauszahlungen für Betriebskosten wird mit einer formell ordnungsgemäßen Abrechnung gewahrt; auf die inhaltliche Richtigkeit kommt es für die Einhaltung der Frist nicht an.

Die Verwendung eines falschen Abrechnungsschlüssels ist ein inhaltlicher, kein formeller Fehler der Abrechnung. Im entschiedenen Fall verwendete der Vermieter fehlerhaft den Flächenmaßstab als Umlageschlüssel anstatt, wie vereinbart, auf der Basis von Miteigentumsanteilen. Der Vermieter korrigierte den Fehler erst nach Ablauf der Abrechnungsfrist und der Mieter verweigerte wegen Fristablauf die Nachzahlung. Laut BGH kommt es für die Einhaltung der Abrechnungsfrist auf eine materielle Richtigkeit der Abrechnung nicht an. Inhaltliche Fehler können deshalb auch nach Fristablauf korrigiert werden.

Sinn und Zweck des § 556 Abs. 3 Satz 2 BGB ist: Der Mieter soll sich in überschaubaren und zeitlichen Zusammenhang mit dem Abrechnungszeitraum darüber klar werden, ob die Guthabens- oder Nachzahlungsansprüche nachvollziehbar und damit „entstanden" sind. Dieses Ziel des Gesetzgebers wird nicht deshalb verfehlt, weil ein falscher Umlageschlüssel verwandt worden ist. Für die formelle Ordnungsgemäßheit ist es ohne Belang, ob nach materieller Prüfung eine Korrektur inhaltlicher Art notwendig wird.

Der Vermieter ist allerdings in diesen Fällen der Höhe nach beschränkt auf den ursprünglich geltend gemachten Nachzahlungsbetrag. Ergibt die Korrektur eine Verschiebung zulasten des Mieters, kann diese nicht mehr geltend gemacht werden. Erhöht sich das Guthaben des Mieters, ist der erhöhte Betrag an ihn zu erstatten.

Weitere Stichwörter:
Guthaben, Nachzahlungssaldo, Umlageschlüssel, Verteilerschlüssel, Vorauszahlungen

Abrechnungsfrist

Unter dem Begriff „Abrechnungsfrist" für Nebenkosten versteht man die Frist, die der Vermieter einhalten muss, bis zu deren Ablauf spätestens eine formell ordnungsgemäße Betriebskostenabrechnung vorliegen sollte; nach § 556 BGB spätestens zwölf Monate nach Ende der Abrechnungsperiode. Innerhalb dieses Zeitfensters muss dem Mieter eine Nebenkostenabrechnung zugegangen sein. Ist die Frist abgelaufen, ist der Vermieter mit Nachforderungen (die nicht von den Vorauszahlungen abgedeckt sind, auch Abrechnungsspitze genannt) ausgeschlossen.

Allerdings sollte der Mieter nach Ablauf der Abrechnungsfrist trotzdem auf Vorlage einer Abrechnung bestehen, er könnte auch ein Guthaben haben und nur deshalb hat der Vermieter keine Abrechnung vorgelegt. Dieses Guthaben ist auch nach Ablauf der Frist vom Vermieter an den Mieter zu erstatten.

Dem Vermieter bleibt ein kleiner Rettungsanker, wenn er die Abrechnungsfrist versäumt hat: Das Gesetz gibt ihm die Chance darzulegen, dass er die Verspätung der Abrechnung nicht zu vertreten hat, das heißt, wenn er für das versäumte Verhalten entschuldigt ist. Der Vermieter ist insbesondere entschuldigt, wenn er selbst von einer Abrechnungsfirma trotz Mahnung keine Abrechnung bekommen hat, die er an den Mieter weitergeben wollte, er somit mangels Informationen selbst nicht abrechnen konnte; die Verspätung also nicht zu vertreten hat.

Weitere Stichwörter:
Abrechnungsspitze, Ausschlussfrist, Guthaben, Vorauszahlungen

Abrechnungsmaßstab

Dieser Begriff wird in § 556a BGB umschrieben. Dort heißt es:

§ 556a Abs. 1 BGB

Haben die Vertragsparteien nichts anderes vereinbart, sind die Betriebskosten vorbehaltlich anderweitiger Vorschriften nach dem Anteil der Wohnfläche umzulegen. Betriebskosten, die von einem erfassten Verbrauch oder einer erfassten Verursachung durch die Mieter abhängen, sind nach einem Maßstab umzulegen, der dem unterschiedlichen Verbrauch oder der unterschiedlichen Verursachung Rechnung trägt.

Was meint der Gesetzgeber mit „nach dem Anteil der Wohnfläche umzulegen" und nach erfasstem Verbrauch oder Verursachung?

Fehlt im Wohnraummietvertrag eine Regelung, nach welchem Verteilerschlüssel die Betriebskosten auf den Mieter verteilt werden sollen, gibt das BGB zwei Arten von Umlageschlüsseln (im Prinzip) vor, nämlich nach dem Anteil der Fläche (= Flächenmaßstab) und, soweit möglich, nach Verbrauch (= Verbrauchsmaßstab) bzw. nach erfasster Verursachung.

Andererseits lässt § 556a BGB den Mietvertragsparteien auch die Vertragsfreiheit, einen Abrechnungsmaßstab für Nebenkosten nach eigenem Gutdünken zu wählen, wenn er sinnvoll ist und den Mieter nicht unangemessen benachteiligt. Davon ausgenommen sind Verbrauchserfassungsgeräte, die nicht nach dem Flächenmaßstab abgerechnet werden dürfen, sondern nach einer konkreten verbrauchsabhängigen Abrechnung. Im Fall von installierten Kaltwasseruhren z. B., ist nach den Wasseruhren abzurechnen und nicht nach einem Personenschlüssel.

So verlangt die Heizkostenverordnung, dass eine verbrauchsabhängige Abrechnung der Kosten für Heizung und Warmwasser zu erfolgen hat. Dies ist eine zwingende Vorschrift und kann von den Mietvertragsparteien nicht abgeändert werden, eine Vereinbarung wäre unwirksam nach § 2 HeizKV:

§ 2 HeizKV

Außer bei Gebäuden mit nicht mehr als zwei Wohnungen, von denen eine der Vermieter selbst bewohnt, gehen die Vorschriften dieser Verordnung rechtsgeschäftlichen Bestimmungen vor.

Weiter bleibt festzuhalten, dass der im Mietvertrag einmal, meist zu Mietbeginn, vereinbarte Abrechnungsmaßstab nicht einseitig vom Vermieter verändert werden kann. Er braucht grundsätzlich für die Änderung die Zustimmung des Mieters. Werden nachträglich, das heißt nach Abschluss des Mietvertrags, für die Erfassung verbrauchsabhängiger Kosten vom Vermieter Erfassungsgeräte eingebaut, darf er, auch ohne Zustimmung des Mieters, den (alten) Abrechnungsmaßstab auf den verbrauchsabhängigen Abrechnungsmaßstab umändern.

Es sind verschiedene Fallkonstellationen bei der Abänderung des Abrechnungsmaßstabs zu differenzieren:

- Ist mietvertraglich kein bestimmter Verteilerschlüssel vereinbart, gilt der gesetzliche Verteilerschlüssel (§ 556a BGB). Verbrauchskosten für Warmwasser und Heizung sind nach der Heizkostenverordnung verbrauchsabhängig abzurechnen. Die Bestimmung der Umlagemaßstäbe kann der Vermieter nach billigem Ermessen vornehmen.
- Vereinbaren jedoch Mieter und Vermieter im Mietvertrag einen bestimmten Verteilerschlüssel, gilt Folgendes:

  Rechtsgrundlage bildet in einem solchen Fall § 556a Abs. 2 BGB. Der Vermieter kann gegenüber dem Mieter erklären, dass er die Betriebskosten, abweichend vom bisherigen Verteilerschlüssel, zukünftig ganz oder teilweise nach einem anderen Maßstab umlegen wird, der dem erfassten unterschiedlichen Verbrauch oder der erfassten unterschiedlichen Verursachung Rechnung trägt (z. B. Neueinbau von Messgeräten).

  Eine solche Erklärung ist jedoch nur vor Beginn eines neuen Abrechnungszeitraums zulässig. Eine rückwirkende Änderung des Verteilerschlüssels darf nicht erfolgen.
- Problematisch ist, wenn im Mietvertrag eine Kaltmiete und eine Nebenkostenpauschale vereinbart wurde und der Vermieter jetzt zur verbrauchsabhängigen Betriebskostenabrechnung übergehen möchte. Das ist nicht einfach, da der Vermieter nicht beliebig den Umlagemaßstab abändern darf.

Weitere Stichwörter:
Betriebskosten, Flächenmaßstab, Umlageschlüssel

Abrechnungsperiode

Die Begriffe Abrechnungsperiode und Abrechnungszeitraum werden gleichwertig verwendet, da sie eine gleichlautende Bedeutung haben.

Weitere Stichwörter:
Abrechnungsfrist, Abrechnungszeitraum

Abrechnungspflicht

Ist zwischen den Mietvertragsparteien vereinbart, dass der Mieter Vorauszahlungen auf die Betriebskosten zu erbringen hat, sei es monatlich oder vierteljährlich oder in einem anderen Turnus, ist der Vermieter gemäß § 556 Abs. 3 Satz 1 BGB verpflichtet, alle zwölf Monate über diese Vorauszahlungen abzurechnen. Es besteht keine Abrechnungsverpflichtung, wenn der Mieter auf die Betriebskosten eine Pauschale leistet. Pauschalen sind fixe Beträge und brauchen nicht abgerechnet zu werden. Trotzdem muss deutlich gemacht werden, dass nach Maßgabe der Heizkostenverordnung die Heiz- und Warmwasserkosten grundsätzlich nach Verbrauch und Grundkosten abzurechnen sind und die Vereinbarung einer Pauschale unzulässig ist.

Immer wieder finden sich mietvertragliche Vereinbarungen, wonach für einen Teil der Betriebskosten eine Pauschale zu bezahlen ist und für einen anderen Teil Vorauszahlungen zu erbringen sind. Es handelt sich um eine Teilinklusivmiete. Dann sind über die Vorauszahlungen Abrechnungen zu erteilen und über die Pauschalen nicht. Die Abrechnung wird gesplittet.

Der Vermieter kommt seiner Abrechnungspflicht nach, wenn er eine formell ordnungsgemäße Abrechnung erteilt. Formell wirksam ist die Abrechnung, wenn sie den allgemeinen Anforderungen des § 259 BGB entspricht.

§ 259 Abs. 1 BGB

Wer verpflichtet ist, über eine mit Einnahmen oder Ausgaben verbundene Verwaltung Rechenschaft abzulegen, hat dem Berechtigten eine die geordnete Zusammenstellung der Einnahmen oder der Ausgaben enthaltende Rechnung mitzuteilen und, soweit Belege erteilt zu werden pflegen, Belege vorzulegen.

Auf die materielle Richtigkeit der Abrechnung kommt es nicht an. Der Vermieter ist seiner Abrechnungspflicht nachgekommen.

Kommt der Vermieter seiner Abrechnungspflicht nicht nach, hat der Mieter unterschiedliche Ansprüche gegen ihn. Vorab ist zu klären, ob ein Mietverhältnis besteht oder ob es beendet ist. Liegt ein laufendes Mietverhältnis vor, kann der Mieter gemäß § 273 Abs. 1 BGB ein Zurückbehaltungsrecht hinsichtlich der aktuellen Nebenkostenvorauszahlungen geltend machen. Das Zurückbehaltungsrecht an den Vorauszahlungen ist im Urteil des BGH vom 29.03.2006 (Az. VIII ZR 191/05) „genehmigt" worden.

Ist das Mietverhältnis beendet, würde ein Zurückbehaltungsrecht ins Leere gehen. Deshalb hat der Mieter einen gerichtlich durchsetzbaren Anspruch auf Rückzahlung der geleisteten Vorauszahlungen (vgl. Entscheidung des BGH vom 09.03.2005, Az. VIII ZR 57/04).

Der Anspruch des Mieters auf Abrechnungserteilung unterliegt der dreijährigen Verjährung. Dabei ist § 556 Abs. 3 Satz 2 BGB zu beachten, wonach der Vermieter dem Mieter spätestens bis zum Ablauf des zwölften Monats nach Ende des Abrechnungszeitraums die Abrechnung zu erteilen hat. Der Anspruch auf Abrechnung wird also zwölf Monate nach Ende der Abrechnungsperiode fällig. Dann beginnt auch die Verjährungsfrist zu laufen.

Weitere Stichwörter:
Adressat der Abrechnung, Verjährung, Verwirkung

Abrechnungsreife

Haben Mieter und Vermieter in ihrem Mietvertrag vereinbart, dass der Mieter auf die zu erwartenden jährlichen Betriebskosten eine Vorauszahlung zu leisten hat, hat der Vermieter über die Vorauszahlungen für die Betriebskosten jährlich abzurechnen und das Gebot der Wirtschaftlichkeit zu beachten (§ 556 Abs. 3 Satz 1 BGB).

Jährlich meint sprachlich nicht unbedingt das Kalenderjahr (01.01. bis 31.12.). Üblicherweise beginnt die zwölfmonatige Abrechnungsperiode mit dem im Mietvertrag festgelegten Mietbeginn, oder es wird ein vom Kalenderjahr abweichendes Geschäfts- oder Wirtschaftsjahr vereinbart.

Zur Abrechnungsreife hat der BGH Folgendes gesagt:

BGH vom 30.04.2011, Az. VIII ZR 240/07

(...) Wenn über verbrauchsabhängige Betriebskosten nicht getrennt von den sonstigen Betriebskosten abzurechnen ist, so ist eine Gesamtabrechnung der Betriebskosten nicht deshalb formell unwirksam, weil der Abrechnungszeitraum einer in die Gesamtabrechnung eingestellten Abrechnung verbrauchsabhängiger Betriebskosten nicht deckungsgleich ist mit dem der Gesamtabrechnung zugrunde liegenden Abrechnungszeitraum. (...) Bei einer auf das Kalenderjahr bezogenen Gesamtabrechnung über die Betriebskosten beginnt die Frist für die Abrechnung der Vorauszahlungen auf die Betriebskosten mit dem Ende des Kalenderjahres auch dann, wenn der in die Gesamtabrechnung einbezogenen Abrechnung verbrauchsabhängiger Betriebskosten ein davon abweichender Abrechnungszeitraum – etwa die jährliche Heizperiode – zugrunde liegt. (...)

Nach § 556 Abs. 3 Satz 1 Halbsatz 1 BGB ist über die Vorauszahlungen für Betriebskosten jährlich abzurechnen. Diese Bestimmung regelt nur, dass der Abrechnungszeitraum ein Jahr nicht überschreiten darf, schreibt aber nicht vor, welcher jährliche Zeitraum der Abrechnung zugrunde zu legen ist; in Betracht kommen etwa das Kalenderjahr, das Mietjahr oder der Jahreszeitraum, innerhalb dessen regelmäßig die Jahresabrechnungen der Versorgungsträger erteilt werden (...) Soweit ein bestimmter Abrechnungszeitraum vertraglich nicht vereinbart wurde, ist der Vermieter in der Wahl des Abrechnungszeitraums frei.

Ist die Abrechnungsperiode abgelaufen, tritt die Abrechnungsreife ein. Was ist mit diesem Begriff gemeint?

Der Anspruch des Vermieters auf Zahlung der vereinbarten Vorauszahlungen wandelt sich automatisch um, ohne dass es einer besonderen (schriftlichen) Erklärung des Vermieters bedarf, in einen Anspruch auf Ausgleich eines Saldos zulasten des Mieters (Nachzahlung) oder zugunsten des Mieters (Guthaben).

Erteilt der Vermieter keine Abrechnung, kann der Mieter nach Ablauf der zwölfmonatigen Abrechnungsfrist klagen, wie der BGH erläutert:

BGH vom 09.03.2005, Az. VIII ZR 57/04

(...) Rechnet der Vermieter nicht fristgerecht über die Betriebskosten eines Abrechnungszeitraumes ab, so kann der Mieter, wenn das Mietverhältnis beendet ist, sogleich die vollständige Rückzahlung der geleisteten Abschlags-

> zahlungen verlangen; er ist nicht gehalten, zuerst auf Erteilung der Abrechnung zu klagen. In einem solchen Fall hindert auch die Rechtskraft eines der Klage des Mieters stattgebenden Urteils den Vermieter nicht daran, über die Betriebskosten nachträglich abzurechnen und eine etwaige Restforderung einzuklagen. (...)

Dauert das Mietverhältnis noch an, dann – so die Schlussfolgerung aus dem zuvor zitierten Urteil – muss der Mieter den Vermieter auf Abrechnung beim Amtsgericht verklagen. Zusätzlich kann er die Vorauszahlungen des laufenden Abrechnungsjahres bis zur Erteilung einer Abrechnung einbehalten, sprich das Zurückbehaltungsrecht geltend machen.

Der Mieter hat zusätzlich folgende Möglichkeit bei andauerndem Mietverhältnis: Rechnet der Mieter mit einem Guthaben, kann der Mieter im Wege der Stufenklage gemäß § 254 ZPO zum einen auf Erteilung der Abrechnung klagen (1. Stufe) und mit dieser Klage gleichzeitig einen weiteren Antrag verbinden, dass der Vermieter verpflichtet wird, das sich ergebende Guthaben auszubezahlen (2. Stufe).

§ 254 ZPO

> Wird mit der Klage auf Rechnungslegung oder auf Vorlegung eines Vermögensverzeichnisses oder auf Abgabe einer eidesstattlichen Versicherung die Klage auf Herausgabe desjenigen verbunden, was der Beklagte aus dem zugrunde liegenden Rechtsverhältnis schuldet, so kann die bestimmte Angabe der Leistungen, die der Kläger beansprucht, vorbehalten werden, bis die Rechnung mitgeteilt, das Vermögensverzeichnis vorgelegt oder die eidesstattliche Versicherung abgegeben ist.

Mit der Abrechnungsreife beginnt nach § 556 Abs. 3 Satz 2 BGB die Ausschlussfrist zu laufen. Der Vermieter hat mit Eintritt der Abrechnungsreife noch (maximal) zwölf Monate Zeit, die Abrechnung zu erteilen. Das heißt aber auch, dass der Vermieter nach Ablauf der Zwölf-Monats-Frist immer noch abrechnen muss, aber eine Nachzahlung gegen seinen Mieter nicht mehr gerichtlich erfolgreich durchsetzen kann.

Weitere Stichwörter:
Vorauszahlung, Zurückbehaltungsrecht

Abrechnungsschlüssel

→ Verteilerschlüssel → Umlageschlüssel

Abrechnungsspitze

Das ist ein Begriff aus dem Themenbereich der Jahresabrechnung im Wohnungseigentum. Gemeint ist der Betrag, der sich ergibt, wenn die Vorauszahlungen nach dem Wirtschaftsplan nicht mit den tatsächlichen Kosten des Wirtschaftsjahres übereinstimmen. Es kann sich um eine Nachzahlung handeln, wenn die tatsächlichen Kosten höher sind als die Abschlagszahlungen, oder um ein Guthaben, wenn die tatsächlichen Kosten eines Jahres geringer sind als die im Wirtschaftsplan kalkulierten Kosten.

Eine ähnliche Situation wie beim WEG-Recht gibt es im Mietrecht: Sind die mit dem Mieter vereinbarten Vorauszahlungen zu gering bemessen, gibt es nach Vorlage der Abrechnung eine Forderung zugunsten des Vermieters oder, wenn sie zu hoch bemessen waren oder die Kosten geringer als kalkuliert, hat der Mieter ein Guthaben. Diesen Saldo nennt man Abrechnungsspitze (Ausgleich des Saldos). Der Begriff ist im Wohnraummietrecht jedoch eher unüblich. Man spricht vielmehr von Nachzahlung oder Guthaben.

Der Mieter kann mit Vorauszahlungen im Rückstand sein. Gemäß § 556 Abs. 2 BGB können die Mietvertragsparteien vereinbaren, dass der Mieter auf die von ihm zu tragenden Betriebskosten Vorauszahlungen leistet, über die der Vermieter nach § 556 Abs. 3 BGB innerhalb eines Jahres abzurechnen hat. Wird nicht abgerechnet oder schuldhaft zu spät abgerechnet bei gleichzeitigem Rückstand der Vorauszahlungen, gilt nach Meinung des LG Berlin (Az. 67 S 133/06, abgedruckt in Grundeigentum 2007, S. 1317) Folgendes:

Der Vermieter klagte gegen einen Mieter auf Zahlung von Mietrückständen, die durch nicht geleistete Betriebskostenvorauszahlungen entstanden waren. Während des laufenden Verfahrens erteilte der Vermieter eine formell und materiell ordnungsgemäße Abrechnung. Es ergab sich ein weiterer Saldo zulasten des Mieters, der ebenfalls eingeklagt werden musste. Da der Mieter nach Ablauf des Abrechnungsjahres den Zugang der Abrechnung bestritt, der Vermieter ihn nicht nachweisen konnte, nahm der Vermieter die Klage in Höhe der durch die Abrechnung entstandenen Nachforderung zurück. Die rückständigen Vorauszahlungsbeträge verfolgte er weiter. Der Mieter bestritt auch diese Forderung, da die Abrechnungsfrist abgelaufen sei. Das Landgericht gab der Klage unter Berufung auf die Entscheidung des BGH vom 09.03.2005 (Az. VIII ZR 57/04) statt, wobei diese Entscheidung die Sichtweise des Mieters darstellt, der keine Abrechnung erhält. Die Ausschlussfrist schließe zwar gemäß § 556 Abs. 3 BGB eine verspätete Nachforderung aus. Um eine Nachforderung handele es sich aber begrifflich nicht, wenn der Vermieter nur die offenen Vorauszahlungen verlange. Ein Ausschluss betreffe also nur die Abrechnungsspitze, nicht jedoch offene Vorauszahlungen.

Aus dem Verweis auf den BGH lässt sich der Schluss ziehen, dass in die Jahresabrechnung des Vermieters immer nur die tatsächlich geleisteten Vorauszahlungen einzustellen sind und nicht die theoretischen Zahlungen, die der Mieter eigentlich hätte leisten müssen.

Weitere Stichwörter:
Abrechnung, Ausgleich des Saldos

Abrechnungszeitraum

Der Vermieter darf grundsätzlich nur die Kosten abrechnen, die in dem vertraglich festgelegten Abrechnungszeitraum von zwölf Monaten angefallen sind, also z. B. in der Zeit vom 01.01. bis 31.12. (Kalenderjahr) oder in der Zeit vom 01.04. eines Jahres bis zum 31.03. des folgenden Jahres (Geschäftsjahr) oder in einem anderen Zwölf-Monats-Zeitraum. Ein längerer Zeitraum als zwölf Monate ist nicht zulässig, da dann Abrechnungen nicht mehr vergleichbar sind, kürzere Zeiträume sind in Ausnahmefällen zulässig (BGH vom 30.04.2011, Az. VIII ZR 240/07).

Zwischen- oder Teilabrechnungen bei Beginn oder am Ende eines Mietverhältnisses muss der Vermieter nicht erteilen, wie § 556 Abs. 3 Satz 4 BGB bestimmt:

§ 556 Abs. 3 Satz 4 BGB

Der Vermieter ist zu Teilabrechnungen nicht verpflichtet.

Eine Zwischenablesung kann der Mieter allerdings verlangen, wenn das Mietverhältnis während eines Abrechnungszeitraums endet oder beginnt. Erst wenn die Abrechnungsperiode vollständig abgelaufen ist, kann der Mieter eine Abrechnung verlangen, in der die Zwischenablesungen zu berücksichtigen sind.

Weitere Stichwörter:
Abrechnungsperiode, Kalenderjahr, Zwischenabrechnung

Abwasser

Zu unterscheiden ist zwischen Abwasser und Niederschlagswasser: Beim Abwasser handelt es sich um Wasser, das in einem Haushalt verbraucht und verunreinigt wird und in das kommunale Kanalsystem eingeleitet wird.

Bevor das Abwasser in den natürlichen Gewässerkreislauf zurückgeführt wird, muss es in Kläranlagen gereinigt werden. Die Kosten hierfür, die dem Vermieter von den Stadtwerken oder Abwasserverbänden in Rechnung gestellt werden, kann dieser seinem Mieter, wenn es vereinbart ist, über die Betriebskostenabrechnung in Rechnung stellen. Die Abwassergebühren sind Betriebskosten.

§ 2 Nr. 3 BetrKV

die Kosten der Entwässerung, hierzu gehören die Gebühren für die Haus- und Grundstücksentwässerung, die Kosten des Betriebs einer entsprechenden nicht öffentlichen Anlage und die Kosten des Betriebs einer Entwässerungspumpe;

Oft wird nicht nur das Abwasser, sondern auch das Niederschlagswasser wie Regen, Tauwasser von Schnee und Eis in den Abwasserkanal eingeleitet. Aus Umweltschutzgründen wird vielfach angestrebt, die großen Abwassermengen, die bei den Kläranlagen ankommen, dadurch zu verringern, dass zumindest das (saubere) Niederschlagswasser möglichst direkt in den entsiegelten Boden, bzw. in den natürlichen Wasserkreislauf gelangt, ohne den Umweg über die Kläranlage.

Die Menge des Niederschlagswassers exakt zu erfassen ist problematisch, deswegen richtet sich der „Preis" für das Niederschlagswasser in der Regel nach einem Berechnungsmaßstab, der die Grundstücksfläche in das Verhältnis zur Größe der versiegelten Fläche setzt. Auch die Kosten (Gebühren) für das Niederschlagswasser gehören zu den Betriebskosten und können dem Mieter in Rechnung gestellt werden, wenn dies vereinbart ist.

Weitere Stichwörter:
Hauskläranlage, Kläranlage, Niederschlagswasser

Adressat der Abrechnung

Der Vermieter von Wohnraum muss binnen Jahresfrist nach dem Ende des Abrechnungszeitraums dem Mieter die Betriebskostenabrechnung zukommen lassen, sonst hat er keinen Nachforderungsanspruch mehr gegen den Mieter, falls die Vorauszahlungen zu gering ausgefallen sind (§ 556 Abs. 3 Satz 2 BGB: „Die Abrechnung ist dem Mieter spätestens bis zum Ablauf des zwölften Monats nach Ende des Abrechnungszeitraums mitzuteilen.").

Wem muss der Vermieter die Mitteilung zukommen lassen? Was muss er machen, wenn er mehrere Mietvertragsparteien hat?

Die Abrechnung ist grundsätzlich dem Mieter mitzuteilen. Sind die Mieter eine Personenmehrheit, sind alle Mieter Adressat der Abrechnung. Die Abrechnung ist allen, die im Mietvertrag als Mieter aufgeführt sind, mitzuteilen.

Schickt der Vermieter nur einem von mehreren Mietern zwar innerhalb der Abrechnungsfrist – das heißt rechtzeitig – die Abrechnung zu, stellt sich die Frage, ob dann auch die Abrechnungsfrist gegenüber den anderen Mietern eingehalten ist oder ob ein Nachzahlungsanspruch gegen die anderen Mieter entfällt. Oder ist der Vermieter mit Nachforderungen gegenüber allen Mietern, wegen teilweiser Nichteinhaltung der Abrechnungsfrist, ausgeschlossen?

Der BGH hat diese Problematik geklärt:

§ **BGH vom 28.04.2010, Az. VIII ZR 263/09**

(...) Mieten mehrere Personen eine Wohnung an, haften sie grundsätzlich für die Mietforderungen einschließlich der Nebenkosten als Gesamtschuldner. Der Vermieter ist daher berechtigt, nach seinem Belieben jeden Schuldner ganz oder teilweise in Anspruch zu nehmen. (...)

Der Abrechnung von Betriebskosten kommt kein rechtsgeschäftlicher Erklärungswert zu. Sie ist lediglich ein Rechenvorgang im Sinne des § 259 BGB. (...) Die Übermittlung einer formell ordnungsgemäßen Abrechnung an den Mieter dient dazu, die Fälligkeit des sich hieraus ergebenden Saldos, also einer eventuellen Nachforderung des Vermieters oder eines Guthabens des Mieters, herbeizuführen. (...)

Die Argumente des BGH gehen auf § 421 Satz 1 BGB zurück, worin die Gesamtschuldnerschaft gesetzlich definiert wird:

§ **§ 421 Satz 1 BGB**

Schulden mehrere eine Leistung in der Weise, dass jeder die ganze Leistung zu bewirken verpflichtet, der Gläubiger aber die Leistung nur einmal zu fordern berechtigt ist (Gesamtschuldner), so kann der Gläubiger die Leistung nach seinem Belieben von jedem der Schuldner ganz oder zu einem Teil fordern.

Die Übermittlung einer formell ordnungsgemäßen Abrechnung an einen Mieter dient dazu, die Fälligkeit des sich aus der Abrechnung ergebenden Saldos herbeizuführen. Diese Fälligstellung ist kein Umstand, der einheitlich gegenüber allen Gesamtschuldnern (= Mietern) erfolgen muss.

Der Vermieter ist Gläubiger des Nachforderungsanspruchs und kann sich deswegen einen von mehreren Mietern als Schuldner, da die Mieter als Gesamtschuldner haften, aussuchen. Regelmäßig wird er dabei darauf achten, dass er einen solventen Mieter in Anspruch nimmt. Dieser Mieter wiederum kann sich bei seinen Mitmietern anteilig, je nach interner Vereinbarung, schadlos halten (interner Gesamtschuldnerausgleich).

Weitere Stichwörter:
Guthaben, Nachzahlungssaldo

Allgemeine Geschäftsbedingungen

Grundsätzlich gilt, dass Vermieter, die schriftliche Mietverträge vorformulieren, die einem zukünftigen Mieter vom Vermieter (auch als „Verwender" bezeichnet) zur Unterschrift vorgelegt werden, versuchen, die aus Vermietersicht nachteiligen gesetzlichen Regeln zu seinen Gunsten abzuändern. Um den vermeintlich wirtschaftlich schwächeren Mieter zu schützen, unterstützen die Regeln von den Allgemeinen Geschäftsbedingungen (AGB) den anderen Vertragsteil, in der Regel den Mieter:

Die relevanten Vorschriften finden sich in den § 305 ff. BGB. Generell unterliegen die einzelnen Klauseln im Mietvertrag einer Inhaltskontrolle, das heißt, sie sind unwirksam, wenn sie den Vertragspartner des Verwenders unangemessen benachteiligen.

Vertragsklauseln werden zu keinem wirksamen Vertragsbestandteil, wenn sie so ungewöhnlich sind, dass der Vertragspartner mit einer solchen Klausel nicht rechnen muss. In diesem Fall ist nur die betroffene Klausel unwirksam, nicht jedoch der ganze Vertrag.

An die Stelle der unwirksamen Klausel tritt dann die gesetzliche Regelung, falls eine Regelungslücke entstanden ist, die geschlossen werden sollte. Hält ein Vertragstext der Inhaltskontrolle stand, ist die Formulierung jedoch unklar oder mehrdeutig, muss der Verwender auch in diesem Fall mit Nachteilen rechnen, da grundsätzlich „Unklarheiten zulasten des Verwenders gehen".

Anzumerken ist, dass nicht immer der Mieter der wirtschaftlich Schwächere ist. In Regionen mit großen Leerständen kann durchaus der Mietinteressent seine Markt- und damit Machtstellung ausnutzen und „bestimmen", welche Klauseln in den Mietvertrag kommen, dann wäre er der Verwender und nicht der Vermieter.

Weiter ist die Unterscheidung zwischen AGBs und individuell ausgehandelten Klauseln zu beachten, man spricht hier von einer Individualvereinbarung.

§ 305 Abs. 1 Satz 3 BGB

Allgemeine Geschäftsbedigungen liegen nicht vor, soweit die Vertragsbedingungen zwischen den Vertragsparteien im Einzelnen ausgehandelt sind.

Immer wieder finden sich in Mietverträgen Klauseln, die nach den gesetzlichen Regeln unwirksam wären, es aber nicht sind, da sie individuell ausgehandelt wurden. Wir müssen den Unterschied klären:

Was ist eine Allgemeine Geschäftsbedingung? Als AGBs bezeichnet man alle für eine Vielzahl von Verträgen vorformulierten Vertragsbedingungen, die eine Vertragspartei (Verwender) der anderen Vertragspartei bei Abschluss eines Vertrags vorgibt (oder vorschreibt; vgl. § 305 Abs. 1 Satz 1 BGB).

Unwichtig ist, ob die Regelungen einen äußerlich gesonderten Vertragsteil bilden (der Vertrag also aus zwei separaten Teilen besteht, einem „individuellen" und einem „allgemeinen") oder eine Vertragsurkunde bilden. Auch Umfang, Schriftart und Form sind nicht entscheidend.

Manche Klauseln sehen nach ihrer äußeren Form wie ausgehandelt aus (z. B. handschriftliche Eintragungen mit Streichungen), müssen es aber lange noch nicht sein.

Man kann im Ergebnis festhalten, dass die überwiegende Zahl der Klauseln in Wohnraummietverträgen den Regeln der AGB unterliegen. Eine allgemeine Geschäftsbedingung liegt immer dann vor, wenn sie „für eine Vielzahl von Verträgen vorformuliert" ist. Das bedeutet, so der BGH, dass zumindest eine Verwendung in drei Fällen beabsichtigt war (Urteil vom 27.09.2001, Az. VII ZR 388/00): „Vertragsbedingungen sind bereits dann für eine Vielzahl von Verträgen vorformuliert, wenn ihre dreimalige Verwendung beabsichtigt ist.").

Nach § 310 BGB gelten Regelungen, die von Unternehmern gegenüber Verbrauchern verwendet werden, bereits bei einmaliger Verwendung als AGB. Dies betrifft insbesondere Mietverträge von Vermietungsgesellschaften.

Nicht als AGBs gelten Vertragsbedingungen, die zwischen den Vertragsparteien im Einzelnen ausgehandelt sind, was man als Individualvereinbarung bezeichnet. Was ist das also?

§ 305 Abs. 1 BGB definiert wie folgt:

§ 305 Abs. 1 BGB

Allgemeine Geschäftsbedingungen sind alle für eine Vielzahl von Verträgen vorformulierten Vertragsbedingungen, die eine Vertragspartei (Verwender) der anderen Vertragspartei bei Abschluss eines Vertrags stellt. Gleichgültig ist, ob die Bestimmungen einen äußerlich gesonderten Bestandteil des Vertrags bilden oder in die Vertragsurkunde selbst aufgenommen werden, welchen Umfang sie haben, in welcher Schriftart sie verfasst sind und welche Form der Vertrag hat. Allgemeine Geschäftsbedingungen liegen nicht vor, soweit die Vertragsbedingungen zwischen den Vertragsparteien im Einzelnen ausgehandelt sind.

Eine Individualvereinbarung liegt immer dann vor, wenn jeder Vertragspartner tatsächlich und ernsthaft bereit ist, von seiner Position abzurücken und den Wünschen der anderen Seite entgegenzukommen. Falls Klauseln vorformuliert sind, müssen diese inhaltlich zur Disposition gestellt werden. Es muss in diesem Fall für den anderen Teil erkennbar sein, dass diese Klauseln aufgegeben werden können oder abzuändern sind. Dem Verhandlungspartner muss klar sein, dass die Klauseln, über die verhandelt wird, einen gesetzesfremden Kerngehalt beinhalten. Eine Vertragsklausel, die den vorgenannten Kriterien entspricht, kann als individuell ausgehandelt bezeichnet werden. In einem Rechtsstreit muss derjenige, der sich auf die ausgehandelte Klausel beruft, die Individualvereinbarung zur Überzeugung des Gerichts beweisen. Das ist schwer.

Eine Klausel im Vertrag, die besagt, der Vertrag sei zwischen den Parteien ausgehandelt worden, diesen (vermeintlichen) Sachverhalt also bestätigt (sog. vorformulierte Aushandelsbestätigung) fällt unter das Verbot des § 309 Nr. 12b BGB.

§ 309 Nr. 12 BGB

Auch soweit eine Abweichung von den gesetzlichen Vorschriften zulässig ist, ist in Allgemeinen Geschäftsbedingungen unwirksam (...)

12. (Beweislast) eine Bestimmung, durch die der Verwender die Beweislast zum Nachteil des anderen Vertragsteils ändert, insbesondere indem er

a) (...), oder

b) den anderen Vertragsteil bestimmte Tatsachen bestätigen lässt; (...)

Betriebskostenrechtlich unwirksam ist folgende Klausel: „Der Mieter hat die Hausgebühren zu tragen". Diese Regelung ist zu unbestimmt, sie hält der Inhaltskontrolle nicht stand, denn es ist nicht klar, was eigentlich mit „Hausgebühren" gemeint sein soll und welche konkreten Nebenkosten vereinbart sind. Deswegen ist sie unwirksam.

Überraschend und folglich unwirksam ist folgende Klausel, die sich im Text der vereinbarten Hausordnung befindet: „Der Mieter zahlt eine Einzugskostenpauschale von …" Mit einer solchen Zahlungsverpflichtung rechnet man nicht in einer Hausordnung, die generell das Zusammenleben der Mieter im Mietobjekt versucht zu organisieren. Zahlungsverpflichtungen gehören schon begrifflich nicht in eine Hausordnung. Der BGH hält folgende Klausel, die die Betriebskosten insgesamt auferlegt, für wirksam:

BGH vom 10.02.2016, Az. VIII ZR 137/15

(…) In der Wohnraummiete genügt zur Übertragung der Betriebskosten auf den Mieter die – auch formularmäßige – Vereinbarung, dass dieser die Betriebskosten zu tragen hat. Auch ohne Beifügung des Betriebskostenkatalogs oder ausdrückliche Bezugnahme auf § 556 Abs. 1 Satz 2 BGB und die Betriebskostenverordnung vom 25.11.2003 ist damit die Umlage der in § 556 Abs. 1 Satz 2 BGB definierten und in der Betriebskostenverordnung erläuterten Betriebskosten vereinbart.

Weiteres Stichwort:
Betriebskosten

Allgemeinstrom

Die Beleuchtung im Flur, der elektrische Türöffner, die Antennenanlage und sonstige elektrische Einrichtungen (für alle Mieter) in einem Mietshaus sind Stromverbrauche nutzen, die Geld kosten. Es sind Betriebskosten, die nach § 2 Nr. 11 BetrKV auf die Mieter umgelegt werden können.

Bei den Stromkosten für den Betrieb der Heizanlage (Betriebsstrom Heizanlage) handelt es sich um eine Kostenposition, die nach der Heizkostenverordnung auf den Mieter als Heizkosten abgewälzt werden kann. Die Differenzierung ist sachgerecht, da der Allgemeinstrom grundsätzlich nach dem Flächenmaßstab, wenn nichts anderes vereinbart ist, verteilt wird und die Heizkosten nach Verbrauch (70 Prozent) und Grundkosten (30 Prozent).

Weitere Stichwörter:
Beleuchtung, Heizkostenabrechnung, Kellerbeleuchtung, Klingelanlage

Allgemeinwärmekosten

Stellt der Vermieter den Mietern eines Hauses nicht nur die Wohnung mit Heizkörpern zur Verfügung, sondern z. B. auch eine beheizte Waschküche, einen beheizten Flurbereich und sonstige Bereiche, die mit Heizkörpern versehen werden, stellt sich die Frage, wie dieser Heizkostenverbrauch abzurechnen ist. Nach Maßgabe von § 4 Abs. 3 HeizKV sind gemeinschaftlich genutzte Räume von der Pflicht zur Verbrauchserfassung ausgenommen. Andere Gemeinschaftsräume, wie Treppenhäuser, Flure und Kellerräume müssen nicht mit Verbrauchserfassungsgeräten ausgerüstet werden. Die Ausstattung mit Erfassungsgeräten ist wirtschaftlich nicht sehr sinnvoll, da hier in der Regel nur ein geringer Verbrauch vorliegt. Das gilt nicht für Räume wie Schwimmbäder oder Saunen. Die Allgemeinwärme und das Allgemeinwasser werden über die Gesamtabrechnung auf die einzelnen Mieter nach der Heizkostenverordnung umgelegt. Wer eine große Wohnung mit großem Verbrauch hat, bezahlt einen höheren Anteil der Allgemeinkosten.

Weitere Stichwörter:
Nicht umlagefähige Betriebskosten, Sonstige Betriebskosten

Ankreuzen von Betriebskostenarten

Ist in einem schriftlichen Mietvertrag vereinbart, dass der Mieter nur die – wörtlich – „nachstehenden Nebenkosten" zu tragen habe, oder sind in der entsprechenden Spalte für die „nachstehenden Vorschüsse" nur einige Betriebskostenarten als Vorschüsse betragsmäßig ausgewiesen, muss davon ausgegangen werden, dass nur diese Betriebskosten, und keine anderen, auf den Mieter umgelegt werden sollen.

Der Mieter ist also nicht verpflichtet, sämtliche in § 2 BetrKV aufgeführten Betriebskostenarten zu tragen, sondern nur die einzeln aufgeführten. Das Gleiche gilt, wenn zwar im Mietvertragsformular alle Betriebskostenarten nach § 2 BetrKV aufgelistet sind, aber nur einzelne Betriebskostenarten durch Ankreuzen hervorgehoben sind. Dann sind nur die angekreuzten Betriebskosten umlagefähig. Wird insgesamt kein Kästchen angekreuzt, muss der Mieter auch keine Betriebskosten bezahlen.

Weitere Stichwörter:
Betriebskostenvereinbarung, Teilinklusivmiete, Vorauszahlungen

Anlage 3 zu § 27 II. Berechnungsverordnung

Was hat es mit den vorstehenden Begriffen auf sich, die häufig in Mietverträgen zu finden sind, die vor dem 01.01.2004 abgeschlossen wurden? Grundsätzlich muss die Verpflichtung zur Zahlung von Betriebskosten vereinbart werden. Dies geschieht oft durch einfache Verweisung auf eine gesetzliche Auflistung der verschiedenen Betriebskostenarten, bis 31.12.2003 war dies die Anlage 3 zu § 27 II. Berechnungsverordnung. Dort heißt es unter anderem:

Anlage 3 zu § 27 II. BV

(...) Betriebskosten sind nachstehende Kosten, die dem Eigentümer (Erbbauberechtigten) durch das Eigentum (Erbbaurecht) am Grundstück oder durch den bestimmungsmäßigen Gebrauch des Gebäudes oder der Wirtschaftseinheit, der Nebengebäude, Anlagen, Einrichtungen und des Grundstücks laufend entstehen, es sei denn, dass sie üblicherweise vom Mieter außerhalb der Miete unmittelbar getragen werden (...)

mit einer abschließenden Aufzählung aller zulässigen Betriebskostenpositionen.

Der BGH hält eine solche Verweisung auf eine Verordnung für wirksam, denn er hat in seiner Entscheidung die Gartenpflegekosten betreffend die Einbeziehung ohne jeglichen Vorbehalt oder Vermerk als wirksam angesehen:

BGH vom 26.05.2004, Az. VIII ZR 135/03

(...) Der Vermieter darf die Betriebskosten daher durch einen Verweis auf § 27 II. Berechnungsverordnung oder auf die Anlage 3 dieser Verordnung abwälzen. Durch die Rechtsprechung dieser Regelung hat die Bezugnahme klare Konturen. Einer Beifügung der Anlage bedarf es nicht. Die II. Berechnungsverordnung ist eine Rechtsverordnung; ihre Regelungen und Rechtsbegriffe können, soweit im Mietrecht auf sie verwiesen wird, nicht wesentlich anders behandelt werden als Rechtsbegriffe des BGB. Das gilt insbesondere, seitdem § 556 für den Begriff der Betriebskosten ausdrücklich auf die II. Berechnungsverordnung Bezug nimmt. (...)

(Prof. Dr. h. c. Helmut Heinrichs, Vortrag auf dem Mietgerichtstag 2004 „Das neue AGB-Recht und seine Bedeutung für das Mietverhältnis", www.mietgerichtstag.de)

Zumindest bei Mietvertragsabschlüssen seit dem 01.01.2004 reicht der bloße Hinweis auf die Anlage 3 zu § 27 II. BV nicht mehr aus. Diese Vorschrift wurde durch die Betriebskostenverordnung ersetzt. Der Wortlaut der Verordnung muss dabei dem Mietvertrag nicht als Anlage angeheftet werden.

Weitere Stichwörter:
Allgemeine Geschäftsbedingungen, Betriebskostenverordnung, Umlage von Betriebskosten

Anpassung von Vorauszahlungen für Betriebskosten

Nach § 560 Abs. 4 BGB kann sowohl der Mieter, als auch der Vermieter nach Vorlage einer Abrechnung durch Erklärung in Textform die Anpassung der Vorauszahlungen auf eine angemessene Höhe verlangen. Hat der Mieter ein Guthaben, so wird die Vorauszahlung zu reduzieren sein, hat er hingegen eine Nachzahlung, wird die Vorauszahlung zu erhöhen sein.

In einer Entscheidung hat der BGH in seinem Urteil vom 18.05.2011 unter anderem Folgendes gesagt:

§ **BGH vom 18.05.2011, Az. VIII ZR 271/10**

(...) 1. Nach einer Betriebskostenabrechnung ist eine Anpassung der Vorauszahlungen auch dann möglich, wenn bereits die folgende Abrechnungsperiode abgelaufen, aber noch nicht abgerechnet ist. 2. Eine Anpassung von Betriebskostenvorauszahlungen ist nur für die Zukunft möglich. (...)

Gemäß § 560 Abs. 4 BGB kann jede Partei nach einer Abrechnung von Betriebskosten durch Erklärung in Textform eine Anpassung der Vorauszahlungen auf eine angemessene Höhe verlangen. Mit der Anpassung der Vorauszahlungen nach einer Abrechnung soll erreicht werden, dass die vom Mieter zu leistenden Abschläge den tatsächlichen Kosten möglichst nahe kommen, so dass weder der Mieter dem Vermieter – durch zu hohe Vorauszahlungen – ein zinsloses Darlehen gewährt, noch der Vermieter – angesichts zu niedriger Vorauszahlungen – die Nebenkosten teilweise vorfinanzieren muss. Nach Auffassung des BGH ist daher auch eine Anpassung der Betriebskosten möglich, wenn zwar die Abrechnungsperiode schon abgelaufen, bisher aber noch keine aktuelle Abrechnung vorgelegt wurde.

Weitere Stichwörter:
Betriebskostenpauschale, Erhöhung der Betriebskosten, Erhöhung der Betriebskostenvorauszahlungen

Anpassung der Vorauszahlungen für Heiz- und Warmwasserkosten

Ist zwischen den Mietvertragsparteien vereinbart, dass der Mieter für die Zahlung der Heiz- und Warmwasserkosten aufzukommen hat, bedeutet das nicht, dass er auch Vorauszahlungen leisten muss. Ist im Mietvertrag die Pflicht zur Zahlung einer Vorauszahlung vereinbart, kann diese ebenso, wie bei den übrigen Betriebskosten, nach Vorlage einer aktuellen Heiz- und Warmwasserabrechnung nach oben oder unten angepasst werden.

Häufig finden sich in Mietverträgen Regelungen, dass der Mieter einen entsprechenden Anteil an den Vermieter zu bezahlen hat, wenn Heizöl geliefert wird. Das ist keine optimale Vereinbarung, sie könnte nämlich gegen die Heizkostenverordnung verstoßen und damit unwirksam sein. Der BGH hat dazu noch nicht entschieden.

Ist keine Vorauszahlungspflicht gegeben, muss der Mieter die Heiz- und Warmwasserkosten erst dann zahlen, wenn eine wirksame Abrechnung vorliegt. Die Heiz- und Warmwasserkosten werden erst mit Vorlage der Jahresabrechnung fällig.

Weitere Stichwörter:
Erhöhung der Betriebskosten, Erhöhung der Betriebskostenverordnungen, Heizkostenverordnung

Anschaffungskosten von Erfassungsgeräten

Handelt es sich bei der vom Mieter bezogenen Wohnung um ein bestehendes Objekt, auch Bestandsimmobilie genannt, und wird diese Wohnung erstmals mit Heizkostenverteilern, Warmwasserzählern und Wärmezählern ausgestattet, sind die Anschaffungskosten umlagefähig. Allerdings sind die Kosten nicht im Rahmen der Heizkostenabrechnung umlagefähig, sondern durch Erhöhung der Jahresmiete um 11 Prozent der Anschaffungskosten, weil es sich hierbei um Modernisierungskosten gemäß § 559 Abs. 1 BGB handelt, da die angeschafften Geräte nach Meinung des Gesetzgebers für Einsparungen sorgen:

§ 559 Abs. 1 BGB

Hat der Vermieter bauliche Maßnahmen durchgeführt, die den Gebrauchswert der Mietsache nachhaltig erhöhen, die allgemeinen Wohnverhältnisse auf Dauer verbessern oder nachhaltig Einsparungen von Energie oder Wasser bewirken (Modernisierung), oder hat er andere bauliche Maßnahmen auf Grund von Umständen durchgeführt, die er nicht zu vertreten hat, so kann er die jährliche Miete um 11 vom Hundert der für die Wohnung aufgewendeten Kosten erhöhen.

Werden der Heizkostenverteiler, der Warmwasserzähler und der Wärmezähler bei einem bestehenden Objekt vom Vermieter angemietet, können die Mietkosten gemäß § 4 Abs. 2 HeizKV im Rahmen der Heizkostenabrechnung auf den Mieter umgelegt werden. Sie sind Teil der Heizkosten.

Ist ein Austausch des Warmwasserzählers und des Wärmezählers nach Maßgabe des Eichgesetzes erforderlich, sind diese Kosten gemäß § 7 Abs. 2 HeizKV im Rahmen der Betriebskostenabrechnung auf den Mieter umzulegen. Das gilt auch für den Kaltwasserzähler. Ausdrücklich ist hier in § 2 Abs. 1 Satz 2 BetrKV geregelt, dass auch die Kosten der Anmietung oder andere Arten der Gebrauchsüberlassung von Wasserzählern zu den Betriebskosten gehören.

Weitere Stichwörter:
Modernisierung, Wartungskosten, Wasserzähler

Antenne

Nach Maßgabe von § 2 Nr. 15a BetrKV sind die Kosten des Betriebs einer Gemeinschaftsantennenanlage als Betriebskosten auf den Mieter, sofern vereinbart, umlegbar. Dazu gehören die Kosten des Betriebsstroms, die Kosten der regelmäßigen Prüfung der Betriebsbereitschaft sowie die Kosten der Einstellung durch eine Fachkraft und die Kosten für das Nutzungsentgelt für eine nicht zum Gebäude gehörende Antennenanlage sowie Gebühren nach dem Urheberrechtsgesetz. Nicht aufgeführt in § 2 Nr. 15a BetrKV sind die Kosten der Anschaffung für die Antennenanlage. Diese sind daher auch als Erstausstattung nicht auf den Mieter umlegbar. Ebenso wenig umlegbar sind die Abschreibungen auf die Antenne. Auch Reparaturen können nicht vom Mieter verlangt werden.

Weitere Stichwörter:
Elektroanlagen, Sonstige Betriebskosten

Aperiodische Betriebskosten

Hier handelt es sich um Betriebskosten, die nicht jährlich, aber trotzdem einigermaßen regelmäßig anfallen. Das trifft etwa auf die Eichkosten für den Wasserzähler (Kaltwasserzähler alle sechs Jahre, Warmwasserzähler alle fünf Jahre) zu oder auf die Kosten für das Zurückschneiden von Büschen und Bäumen, das heißt Arbeiten, die in der Regel nur alle zwei bis drei Jahre durchgeführt werden. Diese Tätigkeiten gehören zu den Gartenpflegekosten, und auch wenn sie nicht jedes Jahr anfallen, sind sie Betriebskosten.

Wie sind nun solche Betriebskosten in der Abrechnung darzustellen? Gilt das Abflussprinzip, dann in ganzer Höhe in dem Jahr, in dem die Kosten tatsächlich vom Vermieter bezahlt werden, oder nach dem Leistungs- und Zeitabgrenzungsprinzip?

In diesem Fall werden die Kosten nur anteilig, verteilt auf die Anzahl der Jahre, in die Abrechnung genommen. Also die Eichkosten für den Warmwasserzähler nur mit 1/5, da er alle fünf Jahre geeicht werden muss.

Hier hat der Vermieter quasi ein Wahlrecht, das ihn aber bindet, da er das Abrechnungssystem nicht jährlich wechseln kann, wie es ihm passt. Denn das wäre für den Mieter wirtschaftlich nachteilig. Die Problematik wird deutlich in der Fallkonstellation, dass bei einem Mieter die Eichkosten für die nächsten fünf Jahre (Warmwasserzähler) nach dem Abflussprinzip berechnet werden und er zwei Jahre später auszieht.

Es empfiehlt sich von vornherein, wenn aperiodische Betriebskosten anfallen, diese Positionen nicht nach dem Abflussprinzip zu berechnen, sondern nach dem Leistungs- und Zeitabgrenzungsprinzip. Der Vermieter weiß nie, wann demnächst der Mieter auszieht. Der Vermieter sollte in seiner Betriebskostenabrechnung auch explizit darauf hinweisen, wie er in dieser Position bei aperiodischen Betriebskosten abgerechnet hat. Zum Beispiel sind Baumfällkosten nicht gering und es ist fraglich, ob diese noch zu den Gartenpflegekosten gehören oder zu den sonstigen Betriebskosten. Als sonstige Kosten im Sinne von § 2 Nr. 17 BetrKV können nur Betriebskosten mietvertraglich als umlagefähig vereinbart werden, wenn sie auch konkret benannt sind. Also müssten im Mietvertrag z. B. „Baumfällkosten" stehen. Meistens sind die Baumfällkosten keine Gartenpflegekosten mehr, sondern eher Kosten der Instandsetzung, da von alten und morschen Bäumen häufig eine Gefahr ausgeht. Mit den Fällarbeiten kommt der Vermieter nur seiner Verkehrssicherungspflicht nach.

Weitere Stichwörter:
Abflussprinzip, Korrektur der Abrechnung

Aufrechnung

§ 387 BGB

Schulden zwei Personen einander Leistungen, die ihrem Gegenstand nach gleichartig sind, so kann jeder Teil seine Forderung gegen die Forderung des anderen Teils aufrechnen, sobald er die ihm gebührende Leistung fordern und die ihm obliegende Leistung bewirken kann.

Dieser allgemein gehaltene Gesetzestext gilt auch für Mietsachen. Der Mieter kann gegen Mietforderungen des Vermieters mit eigenen Geldforderungen aufrechnen; dabei spielt es keine Rolle, auf welcher Anspruchsgrundlage die Gegenforderung beruht, es käme sogar ein Anspruch auf Rückzahlung eines vom Mieter an den Vermieter gegebenes Privatdarlehn in Betracht.

Oder der Mieter hat zu hohe Betriebskostenvorauszahlungen geleistet und hat aufgrund der Abrechnung des Vermieters ein Guthaben, so kann er dieses Guthaben mit der nächsten Mietzahlung verrechnen (die Aufrechnung erklären und den relevanten Betrag bei der nächsten Mietzahlung in Abzug bringen). Allerdings muss der Mieter dabei § 556 BGB (Fälligkeit der Miete) berücksichtigen. Die in Aussicht genommene Aufrechnung muss bei Wohnraummietverhältnissen ein Monat vor Fälligkeit der Miete, gegen die aufgerechnet werden soll, angezeigt werden. § 556b Abs. 2 BGB beschränkt zeitlich die Ausübung des Aufrechnungsrechts.

Weitere Stichwörter:
Fälligkeit der Nebenkosten, Zurückbehaltungsrecht

Aufzug

Der Aufzug, auch als Lift oder Fahrstuhl bezeichnet, dient der vertikalen Beförderung von Personen, Lasten und Gütern meist innerhalb von Gebäuden. Personenaufzüge müssen zur Sicherheit der beförderten Personen eine Fahrkorbtüre besitzen. Der oft verwendete Begriff Fahrstuhl ist jedoch nicht eindeutig, er meint auch Rollstühle für Behinderte.

Rechtliche Regelungen für den Betrieb eines Aufzugs finden sich in der Zwölften Verordnung zum Geräte- und Produktsicherheitsgesetz (Aufzugsverordnung – 12. GPSGV). Aufzüge gehören somit zu den überprüfungsbedürftigen Anlagen durch den TÜV bei Inbetriebnahme und sodann in periodischen Abständen. Ein „Aufzugwärter" ist nicht mehr erforderlich. Allerdings muss der Betreiber sicherstellen, dass eine schnelle Befreiung eingeschlossener Personen möglich wird.

Weitere Stichwörter:
Aufzugskosten, Wartungskosten für einen Aufzug

Aufzugskosten

Auch wenn es nicht ausdrücklich im Mietvertrag vereinbart ist, darf der Aufzug von allen Mietern genutzt werden. Der Aufzug gilt als mitvermietet (§ 535 BGB). Die Betriebskosten für einen Aufzug können grundsätzlich auf die Mieter umgelegt werden. Dies muss allerdings zwischen den Parteien so vereinbart werden.

Wenn der Mieter in seinem Mietvertrag eine Klausel akzeptiert hat, wonach er sich an den Aufzugskosten beteiligen muss, kann er sich hinterher nicht mehr auf Unwirksamkeit berufen, denn nach einer Entscheidung des BGH ist eine solche Vereinbarung wirksam (Urteil vom 20.09.2006, Az. VIII ZR 103/06); denn sie ist weder überraschend noch benachteiligt sie den Mieter unangemessen, der Leitsatz des Gerichts lautet: „Die formularvertragliche Beteiligung des Mieters einer Erdgeschosswohnung an den Aufzugskosten benachteiligt diesen nicht unangemessen." Und zwar unabhängig vom konkreten Nutzen.

Gründe der Praktikabilität für den Vermieter und der Nachvollziehbarkeit und Überprüfbarkeit der Abrechnung für den Mieter sprächen für eine Abrechnung nach einem einheitlichen, generalisierenden Maßstab, auch wenn gewisse Ungenauigkeiten bei der Verteilung der Betriebskosten dann unvermeidlich sind, so das Gericht.

Es ist nämlich davon auszugehen, dass der Mieter, bevor er eine Wohnung anmietet, die Räumlichkeiten besichtigt hat und damit auch feststellen konnte, ob im Gebäude ein Aufzug vorhanden ist. In aller Regel werden solche Besichtigungen sogar schriftlich im Mietvertrag dokumentiert.

Da der Gebrauch des Aufzugs dann mitvermietet ist, ist es rechtlich gesehen uninteressant, ob der Mieter der Erdgeschoßwohnung den Aufzug nutzt. Es reicht aus, dass er in der Lage ist, den Aufzug jederzeit zu nutzen. Es ist nicht erforderlich, dass er den Aufzug benötigt, um in seine Wohnung zu kommen, andererseits muss der Vermieter den Aufzug auch jederzeit betriebsbereit halten, ansonsten wäre die Mietsache mangelhaft und der Mieter kann bei Ausfall bzw. Störungen die Miete mindern.

Wie werden die Kosten auf die Mieter umgelegt? Grundsätzlich nach dem Flächenmaßstab; es ist jedoch möglich, einen anderen Umlageschlüssel zu vereinbaren. Zwischen den Mietvertragsparteien kann prinzipiell vereinbart werden, dass Mieter, die den Aufzug nicht nehmen, von diesen Kosten befreit werden.

Welche Kosten gehören zu den Aufzugskosten? Die Kosten des Betriebsstroms, der Beaufsichtigung des Aufzugs und die Kosten der Bedienung, Überwachung und Pflege der Anlage sowie regelmäßige Prüfung zur Herstellung der Betriebsbereitschaft und Betriebssicherheit. Auch die Kosten einer Notrufbereitschaft gehören dazu. Reparaturkosten dagegen zählen nicht zu den umlagefähigen Betriebskosten.

Häufig werden von Vermietern sog. Vollwartungsverträge abgeschlossen, das heißt in den Kosten für den Aufzug sind auch die Reparaturkosten enthalten in Form einer Pauschale gegenüber der Aufzugsfirma. Die Aufzugskosten enthalten somit Kosten, die nicht auf den Mieter umgelegt werden dürfen. Es gibt verschiedene Gerichtsurteile, die den Reparaturkostenanteil aus den Aufzugskosten herausrechnen, in der Regel um die 30 bis 50 Prozent. Deswegen die Empfehlung für den Vermieter, der einen Vollwartungsvertrag abschließen will, dass in den Abrechnungen die Reparaturkosten, wozu auch der Austausch von Verschleißteilen gehört, separat ausgewiesen werden.

Weitere Stichwörter:
Aufzug, Umlageschlüssel, Vollwartungsvertrag

Ausgleich des Saldos

Was ist mit diesen Begriffen gemeint? Von einem Saldo spricht man, wenn die Differenz zwischen Soll und Haben eines Kontos berechnet wird. Eine ähnliche Bedeutung hat der Begriff im Betriebskostenrecht. Zieht man von den Gesamtkosten, die dem Mieter in Rechnung gestellt werden, die von ihm geleisteten tatsächlichen Vorauszahlungen ab, so erhält man den Saldo.

Hat der Mieter zu hohe Vorauszahlungen geleistet, hat er ein Guthaben. Der Vermieter muss eine Rückzahlung an den Mieter leisten. Hat er zu wenig vorausbezahlt, spricht man von einer Nachzahlung zulasten des Mieters, die der Vermieter verlangen kann. Mit Ausgleich des Saldos meint man die Zahlung des Differenzbetrags (entweder Guthaben oder Nachzahlung).

Weitere Stichwörter:
Abrechnungspflicht, Abrechnungsspitze, Flächenmaßstab, Guthaben, Vorauszahlungen

Ausschlussfrist

§ 556 Abs. 3 BGB beschreibt, dass der Vermieter von Wohnraum innerhalb eines Jahres nach dem Ende des Abrechnungszeitraums über die Nebenkosten abzurechnen hat. Versäumt er diese Frist, kann er keine Nachforderungen mehr geltend machen.

Das gilt auch, wenn die Abrechnung zwar rechtzeitig erteilt wurde, „formell" aber nicht in Ordnung ist, weil die angewandten Umlageschlüssel nicht nachvollziehbar sind, wie der BGH postuliert:

§ **BGH vom 09.04.2008, Az. VIII ZR 84/07**

Ist in der Abrechnung über die Vorauszahlungen für Betriebskosten (§ 556 Abs. 3 BGB) der Verteilerschlüssel unverständlich, liegt ein formeller Mangel vor, der zur Unwirksamkeit der Abrechnung führt.

Eine Nachbesserung ist dann nicht mehr möglich. Nicht bezahlte, aber vereinbarte Vorauszahlungen können jedoch weiterhin geltend gemacht werden (vgl. BGH vom 11.05.2016, Az. VIII ZR 109/15).

Ist in der Abrechnung, die rechtzeitig erteilt wurde, lediglich ein materieller Fehler, also ein Rechenfehler, oder ein falscher (aber nachvollziehbarer) Umlageschlüssel angewandt worden, darf man diese Abrechnung auch nach Ablauf der Abrechnungsfrist nachbessern. Ist jedoch die Nachzahlung, die den Mieter trifft, höher als der ursprünglich (fehlerhaft) berechnete Nachzahlungsbetrag, kann nur der ursprünglich berechnete Betrag (gerichtlich) durchgesetzt werden.

Weitere Stichwörter:
Abrechnungsfrist, Einwendungsausschluss, Nachzahlungssaldo, Zwischenablesung

Auszugspauschale/Auszugsgebühren

Immer wieder entstehen im Treppenhaus oder Flur eines Mietshauses Schäden, wenn ein neuer Mieter in eine Wohnung einzieht und der Vormieter auszieht. Eine Auszugspauschale (man könnte sie auch Einzugspauschale nennen) soll das Schadensrisiko des Vermieters abdecken, vor allem deshalb, weil der oder die Verursacher schwer oder gar nicht zu ermitteln sind.

Wegen dieser Erfahrungen beschließen die (vermietenden) Wohnungseigentümer eine allgemeine Schadenspauschale. Dieser Beschluss, sofern er bestandskräftig wird, auferlegt dem vermietenden Eigentümer einen pauschalen Geldbetrag in der Größenordnung von 50 bis 150 Euro für jeden Fall des (seines) Mieterwechsels, der dann beim Eigentümer in der Einzelabrechnung der Wohnungseigentümergemeinschaft als Hausgeldforderung auftaucht, unabhängig davon, ob ein konkreter Sachschaden entstanden ist oder nicht.

Es sind pauschalierte Instandhaltungs- und Instandsetzungskosten für die Renovierung und Beseitigung der durch einen Umzug verursachten Beschädigungen im Treppenhaus. Vermietende Wohnungseigentümer versuchen deshalb diesen von ihnen verlangten Pauschalbetrag auf den Mieter im Rahmen der Betriebskostenabrechnung abzuwälzen. Das geht jedoch nicht.

Eine formularmäßige Vereinbarung einer solchen Pauschale verstößt gegen § 309 Nr. 5b BGB und ist aus zwei Gründen unwirksam: Dem Mieter muss die Möglichkeit gegeben werden, nachzuweisen, dass der Schaden in Form von Wiederherstellungskosten geringer ist als die von ihm verlangte Pauschale. Und es ist auf § 556 Abs. 1 BGB zu verweisen: Danach darf der Vermieter neben der Miete nur Betriebskosten verlangen und keine Instandhaltungs- und Instandsetzungskosten. Diese Kosten sind nicht auf den Mieter umlegbar, weil nach § 556 Abs. 4 BGB Vereinbarungen zum Nachteil des Mieters unwirksam sind und eine Schadenspauschale ein wirtschaftlicher Nachteil für den Mieter ist. Der Vermieter darf nur Miete und Betriebskosten verlangen.

Davon zu unterscheiden ist der Sachverhalt, dass der Vermieter konkret dem ausziehenden Mieter oder einziehenden Mieter eine fahrlässige Sachbeschädigung (z. B. im Treppenhausbereich) konkret nachweisen kann. Die Instandsetzungskosten für die durchzuführenden Reparaturen sind durch Handwerkerrechnung nachzuweisen, oder wenn der Vermieter den Schaden selbst beseitigt, in Höhe einer Handwerkerrechnung gegenüber dem verursachenden Schädiger durchsetzbar.

Die Auszugspauschalen sind weder Betriebskosten noch Miete, so dass eine solche Pauschale weder individualvertraglich noch formularvertraglich wirksam vereinbart werden kann. Dabei spielt es keine Rolle, ob die im Formularvertrag vereinbarte „Auszugspauschale" auch für den Fall des Einzugs bezahlt werden soll (Einzugspauschale).

Weitere Stichwörter:
Allgemeine Geschäftsbedingungen, Sonstige Betriebskosten

Balkon

Unter diesem Begriff ist eine begehbare Fläche in Obergeschossen gemeint, die mindestens nach einer Seite offen ist. Die Fläche muss durch eine Brüstung abgesichert sein und wird in aller Regel über die Außenfassade eines Gebäudes hinausragen. Nach der Wohnflächenverordnung kann die Balkonfläche bis zur Hälfte zur Wohnfläche zählen.

Die Bewertung, mit welchem Faktor die Fläche hinzugezählt wird, hängt vom Stockwerk, der Himmelsrichtung, der Größe und der Umgebung ab. Insofern hat die „bewertete" Balkonfläche einen Einfluss, wenn auch nur geringen, auf den Flächenmaßstab bei der Umlage der Betriebskosten.

Weitere Stichwörter:
Flächenmaßstab, Umlageschlüssel, Wohnfläche

Bankspesen

→ Kontoführungskosten

Baumfällarbeiten

Sofern der Mietvertrag keine Bestimmungen enthält, wer für die Pflege des zum Mietobjekt gehörenden Gartens zuständig ist, muss davon ausgegangen werden, dass der Vermieter die Gartenpflege auf eigene Kosten durchführen muss. Es sei denn, ein abgegrenzter Teil des Gartens ist einem Mieter zur alleinigen Nutzung zugewiesen (mitvermietet) worden, unter Ausschluss der anderen Mieter des Mietobjekts.

Eine Abwälzung der Gartenpflegekosten auf den Mieter als Betriebskosten ist grundsätzlich möglich, in § 2 Nr. 10 BetrKV heißt es:

§ 2 Nr. 10 BetrKV

die Kosten der Gartenpflege, hierzu gehören die Kosten der Pflege gärtnerisch angelegter Flächen einschließlich der Erneuerung von Pflanzen und Gehölzen, der Pflege von Spielplätzen einschließlich der Erneuerung von Sand und der Pflege von Plätzen, Zugängen und Zufahrten, die dem nicht öffentlichen Verkehr dienen;

Im Zusammenhang mit den Gartenpflegekosten ist an § 535 BGB zu erinnern; der Vermieter verpflichtet sich, die Mietsache in einem vertragsgemäßen Zustand zu erhalten. Deshalb muss der Vermieter, wenn im Mietvertrag nichts geregelt ist, die Gartenpflege auf eigene Kosten ausführen. Einen Rechtssatz, wonach der Mieter einer Erdgeschosswohnung „automatisch" auch den allgemein zugänglichen Teil des Gartens zu pflegen habe, existiert nicht. Allerdings ist bei mitvermietetem Gartenanteil die Übertragung der Gartenpflege auf den Mieter üblich und zulässig.

Hat der Mieter die Gartenpflege unter Bezugnahme auf § 2 Nr. 10 BetrKV übernommen, hat er im Rahmen der Pflege der gärtnerisch angelegten Flächen erforderlichenfalls auch Bäume und Sträucher zu schneiden, Rasenflächen neu anzulegen sowie kranke oder morsche Bäume oder Sträucher zu entfernen.

Hat der Vermieter die Gartenpflege nicht einem einzelnen Mieter übertragen, sondern ist der Garten für alle Mieter des Objektes grundsätzlich gleich nutzbar, darf der Vermieter auch die Kosten für Baumfällarbeiten als Gartenpflegekosten auf die Mieter verteilen, wenn die Arbeiten aus Gründen der Verkehrssicherung notwendig waren, z. B. um Astbruch zu vermeiden. Dienten die Arbeiten aber nur dazu, einen vertragsgemäßen Zustand wiederherzustellen, sind es Instandsetzungs- und Instandhaltungsarbeiten und damit keine Betriebskosten.

Weitere Stichwörter:
Gartenpflegekosten, Instandhaltung/Instandsetzung

Bearbeitungsgebühren

Unter dem etwas unklar definierten Begriff „Bearbeitungsgebühren", fallen sowohl die Bankspesen oder Kontoführungskosten als auch die Kosten, die dem Vermieter für die Erstellung der Nebenkostenabrechnung entstehen. Das sind typische Verwaltungskosten. Diese sind nach § 1 BetrKV nicht auf den Mieter von Wohnraum umlegbar, eine solche Vereinbarung im Mietvertrag ist unwirksam.

Weitere Stichwörter:
Verwaltergebühren, Verwaltungskosten

Bedienungskosten

Mit dieser Bezeichnung sind Kosten gemeint, die durch die Bedienung, Überwachung und Pflege einer Heizanlage entstehen. Nach Maßgabe der Heizkostenverordnung handelt es sich hierbei um umlagefähige Kosten, die als Nebenkosten zur Heizkostenabrechnung zählen. In vielen Fällen werden die Gebäude in der Zwischenzeit mit modernen Heizungsanlagen mit automatischer Regelungstechnik ausgestattet, so dass kaum noch Bedienungskosten (nebenbei) anfallen. Oft sind die Bedienungskosten mit der Tätigkeit des Hauswarts abgedeckt, der für die Einstellung der Heizungsanlage verantwortlich ist, oder durch einen einzelnen Eigentümer oder Mieter, der ausdrücklich von der Handwerksfirma in die Bedienung der Heizungsanlage eingewiesen wird.

Weitere Stichwörter:
Hauswart, Heizkostenabrechnung

Begrenzung der Höhe der Nachforderungen

Weist eine Betriebskostenabrechnung des Wohnraumvermieters einen materiellen Fehler auf, etwa einen Rechenfehler oder einen fehlerhaft angewandten Umlageschlüssel, ist der Vermieter berechtigt, diese Betriebskostenabrechnung auch nach Ablauf der Abrechnungsfrist zu korrigieren. Allerdings ist die Höhe der Nachforderung auf den ursprünglich fehlerhaft berechneten Betrag begrenzt. Ergibt die Neuberechnung einen höheren Betrag, verbleiben die jetzt richtig berechneten Mehrkosten beim Vermieter. Ist das Berechnungsergebnis ein niedrigerer Betrag, darf nur dieser vom Mieter verlangt werden.

Weitere Stichwörter:
Ausgleich des Saldos, Korrektur der Abrechnung

Beheizbare Fläche

Was sind beheizte Flächen? In der Wohnflächenverordnung ist zwar der Begriff Wohnfläche definiert, aber nicht der Begriff beheizte

Fläche oder beheizbare Fläche. Hierbei handelt es sich nicht unbedingt um solche Räume, die auch über einen eigenen Heizkörper verfügen. Es sind ebenfalls angrenzende Räume gemeint, die z. B. durch eine offenstehende Türe indirekt beheizbar sind. Hier sei als Beispiel ein innenliegendes Bad genannt, das keinen Heizkörper hat. Dieses Bad ist aber durch eine offenstehende Türe trotzdem beheizbar. Somit zählt auch die Fläche des Badezimmers zur beheizten Fläche. Darunter werden alle Flächen verstanden, die von den Wohnungswänden umschlossen wird. Ein gegenteiliges Beispiel mag dies zeigen:

Beispiel:

Zu einer Wohnung gehört eine kleine Abstellkammer außerhalb der Wohnungstüre (auf dem Balkon). Darin befindet sich jedoch kein Heizkörper. Dieser Raum ist weder direkt, noch indirekt beheizbar und ist daher bei der beheizten Fläche nicht zu berücksichtigen.

Die Wohnfläche und die beheizbare Fläche sind nicht immer identisch. Bei der Berechnung der Wohnfläche zählen z. B. Balkonflächen bis maximal 50 Prozent mit. Die Balkone haben in aller Regel keinen Heizkörper, so dass sie nicht beheizbar sind. Sie sind auch nicht indirekt beheizbar und zählen daher nicht zur beheizten Fläche. Die beheizte Fläche ist in aller Regel kleiner als die tatsächliche Wohnfläche gemäß Wohnflächenverordnung.

Weitere Stichwörter:
Heizkostenabrechnung, Wohnfläche

Belege

Das Belegprinzip im Betriebskostenrecht beruht auf den allgemeinen Grundsätzen ordnungsgemäßer Buchführung, mit der Folge, dass zu jeder Buchung ein Beleg vorhanden sein muss, der den zu buchenden Geschäftsvorfall eindeutig dokumentiert. Falls ein solcher fehlt, ist ein Eigenbeleg zu schreiben. Belege sind die Grundlage der Buchhaltung, dienen als Beweis und ermöglichen so eine effiziente Kontrolle.

Die Ordnungsgemäßheit der Belegbuchhaltung ist gegeben, wenn alle Geschäftsvorfälle lückenlos erfasst sind und die sie dokumentierenden Belege nach einem bestimmten System (geordnet) abgelegt sind. Dieser Grundsatz aus dem kaufmännischen bzw. betriebswirtschaftlichen Bereich gilt auch für die Betriebskostenbuchhaltung.

Zu jeder Buchung in der Abrechnung muss ein Beleg vorhanden sein, den der Vermieter bei sich verwahren sollte. Dies kann eine Rechnung sein, ein Bescheid, ein Eigenbeleg oder die Aufsummierung mehrerer Belege; wobei die Belegablage eine vollständige Belegprüfung durch den Mieter gewährleisten sollte.

Weitere Stichwörter:
Abrechnung, Inhalt einer Betriebskostenabrechnung

Belegeinsicht

→ Betriebskostenbelege

Belegprüfung

Die Prüfung der Gesamtkosten einer Nebenkostenabrechnung anhand der Buchhaltungsunterlagen wird als Belegprüfung bezeichnet. Der Vermieter ist gegenüber dem Mieter mit der Vorlage einer Abrechnung verpflichtet über die Einnahmen und Ausgaben (lückenlos) Rechenschaft abzulegen.

Zum Umfang der gesetzlichen Abrechnungspflicht gehört nicht nur die Erstellung einer geordneten Abrechnung, sondern auch die Belegsammlung.

Grundsätzlich muss der Vermieter unaufgefordert keine Belege der Abrechnung beifügen. Belege sind erst auf Anforderung vorzuzeigen, die der Mieter möglichst genau bezeichnen sollte, um Unklarheiten zu vermeiden.

Zum Prüfungsumfang des Mieters gehört auch die Einsicht in Wartungs-, Versicherungs-, Dienst- und Arbeitsverträge, sowie in die dazugehörigen Leistungsverzeichnisse, auf denen die einzelnen Rechnungen basieren, denn häufig lässt sich ohne die zugehörigen Verträge der Umfang und der Turnus der durchzuführenden Arbeiten nicht plausibel erklären.

Ein Anspruch auf Übersendung von Kopien der Belege gibt es nur in ganz wenigen Ausnahmefällen, grundsätzlich muss die Belegablage des Vermieters vor Ort durch den Mieter eine vollständige Belegprüfung ermöglichen (BGH vom 08.03.2006, Az. VIII ZR 78/05).

Weitere Stichwörter:
Betriebskostenbelege, Einsichtsrecht des Mieters

Beleuchtung

In § 2 Nr. 11 BetrKV sind die Kosten der Beleuchtung angesprochen. Damit sind die Kosten des Stroms für die Außenbeleuchtung und die Beleuchtung der von den Bewohnern gemeinsam benutzten Gebäudeteile, wie Zugänge, Flure, Treppen, Keller, Bodenräume und Waschküchen gemeint. Die Beleuchtungskosten für die vorgenannten Flächen und Räumlichkeiten sind daher umlagefähig.

Die Kosten der Beleuchtung für Räumlichkeiten, die nur von einzelnen Mietern separat benutzt werden können, wie Keller, Garagen, Hobbyräume oder Werkstatträume, werden nicht zu den umlegbaren Kosten gezählt. Diese Stromkosten sind durch einen Zwischenzähler zu ermitteln und den einzelnen Mietern gesondert in Rechnung zu stellen oder der Mieter rechnet direkt mit dem Stromlieferanten ab.

Die Kosten für die Beleuchtung des Heizraums gehören nicht zu den Heizkosten (wie man meinen könnte), sondern zu den Beleuchtungskosten. Der Austausch von Glühbirnen, Leuchtstoffröhren und die Reparatur von defekten Beleuchtungsanlagen für gemeinsam genutzte Gebäudeteile sind keine Betriebskosten, sondern Reparaturkosten, sprich Instandhaltungskosten und daher vom Vermieter zu tragen.

Weitere Stichwörter:
Allgemeinstrom, Sonstige Betriebskosten

Bestandsschutz Heizkostenverteiler

§ 5 Abs. 1 HeizKV verlangt vom Gebäudeeigentümer Folgendes:

> **§ 5 Abs. 1 Satz 1 HeizKV**
>
> Zur Erfassung des anteiligen Wärmeverbrauchs sind Wärmezähler oder Heizkostenverteiler, zur Erfassung des anteiligen Warmwasserverbrauchs Warmwasserzähler oder andere geeignete Ausstattungen zu verwenden.

Weiter verlangt die Heizkostenverordnung in § 5 Abs. 1 Satz 2, welche Anforderungen die Wärmezähler bzw. Heizkostenverteiler erfüllen müssen:

> **§ 5 Abs. 1 Satz 2 HeizKV**
>
> Soweit nicht eichrechtliche Bestimmungen zur Anwendung kommen, dürfen nur solche Ausstattungen zur Verbrauchserfassung verwendet werden, hinsichtlich derer sachverständige Stellen bestätigt haben, dass sie den anerkannten Regeln der Technik entsprechen, oder dass ihre Eignung auf andere Weise nachgewiesen wurde.

Der Gesetzgeber hat mit der Novellierung der Heizkostenverordnung in § 12 Abs. 2 HeizKV auch dafür gesorgt, dass ältere Erfassungsgeräte oder Heizkostenverteiler seit 01.01.2014 die Voraussetzungen des § 5 HeizKV nicht mehr erfüllen. In § 12 Abs. 2 HeizKV heißt es:

> **§ 12 Abs. 2 HeizKV**
>
> Die Anforderungen des § 5 Abs. 1 und Abs. 2 gelten bis zum 31.12.2013 als erfüllt
>
> 1. für den am 01.01.1987 für die Erfassung des anteiligen Warmwasserverbrauchs vorhandenen Warmwasserkostenverteiler und
> 2. für die am 01.07.1981 bereits vorhandenen sonstigen Ausstattungen zur Verbrauchserfassung.

Das heißt: Zum 31.12.2013 haben die alten Verbrauchserfassungsgeräte ihre „Rechtsgültigkeit" verloren und müssen deshalb durch moderne Geräte ausgetauscht werden.

Weitere Stichwörter:
Fehler in der Betriebskostenabrechnung

Betriebsausgaben

Dies ist ein Begriff aus dem Recht der Einkommensteuer und hat mit Betriebskosten bzw. Nebenkosten im Sinne des Wohnraummietrechts nichts zu tun. Allenfalls können Betriebskosten, die der Vermieter, aus welchen Gründen auch immer, nicht vom Mieter verlangen kann und somit von ihm zu tragen sind, in seiner Steuererklärung als „Verluste aus Vermietung und Verpachtung" steuermindernd angesetzt werden.

Weiteres Stichwort:
Betriebskosten

Betriebskosten

Die Begriffe Betriebskosten und Nebenkosten sind im Bereich des Mietrechts bedeutungsgleich. Betriebskosten sind – so werden sie jedenfalls gesetzlich definiert – die Kosten, die dem Eigentümer durch das Eigentum am Grundstück oder durch den bestimmungsgemäßen Gebrauch des Gebäudes, der Nebengebäude, Anlagen, Einrichtungen und des Grundstücks laufend entstehen.

§ 556 Abs. 1 BGB besagt:

§ 556 Abs. 1 BGB

Die Vertragsparteien können vereinbaren, dass der Mieter Betriebskosten trägt. Betriebskosten sind die Kosten, die dem Eigentümer oder Erbbauberechtigten durch das Eigentum oder das Erbbaurecht am Grundstück oder durch den bestimmungsgemäßen Gebrauch des Gebäudes, der Nebengebäude, Anlagen, Einrichtungen und des Grundstücks laufend entstehen. Für die Aufstellung der Betriebskosten gilt die Betriebskostenverordnung vom 25. November 2003 (BGBl. I S. 2346, 2347) fort. Die Bundesregierung wird ermächtigt, durch Rechtsverordnung ohne Zustimmung des Bundesrates Vorschriften über die Aufstellung der Betriebskosten zu erlassen.

In § 556 BGB wird für Vermieter und Mieter auf die Betriebskostenverordnung verwiesen und dort in § 1 Abs. 1 heißt es, fast gleichlautend:

§

§ 1 Abs. 1 BetrKV

Betriebskosten sind die Kosten, die dem Eigentümer oder Erbbauberechtigten durch das Eigentum oder Erbbaurecht am Grundstück oder durch den bestimmungsgemäßen Gebrauch des Gebäudes, der Nebengebäude, Anlagen, Einrichtungen und des Grundstücks laufend entstehen. Sach- und Arbeitsleistungen des Eigentümers oder Erbbauberechtigten dürfen mit dem Betrag angesetzt werden, der für eine gleichwertige Leistung eines Dritten, insbesondere eines Unternehmers, angesetzt werden könnte; die Umsatzsteuer des Dritten darf nicht angesetzt werden.

Neben der „Grundmiete" (häufig auch als Kaltmiete oder Nettomiete bezeichnet) sind die Betriebskosten (zusätzlich) zu bezahlen. Man unterscheidet dabei wiederum zwischen verbrauchsabhängigen, also vom Nutzer durch sein Verhalten beeinflussbare (z. B. Heizkosten oder Wasserverbrauch) Kosten und nicht verbrauchsabhängigen Betriebskosten (insbesondere Grundsteuer und Versicherungsprämien), die unabhängig vom individuellen Nutzerverhalten als fester Betrag anfallen.

Nur die in der Betriebskostenverordnung genannten Kostenarten darf der Vermieter von Wohnraum anteilig auf die Mieter verteilen („umlegen"), wenn mietvertraglich zwischen den Parteien vereinbart. Es gibt drei gesetzlich zulässige Arten von Betriebskostenvereinbarungen, die bei Wohnraummietvertrag üblich sind:

- Betriebskostenvorauszahlung (kurz: Vorauszahlung): Der Mieter bezahlt einen per Umlageschlüssel errechneten monatlichen Anteil an den Betriebskosten des Gebäudes im Voraus (zum Monatsanfang) zusammen mit der Grund- bzw. Kaltmiete. Der Vermieter muss jährlich eine Abrechnung über die Betriebskosten erstellen. Je nach Ergebnis muss der Mieter eine Nachzahlung leisten oder er erhält einen Guthabensbetrag zurück.
- Betriebskostenpauschale: Der Mieter zahlt seinen Betriebskostenanteil als monatliche Pauschale, mit der dann alle Betriebskosten abgegolten sind. Eine Jahresabrechnung muss nicht erstellt werden, außer für die Kosten für Heizung und Warmwasser. Diese dürfen wegen der Heizkostenverordnung nicht pauschaliert werden.
- Teilinklusivmiete: Die Betriebskosten gelten als teilweise mitabgegolten mit der Zahlung der Miete, sie sind in der Miete enthalten.

Eine komplette Einbeziehung aller Betriebskosten in die Miete – als vierte Variante – kann jedoch nicht vereinbart werden, da die Heiz- und Warmwasserkosten laut Heizkostenverordnung immer verbrauchsabhängig abzurechnen sind. Eine Abrechnung über diese „warmen" Kosten muss erfolgen. Meist sind daher die nicht verbrauchsabhängigen Betriebskosten in die Teilinklusivmiete mit enthalten und die verbrauchsabhängigen Kosten werden getrennt abgerechnet. Diese unterschiedlichen Varianten können auch miteinander kombiniert werden.

Ist mietvertraglich vereinbart, dass die Betriebskosten nicht verbrauchsabhängig umgelegt werden sollen, kann der Vermieter nach § 556a Abs. 2 BGB einseitig durch Erklärung in Textform nach § 126b BGB festlegen, dass die Betriebskosten künftig ganz oder teilweise nach erfasstem Verbrauch oder erfasster unterschiedlicher Verursachung durch die Mieter verteilt werden:

§ 556a Abs. 2 BGB

Haben die Vertragsparteien etwas anderes vereinbart, kann der Vermieter durch Erklärung in Textform bestimmen, dass die Betriebskosten zukünftig abweichend von der getroffenen Vereinbarung ganz oder teilweise nach einem Maßstab umgelegt werden dürfen, der dem erfassten unterschiedlichen Verbrauch oder der erfassten unterschiedlichen Verursachung Rechnung trägt. Die Erklärung ist nur vor Beginn eines Abrechnungszeitraums zulässig. Sind die Kosten bislang in der Miete enthalten, so ist diese entsprechend herabzusetzen.

Eine solche Erklärung darf der Vermieter nur für zukünftige Abrechnungsperioden abgeben. Waren die Betriebskosten bis dahin in der Miete enthalten, ist die bisherige Miete (Bruttomiete) gleichzeitig entsprechend zu reduzieren und zur Grundmiete der neue Betriebskostenbetrag (Vorauszahlung) hinzuzurechnen. Für den Mieter wird der tatsächlich zu bezahlende monatliche Betrag dadurch nicht höher, es kann aber nach Vorlage der Abrechnung zu einer Nachzahlung oder zu einem Guthaben kommen. Auf diese Weise kann der Vermieter eine Teilinklusivmiete in eine Grundmiete mit Betriebskostenvorauszahlung ändern, was nicht zum Nachteil des Mieters sein muss.

Besteht keine (anderweitige) mietvertragliche Vereinbarung, sind verbrauchsunabhängige Betriebskosten „vorbehaltlich anderer Vorschriften", wie es im Gesetz heißt, nach dem Anteil der Wohnfläche (Flächenmaßstab) umzulegen. Betriebskosten, deren Höhe verbrauchs- oder verursachungsbedingt im Rahmen der Nutzung der Mieträume durch den Mieter entstehen, sind nach einem Maßstab umzulegen, der dem unterschiedlichen Verbrauch oder der unterschiedlichen Verursachung Rechnung trägt, insbesondere, wenn der Verbrauch mit Messgeräten erfasst wird, oder nach Anzahl der Nutzer („nach Personenzahl"), oder nach Anzahl der Wohnungen („nach Einheiten").

Nach Wohnfläche umlagefähig sind: Grundsteuer, Kosten der Straßenreinigung, der Müllentsorgung, des Aufzugbetriebes, der Hausreinigung und Ungezieferbekämpfung. Außerdem zählen hierzu die Kosten der Gartenpflege, der Außen-, Treppen- und Flurbeleuchtung, der Schornsteinreinigung, Prämien der Wohngebäudeversicherung, Haftpflichtversicherung für Grundbesitzer, Hausmeisterlöhne (mit Ausnahme von Lohnanteilen, die sich auf Reparaturarbeiten und die Verwaltung beziehen).

In der Regel können auch Kosten des Betriebs einer Gemeinschaftsantennenanlage sowie bestimmte sonstige Betriebskosten für Gemeinschaftseinrichtungen wie Sauna oder Schwimmbad auf der Basis des Flächenmaßstabes umgelegt werden.

Verbrauchs- oder verursachungsbedingt anrechenbar sind die Kosten der Wasserversorgung und (sofern daran gekoppelt) die Kosten der Entwässerung, die Heiz- und Warmwasserkosten sowie die Kosten einer Gemeinschaftswaschmaschine.

Bei den „sonstigen Betriebskosten" im Sinne von § 2 Nr. 17 BetrKV muss in jedem Einzelfall analysiert werden, ob sie wohnflächen- oder verbrauchs- bzw. verursachungsbezogen abgerechnet werden können.

Die Betriebskostenabrechnung muss dem Mieter innerhalb von zwölf Monaten nach Ende des Abrechnungszeitraums zugehen, sonst können etwaige (berechtigte) Nachforderungen vom Vermieter nicht mehr geltend gemacht werden.

Ausnahme: Der Vermieter ist nicht selbst für die Verspätung verantwortlich.

§ 556 Abs. 3 BGB

Über die Vorauszahlungen für Betriebskosten ist jährlich abzurechnen; dabei ist der Grundsatz der Wirtschaftlichkeit zu beachten. Die Abrechnung ist dem Mieter spätestens bis zum Ablauf des zwölften Monats nach Ende des Abrechnungszeitraums mitzuteilen. Nach Ablauf dieser Frist ist die Geltendmachung einer Nachforderung durch den Vermieter ausgeschlossen, es sei denn, der Vermieter hat die verspätete Geltendmachung nicht zu vertreten. (...)

Der Vermieter ist entschuldigt, wenn z. B. ein Versorgungsunternehmen verspätet abgerechnet hat. Dann kann noch innerhalb von drei Monaten nach Eingang der fehlenden Unterlagen eine Nebenkostennachforderung beim Mieter erfolgen, wie der BGH (Urteil vom 05.07.2006, Az. VIII ZR 220/05) grundlegend entschieden hat. Ein rechtzeitiges Abschicken der Abrechnung ist nicht ausreichend, entscheidend ist der (beweisbare) Zugang beim Mieter (BGH vom 21.01.2009, Az. VIII ZR 107/08), um die Abrechnungsfrist zu wahren.

Weitere Stichwörter:
Bruttokaltmiete, Nebenkosten, Teilinklusivmiete

Betriebskosten ohne Vereinbarung

Grundsätzlich muss die separate Zahlung von Betriebskosten zusätzlich zur Miete zwischen den Vertragsparteien vereinbart werden.

Ausnahme: Durch jahrelange Übung kann es möglicherweise zu einer stillschweigenden Einigung zwischen Mieter und Vermieter kommen, bestimmte Betriebskosten umzulegen, auch wenn diese im Mietvertrag nicht ausdrücklich vereinbart sind (BGH vom 07.04.2004, Az. VIII ZR 146/03).

Der BGH hat ausgeführt, dass die Umlegung einzelner „sonstiger Betriebskosten" aufgrund jahrelanger Zahlung durch stillschweigende Vereinbarung (man kann auch von einer nonverbalen Abrede sprechen) erfolgen kann. Im entschiedenen Fall war für einen Zeitraum von ungefähr 14 Jahren eine Position (Dachrinnenreinigung = sonstige

Betriebskosten § 2 Nr. 17 BetrKV) abgerechnet worden, ohne dass die Mieter widersprochen hatten und ohne dass diese Position im schriftlichen Mietvertrag aufgeführt war.

Das Verhalten der Mieter sei aus Sicht des Vermieters nur so zu verstehen gewesen, dass die Abrechnung akzeptiert würde. Sprachlich richtig dürfte es nicht heißen Betriebskosten ohne Vereinbarung, sondern Betriebskostenzahlung aufgrund jahrelanger Übung.

Weitere Stichwörter:
Dachrinnenreinigung, Inhalt einer Betriebskostenabrechnung

Betriebskostenabrechnung

Nach § 556 Abs. 1 BGB ist der Wohnungsvermieter verpflichtet, wenn er neben der Grundmiete Vorauszahlungen auf die zu erwartenden Betriebskosten verlangt und dies mietvertraglich vereinbart ist, über die Kosten eine Abrechnung zu erstellen und zwar einmal jährlich. Man nennt die nach Ablauf eines Abrechnungszeitraums vorzulegende Betriebskostenzusammenstellung eine Betriebskostenabrechnung.

Zuständig für die Abrechnung ist der Vermieter, meist der Eigentümer, der im Zeitpunkt der Abrechnungsreife im Grundbuch eingetragen ist. Wird das Mietobjekt zwischenzeitlich veräußert und wird das Grundbuch nach Ablauf einer Abrechnungsperiode (die noch nicht abgerechnet ist) umgeschrieben und der neue Eigentümer eingetragen, der ab Eintragung neuer Vermieter ist, bleibt für den abgelaufenen Abrechnungszeitraum der alte Eigentümer für die Erstellung der Betriebskostenabrechnung zuständig (BGH vom 04.04.2007, Az. VIII ZR 219/06). Der neue Eigentümer und Vermieter ist dann für die „laufende" Abrechnung verantwortlich.

Das im Abrechnungszeitraum des alten Vermieters entstandene eventuelle Guthaben zugunsten des Mieters ist an den Mieter auszubezahlen, wenn er eine Nachforderung hat, muss der Mieter an den alten Vermieter die Nachzahlung leisten.

Klarstellend bleibt festzuhalten, dass in der Betriebskostenabrechnung nur die tatsächlich entstandenen Kosten abzurechnen sind: theoretische (häufig auch als „Soll-Kosten" bezeichnet) oder fiktive Kosten haben in der Abrechnung nichts zu suchen. Es dürfen nur die Kosten auf den Mieter „umgelegt" werden, die nach der Betriebskostenverordnung auch umlagefähig sind, wobei die dortige Aufzählung abschließend ist, so dass keine weiteren Betriebskosten auf den Mieter zukommen.

Der BGH (Urteil vom 19.11.2008, Az. VIII ZR 295/07) definiert exakt, wie eine formell richtige Betriebskostenabrechnung auszusehen hat. Sie muss folgende Kriterien erfüllen:

- Zusammenstellung der Gesamtkosten, zugrunde gelegte Verteilerschlüssel müssen angegeben und erforderlichenfalls erläutert werden, falls sie nicht allgemein verständlich sind.
- Der Anteil des Mieters muss konkret berechnet sein und die Vorauszahlungen müssen vom Abrechnungsbetrag abgezogen werden.

Des Weiteren sollte die Abrechnung für einen juristischen Laien, der betriebswirtschaftlich nicht geschult ist, nachvollziehbar und verständlich sein. Sie muss übersichtlich, klar und widerspruchsfrei sein, und unterliegt daher einer einfachen Plausibilitätskontrolle.

Weitere Stichwörter:
Inhalt einer Betriebskostenabrechnung, Plausibilitätskontrolle, Vorauszahlung

Betriebskostenbelege

Der Mieter hat das Recht, die Richtigkeit einer Betriebskostenabrechnung des Vermieters zu überprüfen. Er kann allerdings nicht verlangen, dass ihm Kopien der Betriebskostenbelege zugesandt werden. Das gilt selbst dann, wenn der Mieter bereit ist, die Kopierkosten zu tragen.

Der Vermieter (wie auch der Miethausverwalter) muss dem Mieter deshalb die Möglichkeit geben, in seinen Räumen Einblick in die Betriebskostenbelege zu nehmen.

Ausnahme: Die Einsichtnahme in die Belege in den Geschäftsräumen des Vermieters kann dem Mieter nicht zugemutet werden (z. B. wegen Krankheit oder wegen weiter räumlicher Entfernung zwischen Mietwohnung und Geschäftssitz des Vermieters in einer anderen Stadt).

Dazu der BGH:

BGH vom 08.03.2006, Az. VIII ZR 78/05

Grundsätzlich hat der Mieter im preisfreien Wohnungsbau keinen Anspruch auf Übersendung von Belegkopien."

Sollte das Mietverhältnis beendet sein oder der Mieter sich längerfristig im Ausland aufhalten und ihm unter diesen Umständen eine Einsicht in die Belege (vor Ort beim Vermieter) nicht möglich, ist der Vermieter nunmehr doch verpflichtet, Belegkopien gegen Kostenerstattung zu übersenden.

Weitere Stichwörter:
Abrechnung, Belegprüfung, Einsichtsrecht des Mieters

Betriebskostenerhöhung

Die Betriebskostenerhöhung nach § 560 Abs. 1, 2 und 3 BGB ist von der Erhöhung der Nebenkostenvorauszahlungen gemäß § 560 Abs. 4 BGB zu unterscheiden. Die Erhöhung der Nebenkostenvorauszahlung ist eng verknüpft mit der Nebenkostenabrechnung. Sie ist nur dann möglich, wenn ihr eine Nebenkostenabrechnung vorausgegangen ist.

Hier geht es jedoch um die Erhöhung der Betriebskosten. § 560 BGB gilt generell für die Erhöhung sog. Betriebskostenpauschalen (mit Erhöhungsvorbehalt) und für die Erhöhung von vor dem 01.09.2001 vereinbarten Teilinklusivmieten mit Erhöhungsvorbehalt.

Hat der Vermieter bei Abschluss des Mietvertrags keinen Erhöhungsvorbehalt mit dem Mieter vereinbart, ist eine isolierte Betriebskostenerhöhung nach § 560 BGB ausgeschlossen. Der Vermieter kann nur noch nach § 558 BGB die Betriebskosten erhöhen. Sollte eine entsprechende Vereinbarung vorhanden sein, kann der Vermieter die gestiegenen Gesamtausgaben als künftige Erhöhung verlangen. Der Ausgangspunkt kann zurückliegen. Er liegt jedenfalls nicht vor Vertragsbeginn. Die Erhöhungserklärung muss begründet werden. Die Erhöhung der Betriebskosten gegenüber dem früheren Stand ist nur dann begründet, wenn auch die Ursachen für die Erhöhung mitgeteilt werden.

Weitere Stichwörter:
Nebenkosten, Nebenkostenabrechnung, Teilinklusivmiete

Betriebskostenerstattung

→ Guthaben

Betriebskostenmanagement

Abrechnungsperiode auf Abrechnungsperiode steigen die Betriebskosten von Wohnimmobilien kontinuierlich. Da die Erstellung und die Prüfung einer Betriebskostenabrechnung sowohl in technischer, als auch in juristischer Hinsicht einen gewissen Aufwand erfordert, gibt es immer mehr Unternehmen, die sowohl für Mieter, als auch für Vermieter ein sog. Betriebskostenmanagement durchführen. Nebenkostenabrechnungen werden geprüft und eventuell korrigiert, Mietverträge überprüft und eventuell Vorschläge für Anpassungen gemacht. Auch die Effizienzermittlung in technischer Hinsicht erfolgt, ebenso das Energiemanagement mit der Erstellung von Energiekonzepten und deren Umsetzungen.

Alle Aktivitäten, die ein Betriebskostenmanager durchführt, haben das Ziel, die Kosten so gering wie möglich zu halten und zu optimieren. Niemand möchte mehr als nötig bezahlen.

Weitere Stichwörter:
Abrechnungszeitraum, Gebot der Wirtschaftlichkeit

Betriebskostenpauschale

Unter diesem Begriff versteht man einen festen Betriebskostenanteil, den der Mieter zusätzlich zur vereinbarten Grundmiete zu entrichten hat:

§ 560 Abs. 1 BGB

Bei einer Betriebskostenpauschale ist der Vermieter berechtigt, Erhöhungen der Betriebskosten durch Erklärung in Textform anteilig auf den Mieter umzulegen, soweit dies im Mietvertrag vereinbart ist. Die Erklärung ist nur wirksam, wenn in ihr der Grund für die Umlage bezeichnet und erläutert wird.

Anders als bei der Betriebs- oder Nebenkostenvorauszahlung gibt es keine Abrechnung. Mit der Pauschale sind alle Betriebskosten, mit Ausnahme der Heiz- und Warmwasserkosten, abgegolten. Der Vermieter trägt das Risiko, dass er die Pauschale zu niedrig angesetzt hat. Steigen die Betriebskosten, kann der Vermieter die Pauschale nur dann erhöhen, wenn es im Mietvertrag vereinbart ist. Eine Erhöhung muss erläutert und begründet werden, wie § 560 BGB verlangt. Verringern sich die Kosten, muss der Vermieter die Pauschale entsprechend herabsetzen.

Weitere Stichwörter:
Abrechnungspflicht, Heizkostenabrechnung

Betriebskostenspiegel

Manche Städte und Landkreise in Deutschland erfassen statistisch durch Umfragen die Betriebskosten der einzelnen Wohnungen in ihrem Zuständigkeitsbereich. Sie erstellen dann mit dem gewonnenen Zahlenmaterial Betriebskostenspiegel (Carsten Ludley, Verwertbarkeit von Betriebskostenspiegeln im Prozess, NZM 2011, 417 ff.). Als Beispiel sei hier der Berliner Betriebskostenspiegel (www.stadtentwicklung.berlin.de/wohnen/betriebskosten) genannt oder vom Deutschen Mieterbund, der als Tabelle (www.mieterbund.de/service) veröffentlicht wird.

Mit einem solchen Betriebskostenspiegel lassen sich die Betriebskosten vergleichen und prüfen, ob sie deutlich über dem Durchschnitt der üblichen Verbrauchskosten liegen. Solche Tabellen können daher als Orientierung dienen, welche Beträge bei den einzelnen Betriebskostenarten üblicherweise im nicht preisgebundenen Wohnungsbestand abgerechnet wurden. Die Tabellen sind jedoch nicht rechtsverbindlich (BGH vom 06.07.2011, Az. VIII ZR 340/10).

So gibt der Betriebskostenspiegel des Deutschen Mieterbundes für die Heizkosten pro Quadratmeter pro Monat einen Durchschnittswert von ca. 1,10 Euro an auf der Basis der Zahlen des Jahres 2014. Das Warmwasser schlägt pro Quadratmeter mit 0,29 Euro pro Monat zu Buche. Die durchschnittlichen Kosten in Deutschland für einen Aufzug betragen pro Quadratmeter Wohnfläche pro Monat 0,16 Euro. Mithilfe des Betriebskostenspiegels kann zumindest ansatzweise überprüft werden, ob das Gebot der Wirtschaftlichkeit durch den Vermieter bei der Bewirtschaftung seiner Immobilie verletzt zu sein scheint.

Weitere Stichwörter:
Abrechnungsspitze, Gebot der Wirtschaftlichkeit

Betriebskostenumlagevereinbarung

→ Betriebskostenvereinbarung

Betriebskostenvereinbarung

Das Mietrecht gibt den Mietvertragsparteien die Möglichkeit, die mit der Vermietung und der Bewirtschaftung der Immobilie zusammenhängenden Betriebskosten entweder als monatliche Pauschale oder als Vorauszahlung zu vereinbaren. Wird keine Vereinbarung getroffen, können anfallende Betriebskosten vom Mieter nicht zusätzlich zur Miete verlangt werden. Die Betriebskosten sind in der Miete enthalten mit Ausnahme der Heiz- und Warmwasserkosten.

Enthält der Mietvertrag eine Klausel, wonach der Mieter für die Betriebskosten eine monatliche pauschale Zahlung zu leisten hat, kann und braucht der Vermieter über angefallene und entstandene Betriebskosten gegenüber dem Mieter nicht abzurechnen. Und der Mieter hat keinen Anspruch auf Abrechnung.

Schuldet der Mieter hingegen eine Vorauszahlung, hat der Vermieter die Verpflichtung, über die Betriebskosten des abgelaufenen Abrechnungszeitraums Rechnung zu legen.

Deshalb ist für beide Vertragsparteien wichtig, klare Vereinbarungen zu treffen, um zu klären, welche Kosten der Mieter zusätzlich zur Grundmiete zu bezahlen hat. Ist die Vereinbarung nicht eindeutig oder missverständlich formuliert, schuldet der Mieter keine zusätzlichen Betriebskosten.

Nach Inkrafttreten der Betriebskostenverordnung am 01.01.2004 ist eine Bezugnahme auf die Betriebskosten im Sinne des § 2 BetrKV ausreichend, um eine Umlagefähigkeit der Betriebskosten sicherzustellen. Zu empfehlen ist folgende Formel:

Neben der Miete sind monatlich die Kosten für Betriebskosten zu zahlen.

Einer zusätzlichen Erläuterung des Betriebskostenkatalogs bei Vertragsschluss oder der Beifügung eines Abdrucks der Betriebskostenverordnung bedarf es nicht. Allerdings sollte aus Gründen der Klarheit (obwohl nicht erforderlich) dem Mietvertrag ein Betriebskostenkatalog beigefügt werden (vgl. Gies, Münchener Anwaltshandbuch, Mietrecht, 3. Auflage, S. 676, zu § 24 Rn. 3).

Nach Maßgabe einer Entscheidung des BGH vom 10.02.2016 (Az. VIII ZR 137/15) genügt es sogar, dass im Mietvertrag – auch formularmäßig – nur steht, dass der Mieter die Betriebskosten zu tragen hat. Der BGH versucht, das Betriebskostenrecht so einfach wie möglich zu gestalten.

Weitere Stichwörter:
Allgemeine Geschäftsbedingungen, Inhalt einer Betriebskostenabrechnung

Betriebskostenverordnung

In § 556 Abs. 1 BGB wird gesetzlich auf die Möglichkeit zur Erhebung von Betriebskosten hingewiesen. Welche Kostenarten im Einzelnen zu den Betriebskosten zählen, regelt die Betriebskostenverordnung (Verordnung über die Aufstellung von Betriebskosten – BetrKV, Artikel 2 der Verordnung vom 25.11.2003, BGBl. I S. 2346, in Kraft getreten am 01.01.2004).

Dort sind 17 Positionen aufgelistet. Des Weiteren enthält die Verordnung eine Definition, was der Gesetzgeber unter Betriebskosten versteht.

§ 1 Abs. 1 BetrKV

Betriebskosten sind die Kosten, die dem Eigentümer oder Erbbauberechtigten durch das Eigentum oder Erbbaurecht am Grundstück oder durch den bestimmungsgemäßen Gebrauch des Gebäudes, der Nebengebäude, Anlagen, Einrichtungen und des Grundstücks laufend entstehen. Sach- und Arbeitsleistungen des Eigentümers oder Erbbauberechtigten dürfen mit dem Betrag angesetzt werden, der für eine gleichwertige Leistung eines Dritten, insbesondere eines Unternehmers, angesetzt werden könnte; die Umsatzsteuer des Dritten darf nicht angesetzt werden.

Ist nur ein einziges Merkmal der Definition nicht erfüllt, liegen keine Betriebskosten vor, die der Vermieter mit seinem Wohnungsmieter abrechnen kann.

Weitere Stichwörter:
Heizkostenverordnung, Nebenkosten, Umlage von Betriebskosten, Vereinbarung von Betriebskosten

Betriebskostenvorauszahlung

§ 556 Abs. 2 BGB lautet:

§ 556 Abs. 2 BGB

Die Vertragsparteien können vorbehaltlich anderweitiger Vorschriften vereinbaren, dass Betriebskosten als Pauschale oder als Vorauszahlungen ausgewiesen werden. Vorauszahlungen für Betriebskosten dürfen nur in angemessener Höhe vereinbart werden.

Solche Vorauszahlungen müssen ausdrücklich im Mietvertrag vereinbart werden – und das auch nur in angemessener Höhe.

Die Höhe der Betriebskostenvorauszahlungen sollte sich in etwa an der Abrechnung für diese Wohnung des Vormieters bzw. des letzten Jahres orientieren. Die festzulegenden Vorauszahlungen sollen in etwa ausreichen, die zu erwartenden Betriebskosten zu decken. Es hilft dem Mieter nicht, wenn die Betriebskostenvorauszahlungen zu niedrig angesetzt werden. Dann hat er hohe Nachzahlungen zu erwarten.

Die Vorauszahlungen sind Teil der Miete. Ist der Mieter mit Vorauszahlungen in Höhe von zwei Monatsmieten in Rückstand, kann der Vermieter kündigen (BGH, WuM 2008, 404).

Die Erhöhung der Betriebskostenvorauszahlungen durch einseitigen Erklärung des Vermieters nach § 560 Abs. 4 BGB setzt voraus, dass die Abrechnung über die Betriebskosten formell ordnungsgemäß ist. Inhaltliche Fehler haben nur Einfluss auf die Angemessenheit des Erhöhungsbetrags. Bereits im Jahr 2007 (BGH, NJW 2008, 508) hat der BGH entschieden, dass der Vermieter unabhängig von inhaltlichen Fehlern der Betriebskostenabrechnung die Vorauszahlungen erhöhen kann.

Weitere Stichwörter:
Betriebskosten, Betriebskostenabrechnung

Betriebsstrom für die Heizanlage

Zu den verbrauchsabhängigen Heizkosten gehören auch die Stromkosten für den Betrieb der Heizanlage:

§ 7 Abs. 2 HeizKV

Zu den Kosten des Betriebs der zentralen Heizungsanlage einschließlich der Abgasanlage gehören die Kosten der verbrauchten Brennstoffe und ihrer Lieferung, die Kosten des Betriebsstromes, die Kosten der Bedienung, Überwachung und Pflege der Anlage, der regelmäßigen Prüfung ihrer Betriebsbereitschaft und Betriebssicherheit einschließlich der Einstellung durch einen Fachmann, der Reinigung der Anlage und des Betriebsraumes, die Kosten der Messungen nach dem Bundes-Immissionsschutzgesetz, die Kosten der Anmietung oder anderer Arten der Gebrauchsüberlassung einer Ausstattung zur Verbrauchserfassung sowie die Kosten der Verwendung einer Ausstattung zur Verbrauchserfassung einschließlich der Kosten der Berechnung und Aufteilung.

Betriebsstrom wird für folgende Einrichtungen der Heizung benötigt: Ölpumpen, Brenner, Regelungsanlagen, Kompressoren, Zeitschaltuhren, Umwälzpumpen und elektrisch arbeitende Wärmefühler.

Diese Kosten sind umlagefähig. Wenn ein geeichter, separater Stromzähler (Zwischenzähler) für die Erfassung der vorgenannten Anlagen installiert ist (z. B. im Heizraum), lässt sich über diesen der verbrauchte Strom feststellen und in die Heizkostenabrechnung einstellen.

Aber: Wie muss die Abrechnung aussehen, wenn kein (Zwischen-)Zähler vorhanden ist oder die Geräte zum Betrieb der Heizung nur über den Beleuchtungsstromzähler laufen?

Abgerechnet werden darf nur der tatsächlich verbrauchte Betriebsstrom. Bei fehlendem separaten Stromzähler ergeben sich zwei Möglichkeiten für die Verbrauchsermittlung: der Stromverbrauchswert der angeschlossenen Geräte wird multipliziert mit der 24-stündigen Laufzeit je Tag und dann multipliziert mit der Anzahl der Heiztage, das Ergebnis sodann multipliziert mit dem Strompreis je kWh. Mit dieser Faust-Formel lässt sich ein Schätzwert plausibel darstellen.

Zum anderen können Erfahrungswerte herangezogen werden, wonach die Kosten des Betriebsstroms zwischen 3 und 6 Prozent der Brennstoffkosten betragen. Sie sollten trotzdem nicht mehr als 5 Prozent der Brennstoffkosten betragen. Dies ist aber nur eine vage Annäherung, da Strompreis und Brennstoffkosten nicht zusammenhängen. Starke Heizölpreisänderungen führen nicht immer zu einem geänderten Strompreis.

Wird eine Heizanlage (nur) mit Strom betrieben, ist dieser kein Betriebsstrom im Sinne der Heizkostenvereinbarung, sondern Brennstoff und muss auch als solcher behandelt werden. Die erfassten Stromverbrauchskosten tauchen in der Abrechnung anstelle von Heizöl oder Gas auf. Auch der Strom zur Beleuchtung des Heizraums gehört nicht zu den Kosten des Betriebs der Heizanlage, sondern fällt unter Beleuchtungskosten nach § 2 Nr. 11 BetrKV.

Weitere Stichwörter:
Allgemeinstrom, Beleuchtung, Heizkostenabrechnung

Bewachungsunternehmen/ Bewachungskosten

Was versteht man unter den beiden Begriffen? Eine Tätigkeitsbeschreibung lautet: „Das Bewachungsgewerbe übt aus, wer gewerbsmäßig Leib, Leben, Freiheit, Eigentum oder Besitz fremder Personen bewachen will. Bewachung ist auch der Schutz gegen Naturereignisse, Unglücksfälle, Krankheiten und Selbstmordgefahr. Als Bewachungstätigkeiten kommen in Betracht: Fahrzeug- und Gebäudebewachung, Schutz militärischer Anlagen, Veranstaltungsdienst, Fluggastkontrolle, Geld- und Werttransporte, Personenschutz." (www.juraforum.de/lexikon)

Bei der Vermietung von Wohnraum können Bewachungskosten, die durch die Einschaltung eines Bewachungsunternehmens entstehen, die der Vermieter veranlasst hat, nicht auf den Mieter umgelegt werden. Sie gehören auch nicht zu der Kategorie „Hauswartkosten" im Sinne der Betriebskostenverordnung. Bei der Vermietung von Gewerberäumen können solche Kosten auf den Mieter, sofern vereinbart, umgelegt werden.

Weitere Stichwörter:
Hauswart, Sicherheitsdienst

Biotonne

Grundsätzlich sind die Kosten der Abfuhr der verschiedenen Müllmaterialien umlagefähig. Es spielt keine Rolle, ob der Abfall nach Wertstoff, Biotonnen oder Tonnen für Restmüll getrennt wird. Für die Mülltrennung gibt es verschiedene Systeme, etwa grüne Tonnen für

Papier, braune Tonnen für Biomüll, graue Tonnen für Restmüll, gelbe Säcke für Styropor.

Die von den Gemeinden oder Landkreisen für die Müllabfuhr erhobenen Gebühren (= Kosten) sind in voller Höhe als Betriebskosten umlagefähig (§ 2 Nr. 8 BetrKV). Entstehen Zusatzkosten, weil Mieter sich nicht an die Mülltrennung halten, so werden die Tonnen, die nicht sortenrein befüllt sind, als Restmüll behandelt und verursachen höhere Kosten.

Kommt die Durchmischung von Müllmaterialien in einer Wohnanlage laufend vor, ohne dass der Verursacher ermittelt werden kann, können diese Zusatzkosten dann auf alle Mieter über die Position „Müllbeseitigung" umgelegt werden, da es jetzt Betriebskosten sind. Einmalig entstehende Kosten sind keine Betriebskosten.

Handelt es sich um Einzelfälle, sind diese Zusatzkosten nicht ansetzbar, da das Merkmal „laufend" nach der Definition der Betriebskosten fehlt.

Weitere Stichwörter:
Müllbeseitigung, Mülltonnen

Blitzschutzanlage

Blitze sind gefährlich, deshalb muss man sich vor ihnen schützen. Dazu werden an Gebäuden Blitzschutzanlagen installiert. Solche installierten Anlagen verursachen Wartungs- und Prüfungskosten inklusive der Gebühren, die bei der Überprüfung einer Blitzschutzanlage anfallen. Sie sind gegenüber dem Mieter, wenn überhaupt, unter der Rubrik „Sonstige Betriebskosten" im Sinne von § 2 Nr. 17 BetrKV einzustufen und auf ihn umlegbar, wenn diese Position ausdrücklich zwischen den Mietvertragsparteien vereinbart ist.

Der BGH hat in seinem Urteil vom 14.02.2007 (Az. VIII ZR 123/06) die Umlage der Kosten für die Öltankreinigung auf den Mieter als zulässig erachtet. Die Kosten der Öltankreinigung laufen unter „Sonstige Betriebskosten". Zur Frage der Umlagefähigkeit der Kosten einer Dachrinnenreinigung und das Thema „Sonstige Betriebskosten" hat sich der BGH (07.04.2004, Az. VIII ZR 167/03) ebenfalls geäußert. In diesem Urteil haben sich die Richter des BGH dahingehend geäußert, dass sonstige Betriebskosten ausdrücklich im Mietvertrag im Einzelnen benannt sein müssen, damit sie umlagefähig sind.

Einerseits wird gesagt, die Arbeiten zur Vorbeugung oder Vermeidung von Gefahren sollen den Nutzern des Gebäudes zugute kommen. Andererseits braucht eine Blitzschutzanlage keine Wartung. Sollte die Funktionsfähigkeit bei einer Kontrolle beanstandet werden und Reparaturen erforderlich sein, hat diese Kosten der Vermieter zu tragen.

Somit handelt es sich nicht um Betriebskosten, sondern Instandhaltungskosten. Für die „Nichtumlegbarkeit" spricht eine Entscheidung des BGH, die für Elektrogeräte ergangen ist, die man sinngemäß heranziehen könnte: Nach einem Urteil des BGH (15.10.2008, Az. VIII ZR 321/07) ist der Vermieter nicht verpflichtet, die Elektroleitungen und Elektrogeräte regelmäßig durch einen Elektrofachmann überprüfen zu lassen. Der sog. E-Check des Elektrohandwerks ist eine freiwillige Leistung ohne gesetzliche Verpflichtung und stellt daher keine Betriebskosten dar.

Weitere Stichwörter:
Elektroanlagen, Sonstige Betriebskosten

Boiler

Damit ist ein in der Wohnung fest installiertes Gerät zur Produktion von Warmwasser gemeint, das mit Strom betrieben wird. Die Stromkosten bezahlt der Mieter direkt an seinen Energielieferanten. Das zu erwärmende Kaltwasser wird vom Vermieter geliefert und vom Mieter über die Betriebskostenabrechnung bezahlt. Die Heizkostenverordnung, die an sich verlangt, dass das Warmwasser zusammen mit den Heizkosten abgerechnet wird, ist nicht anwendbar, da der Boiler in der Wohnung keine zentrale Warmwasseranlage ist, sondern eine lokale Heißwasseraufbereitungsanlage (§ 1 Abs. 1 Nr. 1 HeizKV).

Weitere Stichwörter:
Warmwasserversorgung, Wasserverbrauch

Brandversicherung

→ Feuerversicherung

Breitbandkabelnetz

„Das Breitbandkabel ist ein Kabeltyp, mit dem Frequenzbänder bis zu mehreren Millionen Hz Breite übertragen werden können. Derartige Frequenzbänder kommen in der Fernsehtechnik sowie bei der gleichzeitigen Übertragung zahlreicher Telefongespräche vor. Als Breitbandkommunikation bezeichnet man die gleichzeitige Übertragung von Fernschreiben, Ton- und Fernsehfunk, Telefongesprächen und Datenübertragungen aller Art über ein Fernmeldenetz mit Breitbandkabel." (Quelle: www.wissen.de)

Nach § 2 Nr. 15b BetrKV gehören die Kosten des Betriebs der mit einem Breitbandkabelnetz verbundenen privaten Verteileranlage auch zu den Betriebskosten, insbesondere die laufenden monatlichen Grundgebühren. Nicht zu den Betriebskosten zählen das einmalige Anschlussentgelt und die Kosten für die Installation der Verteilung des Anschlusses im Gebäude.

Wird die Verteilanlage jedoch geleast oder gemietet, ist das monatliche laufende Grundentgelt entsprechend umlagefähig. Wird die Verteilanlage mit einem Sperranschluss versehen, so dass einzelne Mieter die Verteilung nicht nutzen können, sind diese an den Kosten nicht zu beteiligen.

Weitere Stichwörter:
Antenne, Fernsehempfang, Gemeinschaftsantenne, Kabelanschluss, Kabelgebühren

Brennstoffkosten

Nach der Heizkostenverordnung gehören zu den Heizkosten vor allem die Kosten für die Beschaffung des Verbrauchmaterials. Es muss somit ermittelt werden, wie viel Gas, Heizöl, Holz, Pellets, Fernwärme geliefert und dann innerhalb einer Abrechnungsperiode verbraucht wurde. Nur der tatsächliche Verbrauch darf abgerechnet werden.

Nach Maßgabe von § 7 Abs. 2 HeizKV darf zu den Kosten des Betriebs der zentralen Heizungsanlage einschließlich der Abgasanlage nur der verbrauchte Brennstoff zugrunde gelegt werden sowie die Kosten des Betriebsstroms etc.

Die Verordnung sieht somit ausdrücklich den „verbrauchten Brennstoff" vor. Entscheidend ist demnach nicht das Datum der Lieferung, sondern der Zeitraum des Verbrauchs. Das ist insbesondere bei Heizölanlagen wichtig. Ein eventueller Rest am Ende der Abrechnungsperiode zuvor muss von den Lieferungen im Abrechnungszeitraum danach wiederum abgezogen werden. Er taucht dann als Anfangsbestand in der nächsten Abrechnungsperiode wieder auf.

Bei der Nutzung von leitungsgebundener Lieferung (Gas, Fernwärme) wird der Verbrauch über die jeweilige Lieferrechnung des Versorgers ermittelt. Bei eigener Lagerung (Öl und Gas in Tanks, Pellets in Räumen) muss der Betreiber (Vermieter) die Kosten selbst ermitteln, z. B. durch die Installation von Erfassungsgeräten, wie Ölzähler, eingebaut vor dem Brenner oder einen Gaszähler. Fehlen solche Geräte, muss er den Anfangs- und Endbestand ermitteln und den Differenzbetrag als Verbrauch in die Heizkostenabrechnung einstellen.

Weitere Stichwörter:
Etagenheizung, Heizöl, Zentralheizung

Bruttokaltmiete

Vereinbaren die Mietvertragsparteien eine Bruttokaltmiete, heißt das, dass unter anderem die Grundsteuer, Versicherungsprämien, Hausmeisterkosten und Fahrstuhlkosten (= kalte Betriebskosten) in der Miete mitenthalten sind. Es kommen alle Betriebskosten, außer Heiz- und Warmwasserkosten, in Betracht.

Eine solche Regelung im Mietvertrag ist wirksam, im Gegensatz dazu wäre die Vereinbarung einer Bruttowarmmiete unwirksam: Sie ist mit den Regelungen der Heizkostenverordnung nicht vereinbar. Danach müssen Kosten für die zentrale Beheizung und die Warmwasserversorgung verbrauchsabhängig abgerechnet werden. Dazu der Leitsatz aus folgendem BGH-Urteil:

BGH vom 19.03.2006, Az. VIII ZR 212/05

Die in einem Mietvertrag enthaltene Vereinbarung einer Bruttowarmmiete ist – außer bei Gebäuden mit nicht mehr als zwei Wohnungen, von denen eine der Vermieter selbst bewohnt – gemäß § 2 HeizKV nicht anzuwenden, weil sie den Bestimmungen der Heizkostenverordnung widerspricht.

Weitere Stichwörter:
Kaltmiete, Nettomiete, Teilinklusivmiete, Warmmiete

Bruttomiete

Dieser Begriff beschreibt Folgendes: Bei dieser speziellen Art der Vereinbarung der Struktur der Miete sind in dem vom Mieter zu bezahlenden Entgelt nach § 535 Abs. 2 BGB („Der Mieter ist verpflichtet, dem Vermieter die vereinbarte Miete zu entrichten.") die Nettomiete, der Anteil an den Betriebskosten sowie die Kosten für Warmwasser und Heizung enthalten. Man spricht von einer Warm-Miete oder Inklusiv-Miete oder eben Bruttomiete (= Bruttowarmmiete) in den gesetzlichen Bestimmungen finden sich diese Begriffe nicht.

Der Vermieter muss im Fall einer vereinbarten Bruttomiete über die Nebenkosten nicht abrechnen und der Mieter kann darauf vertrauen, dass er keine weiteren, zusätzlichen Entgelte an den Vermieter in Form von Betriebskosten leisten muss.

Eine Bruttomiete können die Mietvertragsparteien jedoch nicht vereinbaren, wenn auf die konkrete Wohnung die Heizkostenverordnung anwendbar ist. In § 2 HeizKV ist kategorisch normiert, dass diese Verordnung „rechtsgeschäftlichen Bestimmungen" vorgeht, das heißt, dass die Vereinbarung einer Bruttomiete verboten ist.

Als einzige Ausnahme sind Gebäude anzusehen, in denen sich nicht mehr als zwei Wohnungen befinden und in einer der beiden Wohnungen der Vermieter selbst wohnt. Bei diesen Zweifamilienhäusern kommt die Heizkostenverordnung nicht zur Anwendung; die Vereinbarung einer Bruttomiete wäre als Ausnahmefall zulässig.

Mietverträge mit vereinbarter Bruttomiete (entgegen der Heizkostenverordnung) sollten dahingehend angepasst werden, dass die Regelungen für die Mietzahlung in eine Bruttokaltmiete transferiert werden. Dann enthält das Entgelt, das der Mieter an den Vermieter bezahlen muss, die Nettomiete, alle Betriebskosten außer Warmwasser und Heizung. Der Mieter muss zusätzlich zur Bruttokaltmiete noch die „warmen" Kosten bezahlen, über die der Vermieter jährlich abzurechnen hat; aber auch nur über diese.

Weitere Stichwörter:
Bruttokaltmiete, Bruttowarmmiete, Teilinklusivmiete, Warmmiete

Bruttowarmmiete

Was ist mit diesem Begriff gemeint? Antwort: Ob und welche Betriebskosten der Mieter bezahlen muss, hängt zunächst von der vereinbarten Mietstruktur gemäß § 556 Abs. 2 BGB ab.

Mit der Bruttowarmmiete (genauso wie die Begriffe Bruttomiete, Inklusivmiete oder Pauschalmiete) ist gemeint, dass der Mieter keine Betriebskostenabwälzungen übernehmen muss. Mit der einheitlichen Gesamtzahlung der Miete sind alle Kosten angesetzt. Der Vermieter muss nicht abrechnen. Alle Kosten nach der Betriebskosten- und der Heizkostenverordnung sind in der Mietzahlung mit enthalten. Eine solche Vereinbarung ist in der Regel unwirksam, da die Heizkostenverordnung eine verbrauchsabhängige Abrechnung verlangt. Ausnahmsweise ist das in einem Zweifamilienhaus möglich, in dem Vermieter selbst wohnt und die andere Wohnung vermietet.

Weitere Stichwörter:
Bruttokaltmiete, Bruttomiete, Kaltmiete, Teilinklusivmiete, Warmmiete

Concierge

→ Hauswart

Contracting

Hierunter werden Vereinbarungen zwischen einem Gebäudeeigentümer und einem Contractor verstanden. Das ist ein Unternehmen, das auf den Energieeinkauf, den Bau von Energieanlagen und dem Betrieb von Heizanlagen spezialisiert ist. Der Contractor verpflichtet sich in einem Wärmecontracting-Vertrag, alle Investitionen zu übernehmen, die mit der Herstellung, der Modernisierung, Sanierung und/oder dem Austausch der Energie- und/oder Wasserversorgungsanlagen einer Immobilie entstehen.

Mit dem festen Einbau der Heizanlage durch den Contractor wird der Immobilieneigentümer zum Eigentümer der Anlage, da diese mit seinem Gebäude verbunden wird, geregelt in § 94 BGB:

§ 94 BGB

(1) Zu den wesentlichen Bestandteilen eines Grundstücks gehören die mit dem Grund und Boden fest verbundenen Sachen, insbesondere Gebäude, sowie die Erzeugnisse des Grundstücks, solange sie mit dem Boden zusammenhängen. Samen wird mit dem Aussäen, eine Pflanze wird mit dem Einpflanzen wesentlicher Bestandteil des Grundstücks.

(2) Zu den wesentlichen Bestandteilen eines Gebäudes gehören die zur Herstellung des Gebäudes eingefügten Sachen.

Wegen dieser gesetzlichen Folge vereinbart der Contractor an „seiner" Heizanlage ein dinglich abgesichertes Nutzungsrecht oder er pachtet diese Anlage (zurück). Gleichzeitig übernimmt er den Reparaturdienst und stellt zudem einen jederzeit einsatzbereiten Not- und Stördienst zur Verfügung. Er betreibt die Anlage eigenverantwortlich und ist für die Energie- und Wärmeversorgung der einzelnen Nutzer verantwortlich.

Der Contractor erstellt unmittelbar gegenüber den Nutzern die Jahresabrechnung für die Heiz- und Warmwasserversorgung, die der

Vermieter an seine Mieter als Betriebskostenposition weiter berechnen kann, oder der Contractor rechnet direkt mit dem Mieter ab.

Diese vertragliche Konstruktion für die Versorgung mit Wärme und Warmwasser hat Vorteile für den Vermieter:

- Entlastung von eigenen Investitionskosten und Instandhaltungskosten
- keine Verwaltungsarbeiten und keine Verantwortung für die Anlage
- regelmäßige Einnahmen aus dem Verkauf des Nutzungsrechts oder Pachteinnahmen
- Senkung der Energiekosten
- Notdienst für die Nutzer

Für den Mieter sind Nachteile denkbar:

Es kann (theoretisch) zu einer finanziellen Doppelbelastung des Mieters führen, wenn die Kosten für die Modernisierung der Heizanlage bereits als Mieterhöhung wegen Modernisierung auf den Mieter umgelegt worden sind und dann vom Contractor dem Mieter anteilig im Rahmen der Heizkostenabrechnung ein zweites Mal berechnet werden.

Ggf. erhöhen sich die Kosten des Nutzers, da nunmehr nicht nur die angefallenen Heizkosten (einschließlich der Kosten des Betriebs der Heizanlage) zu bezahlen sind, sondern auch unternehmerische Kosten des Contractors, die normalerweise keine Betriebskosten im Sinne der Betriebskostenverordnung sind, wie Unternehmergewinn oder Kosten für Kredite für die Anschaffung der Heizanlage und Ähnliches, sowie die an den Vermieter zu zahlende Pacht. Meist wird jedoch versucht, diese Kostensteigerung gegenüber der herkömmlichen Energieversorgung durch Energieeinsparungen und günstigen Energieeinkauf auszugleichen.

Der Begriff des Contracting ist gesetzlich nicht definiert. Nach einem Urteil des BGH vom 06.04.2005 (Az. VIII ZR 54/04) dürfen höhere Kosten durch das Contracting nur dann auf den Mieter umgelegt werden, wenn dies mietvertraglich vereinbart ist.

In einem weiteren Urteil vom 01.06.2005 betont der BGH, dass der Vermieter nicht einseitig die mietvertragliche Festlegung – Heizwärmeversorgung durch den Vermieter und Umlage nach Heizkostenverordnung – ändern und die Versorgung ohne Zustimmung der Mieter einem Contractor übertragen könne (Az. VIII ZR 84/04). Ebenso betont ein Urteil vom 15.03.2006, dass ohne Zustimmung des Mieters zur Umstellung auf Wärme-Contracting keine Abrechnung der erhöhten Kosten stattfinden kann (Az. VIII ZR 153/05). Der Mieter wird also in den Fällen, in denen während des laufenden Mietvertrags auf Wärme-Contracting umgestellt wird, geschätzt, wie die Entscheidungen des BGH zeigen.

Weitere Stichwörter:
Heizkostenabrechnung, Heizkostenschätzung, Heizpflicht, Heizung

Dachrinnenbegleitheizung

Die Erwärmung einer Dachrinne mittels Strom soll dazu dienen, im Winter der Bildung von Eiszapfen entgegenzuwirken, die im Bereich des Hauseingangs für die Personen beim Betreten des Anwesens gefährlich werden können. Diese Art der Beheizung dient im weitesten Sinne auch dem Schutz der Fassade vor herablaufendem Schmelzwasser. Besteht aufgrund der regionalen klimatischen Verhältnisse oder der örtlichen Gegebenheiten eine Notwendigkeit für eine solche Schutzmaßnahme, die auch den Mietern dient, können die Stromkosten unter der Rubrik „Sonstige Betriebskosten" (§ 2 Nr. 17 BetrKV) auf den Mieter im Rahmen der Nebenkosten auf diesen umgelegt werden.

Das gilt jedoch nur für den Teil der Dachrinnenbegleitheizung, der zur Verkehrssicherung dient. Also nicht die gesamten Stromkosten, da die Dachrinnenbegleitheizung in nicht verkehrssicherungspflichtigen Bereichen lediglich dem Schutz der Fassade dient, um die Bausubstanz zu erhalten, um Instandhaltungs- oder Instandsetzungskosten für den Vermieter zu vermeiden.

Weitere Stichwörter:
Betriebskosten, Sonstige Betriebskosten

Dachrinnenreinigung

Laubfall im Herbst sorgt an vielen Gebäuden für eine Verstopfung der Dachrinne. Der Hausbesitzer muss sich um dieses Problem kümmern, damit kein Regen- oder Schmelzwasser unkontrolliert außen an der Fassade herunterlaufen kann und Feuchtigkeitsschäden mit Schimmelbildung in den Wohnungen vermieden werden.

Die Kosten für die Reinigung von Dachrinnen können vom Vermieter auf den Mieter als „sonstige Betriebskosten" (§ 2 Nr. 17 BetrKV) umgelegt werden. Die Kosten für die einmalige Reinigung einer verstopften Dachrinne sind nicht umlagefähig, da das Merkmal „laufend", als unabdingbarer Bestandteil der Definition von Betriebskosten, fehlt. Der BGH sagt Folgendes:

§

BGH vom 07.04.2004 (Az. VIII ZR 167/03)

Kosten einer Dachrinnenreinigung können als sonstige Betriebskosten nach Nr. 17 der Anlage 3 zu § 27 II. BV a. F. (jetzt: § 2 BetrKV) auf den Mieter umgelegt werden. Sonstige Betriebskosten im Sinne von Nr. 17 der Anlage 3 zu § 27 II BV a. F. (jetzt: § 2 BetrKV) sind nur dann umlagefähig, wenn die Umlegung der im Einzelnen bestimmten Kosten mit dem Mieter vereinbart worden ist.

Den Mietertragsparteien ist daher zu empfehlen, den Mietvertrag zu überprüfen, ob eine solche Kostenposition vereinbart ist.

Weitere Stichwörter:
Betriebskosten, Sonstige Betriebskosten

Dichtheitsprüfung für Gasleitungen

Die innerhalb eines Gebäudes verlegten Gasleitungen müssen vor der ersten Inbetriebnahme auf Dichtheit geprüft werden, sonst wird der Anschluss nicht freigegeben. Die dadurch entstehenden Kosten des Installateurs sind keine Betriebskosten, sondern Kosten der erstmaligen Herstellung und daher nicht umlegbar. Außer dieser anfänglichen Prüfpflicht bei Inbetriebnahme gibt es keine weiteren Prüfpflichten für Gasleitungen.

Dennoch lassen Vermieter die Gasleitungen alle paar Jahre überprüfen, was sicherlich sinnvoll ist, denn als Hauseigentümer ist man ab der Hauptabsperreinrichtung des Hausanschlusses für die Gas-Installation verantwortlich.

Ob die Kosten einer freiwilligen Dichtheitsprüfung von Gasleitungen als Betriebskosten umgelegt werden können, ist bisher nicht geklärt. Ordnet man die Prüfkosten unter der Rubrik Instandhaltungskosten ein, entfällt die Umlagefähigkeit, weil dies dann Sache des Vermieters ist. Zählt die Zuleitung als Bestandteil einer Etagengasheizung, können die Kosten im Rahmen der „Wartung von Etagenheizungen" nach § 2 Nr. 4d BetrKV umgelegt werden.

Bei einer Gasleitung zu einer zentralen Heizungsanlage können die Prüfkosten als Betriebskosten geltend gemacht werden, weil nach § 2 Nr. 4a BetrKV die Kosten der zentralen Heizungsanlage auch die Dichtheitsprüfung der Gasleitung umfassen.

Weitere Stichwörter:
Etagenheizung, Zentralheizung

Dichtheitsprüfung von Abwasserleitungen

Bei einer „Dichtheitsprüfung Kanal" wird die Dichtheit der Abwasserleitungen vom Hausanschluss bis zur Einleitung in den öffentlichen Kanal kontrolliert. Abwasserleitungen müssen dicht sein, damit kein Abwasser in die Umwelt gelangt. Undichtigkeiten können durch Risse, undichte Muffen, defekte Rückstauklappen oder Wurzeln entstehen. Für die Dichtheit des Hausanschlusses tragen die Grundstückseigentümer, somit die Vermieter, die Verantwortung. Diese können von der Wohngemeinde zur Dichtigkeitsprüfung herangezogen werden, meist geregelt in einer kommunalen Satzung.

Je nach Vorgabe muss die Dichtheitsprüfung der Abwasserleitungen bis zum Revisionsschacht, zur Grundstücksgrenze oder bis zum Hauptkanal umfassen. Die Gemeinden können weitere Auflagen machen, man denke hier nur an eine zusätzliche Pflicht zur Durchführung einer Druckprüfung. Die Prüfung darf nur von zugelassenen Firmen erfolgen.

Rechtsgrundlage ist § 60 des Wasserhaushaltsgesetzes (WHG).

§ 60 Abs. 1 WHG

Abwasseranlagen sind so zu errichten, zu betreiben und zu unterhalten, dass die Anforderungen an die Abwasserbeseitigung eingehalten werden. Im Übrigen dürfen Abwasseranlagen nur nach den allgemein anerkannten Regeln der Technik errichtet, betrieben und unterhalten werden.

Das vom Prüfer erstellte Dichtheitsprüfungsprotokoll ist der Nachweis, dass der Kanal in Ordnung ist. Insbesondere bei Altbauten ist oft eine kostenintensive Kanalsanierung erforderlich.

Die Prüfung ist nach 20 Jahren zu wiederholen, der Prüfungsnachweis sollte also aufbewahrt werden.

Es stellt sich daher die Frage, ob diese Prüfungskosten vom Vermieter als Nebenkosten auf den Mieter umgelegt werden können. Fallen die Kosten nur einmal in einem Zeitraum von 20 Jahren an, sind es keine Betriebskosten, da sie nicht laufend entstehen, wie die Definition nach § 556 BGB verlangt. Wird die Dichtheitsprüfung etwa alle drei bis vier Jahre durchgeführt, weil ein konkreter sachlicher Grund dafür gegeben ist, entstehen die Kosten laufend und gelten dann als Betriebs- oder Nebenkosten und sind somit auf den Mieter umlagefähig.

Weitere Stichwörter:
Abwasser, Wartungskosten

Direktabrechnung des Mieters

Ganz überwiegend werden die zum Bewohnen der Mietwohnung erforderlichen Sach- und Dienstleistungen vom Vermieter „eingekauft" oder bereitgestellt und anschließend über die Betriebskostenabrechnung abgerechnet, bei entsprechender Vereinbarung zwischen den Parteien. Jedoch keine Regel ohne Ausnahme: Der vom Mieter verbrauchte Strom innerhalb der Wohnung wird von ihm direkt an den Energieversorger bezahlt, genauso wie die Telefonkosten eines Festnetzanschlusses, die Kosten für Heizenergie bei Gasetagen- oder Gaseinzelheizungen, bei Wärmecontracting-Verträgen sowie der Müllentsorgung.

Hier schließt der Mieter mit dem jeweiligen Versorgungsträger einen eigenen Vertrag ab, in den der Vermieter nicht einbezogen ist. Das hat für den Mieter den Vorteil, dass er auch den Anbieter wechseln kann, um die Kosten zu reduzieren, was etwa bei Stromanbietern oder Gaslieferanten geschieht.

Die Abrechnung der erbrachten Leistungen und die Zahlung erfolgt direkt, der Vermieter braucht diese Positionen in seiner Nebenkostenabrechnung nicht zu berücksichtigen.

Weitere Stichwörter:
Contracting, Etagenheizung, Müllentsorgung

Direktlieferungsvertrag für Heizwärme

Es können theoretisch für alle Arten von Heizsystemen vom Mieter Direktlieferungsverträge mit dem Wärmelieferanten abgeschlossen werden, wie das Wärmecontracting-System zeigt. Der Vermieter ist dann für die Heizung nicht mehr verantwortlich.

Der gewerbliche Lieferant erstellt die Abrechnungen und fordert das Entgelt direkt beim Mieter an, in der Regel wird er auch monatliche Vorauszahlungen verlangen und der Vermieter braucht bezüglich dieser Kosten nicht mehr abrechnen. Dem Mieter werden nicht nur wie sonst üblich die Brennstoffkosten, die Kosten für den Betriebsstrom, die Ablesekosten und Ähnliches berechnet, sondern der kalkulierte Preis enthält auch den Unternehmergewinn sowie Rücklagen für Instandsetzungen. Dieses Abrechnungssystem ist auf den ersten Blick teurer, als wenn der Vermieter die Heizwärme an den Mieter „liefert". Trotzdem können die Heizkosten geringer sein, da der gewerbliche Lieferant eventuell erhebliche Preisnachlässe bei den Gas- oder Öllieferanten als Großabnehmer erzielen kann und die Heizanlage kostengünstiger betreibt.

Weitere Stichwörter:
Direktabrechnung des Mieters, Zentralheizung

Doorman

→ Pförtner

Durchlauferhitzer

Mit diesem Begriff wird ein fest installiertes Gerät zur Warmwasserbereitung bei dezentraler Versorgung umschrieben. Das Gerät erzeugt in dem Augenblick warmes Wasser, wenn es benötigt wird. Die Geräte werden häufig in Bad oder Küche eingesetzt. Die Stromkosten, die zur Erwärmung des Kaltwassers entstehen, sind vom Mieter über den Direktlieferungsvertrag mit dem Stromversorger zu bezahlen. Im Gegensatz dazu speichert ein Boiler warmes Wasser, zumindest eine gewisse Zeit lang.

Weitere Stichwörter:
Boiler, Warmwasserversorgung, Wasseraufbereitung

Eichbehörde

Die Eichung der Verbrauchserfassungsgeräte wie Wasseruhr, Stromzähler oder Wärmezähler erfolgt durch die Eichbehörde. Bei Wasserzählern kann anstatt der Eichung auch eine Beglaubigung durch eine staatlich anerkannte Prüfstelle durchgeführt werden. Derartige Prüfstellen gibt es bei den Versorgungsunternehmen und Zählerherstellern.

Weitere Stichwörter:
Eichkosten, Verbrauchserfassungsgeräte

Eichgesetz

Im geschäftlichen Betrieb dürfen zum Messen von Wasser, Wärme, Strom und Gas nur geeichte Zähler verwendet werden. Das verlangt das Eichgesetz, das als Verbraucherschutzgesetz angesehen wird. Ergänzende Bestimmungen zum Eichgesetz stehen in der Eichordnung. Eichgesetz und Eichordnung binden den Vermieter; eine Vereinbarung zwischen Vermieter und Mieter, die deren Anwendung ausschließen würde, ist unwirksam. Der Gesetzgeber will dadurch sicherstellen, dass der Verbraucher nur das bezahlen muss, was er auch tatsächlich verbraucht hat, ohne Risiko von Manipulationen.

Die Eichvorschriften gelten nach § 2 und § 25 MessEG für alle Zähler und Messgeräte, die einen Verbrauch messen und in einer physikalischen Einheit anzeigen, wie etwa Kubikmeter (m^3) oder Kilowattstunden (kWh), § 37 MessEG.

Diese Zähler müssen geeicht werden: Kaltwasserzähler, Warmwasserzähler, Wärmezähler, Stromzähler, Gaszähler. Die Heizkostenverteiler fallen nicht unter die Eichpflicht, da es keine Wärmezähler sind. Es sind Geräte, die keinen physikalischen Verbrauch messen, sondern nur einen relativen Anteil am Gesamtverbrauch dokumentieren. Der Verbrauch wird dabei nach Stricheinheiten oder Zahlenreihen registriert und dient in der Abrechnung als Berechnungsgrundlage.

Weitere Stichwörter:
Eichkosten, Messeinrichtungen, Verbrauchserfassung, Verbrauchschätzung, Wasserzähler

Eichkosten

Kaltwasserzähler, Warmwasserzähler, Wärmezähler, Stromzähler, Gaszähler dienen der Verteilung der Nebenkosten und sind deshalb zu eichen, wofür Kosten anfallen. Diese Kosten sind auf den Mieter umlegbar. Werden die Messgeräte ausgetauscht, sind nur die Kosten für die ersparten Eichkosten in Ansatz zu bringen, denn ein Messgerätetausch an sich wäre eine Instandsetzungsmaßnahme und nicht umlagefähig.

Manche Vermieter schließen mit der Messfirma oder dem Zählerhersteller einen Wartungs- oder Eichservicevertrag ab. Die jährlichen Kosten sind Betriebskosten, wie das LG Berlin meint:

LG Berlin vom 10.4.1987 (Az. 64 S 402/86)

(...) Zu den umlagefähigen Kosten nach § 7 Abs. 2 HeizKV gehören auch die Kosten für einen sogenannten Eichservicevertrag, bei dem eine jährliche Wartung sowie der Austausch der Warmwasserzähler alle fünf Jahre vorgesehen ist (...).

Man kann die Zähler auch mieten. In den Mietkosten sind auch die Kosten der Eichung enthalten. Die Mietkosten sind umlagefähige Betriebskosten. Sollen ab der nächsten Abrechnungsperiode statt der gekauften Zähler nur noch gemietete Zähler verwendet werden, muss der Vermieter die vorgesehene Anmietung für die Heizungs- und Warmwassermessung nach § 4 Abs. 2 HeizKV den Mietern ankündigen; wenn der Mieter nicht widerspricht, sind die Zählermieten für die Zukunft umlegbar. Für Kaltwasserzähler ist das vorherige Zustimmungsverfahren nicht vorgeschrieben, denn die Heizkostenverordnung gilt nicht für die Erfassung des Kaltwasserverbrauchs.

Hat der Vermieter mit dem Messdienst einen Wartungs- oder Servicevertrag abgeschlossen, ist wegen eines in den Gesamtkosten enthaltenen Reparaturkostenanteils ein Abzug zu machen, der notfalls geschätzt werden kann.

Nicht unter die Position der umlagefähigen Betriebskosten fallen die Zähler der jeweiligen Versorgungsunternehmen, die Energie (wie Gas oder Fernwärme) und Wasser liefern. Diese Hauptzähler, die im Eigentum der Versorgungsunternehmen stehen, müssen auf deren Kosten geeicht werden. Die Wohnungszähler oder Zwischenzähler, die der Vermieter zu konkreten Verbrauchserfassung installiert hat, unterliegen der Eichpflicht und die Kosten sind daher umlegbar.

Weitere Stichwörter:
Eichbehörde, Kaltwasserzähler, Verbrauchsschätzung, Wärmemengenzähler

Eichpflicht

§

BGH vom 17.11.2010, Az. VIII ZR 112/10

Beruhen die in die Betriebskostenabrechnung eingestellten Verbrauchswerte auf der Ablesung eines geeichten Messgeräts, spricht die tatsächliche Vermutung dafür, dass diese Werte den tatsächlichen Verbrauch richtig wiedergeben. Den von einem nicht (mehr) geeichten Messgerät abgelesenen Verbrauchswerten kommt die Vermutung ihrer Richtigkeit nicht zu. In diesem Fall muss der Vermieter im Prozess die Richtigkeit der abgelesenen Werte zur Überzeugung des Richters nachweisen,

Damit die Ergebnisse allen Messens, Wiegens, Zählens, das heißt des quantitativen Erfassens von Größen vertrauenswürdig sind, muss klar sein, dass die hierfür eingesetzten Geräte bestimmten gleichen Regeln unter Zugrundelegung gleicher Messeinheiten funktionieren, andernfalls sind erzielte Messergebnisse wertlos. Um die Richtigkeit zu gewährleisten, besteht eine Eichpflicht gemäß § 37 MessEG.

Vermieter sind gehalten, ihre Zähler in bestimmten Zeitintervallen, die das Mess- und Eichgesetz vorschreibt, prüfen zu lassen: Alle fünf Jahre müssen z. B. ein Wärmemengenzähler und ein Warmwasserzähler geeicht werden. Eine sechsjährige Eichgültigkeitsdauer gilt für Kaltwasserzähler, für Gaszähler eine achtjährige Frist. Elektrozähler mit elektronischem Messwerk sind alle acht Jahre neu zu eichen und Elektrizitätszähler mit Induktionslaufwerk alle 16 Jahre.

Die gesetzlichen Vorgaben sind zwingend, mit der Folge, dass die Mietvertragsparteien die Prüfintervalle nicht einvernehmlich verlängern oder verkürzen können; eine solche Regelung wäre unwirksam.

Weitere Stichwörter:
Eichbehörde, Kaltwasserzähler, Verbrauchsschätzung, Warmwasserzähler

Eigenleistungen als Betriebskosten

Unter Betriebskosten nach § 556 Abs. 1 Satz 2 BGB sind solche Kosten zu verstehen, die dem Eigentümer, dem Erbbauberechtigten, dem Untervermieter oder dem gewerblichen Zwischenvermieter durch die Inanspruchnahme von Fremdleistungen entstehen.

In § 1 Abs. 1 Satz 2 BetrKV wird klargestellt, dass nicht nur Fremdleistungen bei der Betriebskostenabrechnung in Ansatz gebracht werden können, sondern auch Eigenleistungen des Vermieters. Eine besondere Vereinbarung für die Umlagefähigkeit von Eigenleistungen ist im Mietvertrag nicht erforderlich, wenn der Formularmietvertrag generell auf § 556 Abs. 1 BGB oder auf die Betriebskostenverordnung Bezug nimmt.

Umlagefähig sind allerdings nur Kosten, die dem Vermieter durch seinen nachweisbaren Aufwand entstanden sind. Pauschale Ansätze sind unzulässig. Erbringt der Vermieter die Arbeiten selbst, kann er eine angemessene, das heißt übliche Vergütung verlangen. Hat der Vermieter eigene Arbeitskräfte eingesetzt, kann er deren Kosten in Ansatz bringen. Zu den Kosten der Eigenleistungen und zum nachweisbaren Aufwand gehören auch die Sachleistungskosten, die teilweise in dem Betriebskostenkatalog vorgesehen sind, etwa der Einsatz von Reinigungsmitteln bei der Gebäudereinigung, die Verwendung von Streugut bei der Durchführung der Verkehrssicherungspflicht oder der Kauf von Benzin für den Rasenmäher.

Da der Vermieter grundsätzlich Arbeiten, die als Betriebskosten in Betracht kommen, an einen Dritten vergeben darf, kann als Grundlage für die Berechnung des Werts der Eigenleistung, insbesondere die Höhe des Stundenlohns ein Angebot eines Fremdunternehmens herangezogen werden. Im Prozessfall ist es von Vorteil für den Vermieter, wenn er mehrere Angebote vorlegen kann und dann das günstigste Angebot bei vergleichbarer Leistung in Ansatz bringt. Das gilt natürlich nur, wenn die Arbeiten auch tatsächlich ausgeführt wurden. Werden die Arbeiten nur teilweise ausgeführt, muss sich der Vermieter entsprechende Kürzungen gefallen lassen. Dabei spielt es keine Rolle, ob es Eigenleistungen des Vermieters sind oder Schlechtleistungen eines Fremdunternehmens.

Weitere Stichwörter:
Gebäudereinigung, Kehrwoche, Umlage von Betriebskosten

Eigentümerwechsel

Vermieter einer Wohnung ist derjenige, der im Mietvertrag als Vermieter im Rubrum bezeichnet und den Mietvertrag am Schluss der Vertrags auch unterschrieben hat. Üblicherweise ist der Vermieter auch Eigentümer der Eigentumswohnung oder des Grundstücks, das mit seinem Mietshaus bebaut ist, in dem sich die einzelnen Wohnungen befinden. Das muss aber nicht so sein. So kommen auch Erbbauberechtigte oder Nießbraucher als Vermieter in Betracht. Vermieter kann auch eine einzelne Person sein, obwohl das Mietobjekt mehreren Personen gehört. Diese Konstellation findet man häufig bei Erbengemeinschaften, die intern abstimmen, wer im Namen der Erbengemeinschaft für die Vermietung und die interne Verwaltung des Nachlasses zuständig sein soll. Auch Ehegatten oder mehreren Geschwistern kann eine Wohnung gehören, aber nur einer vermietet berechtigt.

Dies ist für den Mieter nicht relevant, da für die Betriebskostenabrechnung einzig und allein der Vermieter verantwortlich ist. Wechselt allerdings das Eigentum, gilt § 566 BGB:

§ 566 Abs. 1 BGB

Wird der vermietete Wohnraum nach der Überlassung an den Mieter von dem Vermieter an einen Dritten veräußert, so tritt der Erwerber anstelle des Vermieters in die sich während der Dauer seines Eigentums aus dem Mietverhältnis ergebenden Rechte und Pflichten ein.

Der Erwerber tritt mit dem vollendeten Eigentumserwerb, also mit Eintragung im Grundbuch, anstelle des Vermieters in die sich aus dem Mietvertrag ergebenden Rechte und Pflichten ein.

Der Eigentumsübergang nach § 566 BGB stellt für mietvertragliche Ansprüche eine Zäsur dar: Alle schon vorher entstandenen und fällig gewordenen Ansprüche bleiben beim bisherigen Vermieter. Man denke an etwaige Mietzahlungsrückstände. Nur die nach dem Zeitpunkt des Eigentumswechsels (Stichtag: Grundbucheintragung) fällig werdenden Forderungen stehen dem Grundstückserwerber und neuem Vermieter zu, dazu gehört insbesondere ein Nachzahlungsanspruch gegen die Mieter aus einer Betriebskostenabrechnung.

Die vom Mieter geleisteten Vorauszahlungen auf die zu erwartenden Betriebskosten stehen bis zum Eigentumsübergang dem Voreigentümer (Vorvermieter) zu und ab Übergang dem neuen Eigentümer. Im Leitsatz des BGH heißt es:

§ **BGH vom 03.12.2003, Az. VIII ZR 168/03**

Nach einem Eigentumswechsel ist nicht der Erwerber, sondern der Veräußerer gegenüber dem Mieter bezüglich der zum Zeitpunkt des Wechsels im Grundstückseigentum abgelaufenen Abrechnungsperiode zur Abrechnung der Betriebskosten verpflichtet und zur Erhebung etwaiger Nachzahlungen berechtigt; es kommt nicht darauf an, wann der Zahlungsanspruch fällig geworden ist. (...)

Weitere Stichwörter:
Abrechnungspflicht, Mieterwechsel, Teilabrechnung, Vermieterwechsel

Eigentumswohnung

Der Mieter einer Eigentumswohnung hat keine anderen Rechte und Pflichten als der Mieter eines einzeln stehenden Einfamilienhauses. Der Gesetzgeber unterscheidet im Mietrecht zwischen Wohnraum, Gewerberaum und Grundstücken. Trotzdem sind bei den Betriebskosten Besonderheiten, die auf das angemietete Objekt zurückzuführen sind, zu beachten.

Bei einer vermieteten Eigentumswohnung erhält der Eigentümer von seinem Hausverwalter einmal jährlich eine Hausgeld- oder Wohngeldabrechnung, auf deren Basis der vermietende Eigentümer seine Betriebskostenabrechnung erstellen kann. Der Vermieter muss bei der

Vermietung einer Wohnung nicht viel beachten, die Abrechnungsperioden im Mietvertrag sollten mit denen der Wohnungseigentümergemeinschaft übereinstimmen.

Wann spricht man von einer Eigentumswohnung?

Den Begriff Eigentumswohnung könnte man wie folgt definieren: Unterliegt die Wohnung den Regeln des Wohnungseigentumsgesetzes (WEG), gibt es demzufolge Sondereigentum an den Räumen der Wohnung, ist ein Miteigentumsanteil am Gemeinschaftseigentum (vor allem am Grundstück und am Verwaltungsvermögen) ausgewiesen und können Mitgliedschaftsrechte innerhalb der Wohnungseigentümergemeinschaft geltend gemacht werden, spricht man von einer Eigentumswohnung (Quelle: www.juraforum.de/lexikon).

Die vermietete oder selbstgenutzte Wohnung stellt dann laut Aufteilungsplan das Sondereigentum dar. Die Sondereigentumsräume können sowohl innerhalb eines Gebäudes mit mehreren Wohnungen (Mehrfamilienwohnhaus) liegen, in einem Doppelhaus (Wohnobjekt mit zwei nebeneinander befindlichen Wohnungen), als auch in einer Reihenhaussiedlung (mehrere nebeneinander befindliche Wohnungen) oder in einer Mehrhausanlage (mehrere zur gleichen Wohnungseigentümergemeinschaften gehörende Mehrfamilienhäuser).

Stets verbunden mit der konkreten Wohnung ist ein Miteigentumsanteil (MEA) am Gemeinschaftseigentum, zu dem das Grundstück und das Verwaltungsvermögen gehört. Der Miteigentumsanteil muss als konkreter Bruchteil festgelegt sein und wird typischerweise in Tausendstel oder Zehntausendstel ausgedrückt. Die Details sind in der Gemeinschaftsordnung und in der Teilungserklärung in Verbindung mit dem Aufteilungsplan und der Abgeschlossenheitsbescheinigung festgehalten.

Verwirrend ist der Begriff Wohneigentum, der zu unterscheiden ist vom Begriff Wohnungseigentum, der eine rechtliche Konstruktion beschreibt. Mit Wohneigentum wird der Umstand bezeichnet, dass die Immobilie, in der jemand wohnt, dessen Eigentum ist.

Weitere Stichwörter:
Flächenmaßstab, Hausverwalterkosten, Miteigentumsanteil, Vermietete Eigentumswohnung

Einheiten

Gemeint ist mit diesem Begriff ein Umlageschlüssel für die Verteilung der Betriebskosten nach der Anzahl der im Objekt vorhandenen Wohnungen. Jede Mietpartei wird, unabhängig von der Anzahl der Personen, die in der Wohnung leben, gleichwertig in die Betriebskostenabrechnung, also mit dem gleichen Anteil eingestellt.

„Gerecht" ist dieser Maßstab jedoch nur dann, wenn die Wohnflächen in etwa gleich groß sind und die Wohnungen in etwa mit gleicher Personenzahl belegt sind. Für diesen Umlagemaßstab kommen in der Regel nur verbrauchsunabhängige Kosten in Betracht, wie etwa Grundsteuer oder Versicherungsprämien. Wird ein solcher Maßstab zwischen Vermieter und Mieter nicht ausdrücklich vereinbart, gilt der gesetzliche Umlageschlüssel, also nach dem Verhältnis der Wohnflächen zur Gesamtfläche.

Weitere Stichwörter:
Umlage von Betriebskosten, Verteilerschlüssel

Einliegerwohnung

→ Zweifamilienhaus

Einsichtsrecht des Mieters

Der Mieter hat grundsätzlich das Recht, die Richtigkeit einer Betriebskostenabrechnung des Vermieters durch Einsichtnahme in die vorhandenen Original-Belege zu überprüfen. Entgegen einer weit verbreiteten Meinung hat der Mieter keinen Anspruch darauf, dass ihm Kopien der Betriebskostenbelege zugesandt werden. Das gilt auch, wenn der Mieter bereit ist, die Kosten für Kopien zu tragen.

Allerdings muss der Vermieter dem Mieter die Gelegenheit geben, in seinen Räumen Einblick in die Betriebskostenbelege zu nehmen, so der BGH in seinem Urteil vom 08.03.2006 (Az. VIII ZR 78/05).

Eine Ausnahme ist dann zu machen, wenn dem Mieter die Einsichtnahme in die Belege in den Geschäftsräumen des Vermieters nicht zugemutet werden kann (etwa wegen Krankheit oder wegen großer räumlicher Entfernung zwischen Mietwohnung und Geschäftssitz des Vermieters); der Mieter kann dann gegen Kostenübernahme Belegkopien verlangen.

Weitere Stichwörter:
Belegeinsicht, Belegprüfung

Einwendungen gegen die Abrechnung

Was sind – juristisch gesehen – Einwendungen? Der Begriff Einwendung taucht im Zusammenhang mit Betriebskostenabrechnungen in § 556 BGB auf. Dabei ist zunächst klarzustellen, dass dem Mieter durch § 556 Abs. 3 Satz 5 BGB keine Pflicht zur Erhebung von Einwendungen auferlegt wird; er kann Einwendungen erheben oder kann es lassen, wobei er dann möglicherweise Nachteile erleidet. Der Begriff der Einwendung wird auch in anderen Vorschriften des BGB, beispielsweise in den §§ 334, 404, 417, 784, 796 BGB verwandt. Eine Legaldefinition existiert jedoch nicht.

Mit Einwendungen sind die Gegenrechte des Schuldners gemeint, welche die Entstehung eines Anspruchs hindern oder vernichten oder dessen Durchsetzung vorübergehend oder dauernd verhindern. Darum geht es bei dem Begriff Einwendung der Betriebskostenabrechnung nicht. Einwendungen des Mieters richten sich gegen die Abrechnungen an sich, hier einige Beispiele:

- Ablauf der Abrechnungsfrist
- Abrechnung entspricht nicht der vertraglichen Vereinbarung
- Abrechnung enthält Positionen, die nicht auf Mieter umlegbar sind
- Abrechnung entspricht nicht den formalen Anforderungen
- Abrechnung enthält falsche Zahlen (z. B. Rechenfehler, Übertragungsfehler, Zahlendreher)

Weitere Stichwörter:
Betriebskostenvereinbarung, Verteilerschlüssel

Einwendungsausschluss

Die Frist des § 556 Abs. 3 Nr. 6 BGB besagt, dass der Mieter Einwendungen gegen die Abrechnungen des Vermieters spätestens bis zum Ablauf des 12. Monats nach Zugang der Abrechnung mitzuteilen hat. Das heißt, der Mieter muss seine Beanstandungen innerhalb einer bestimmten Frist vorbringen. Wird die Frist versäumt, werden die Einwendungen als verspätet und damit als irrelevant zurückgewiesen. Der BGH hat jetzt in einem Urteil vom 11.05.2016 (Az. VIII ZR 209/15) entschieden, dass der Einwendungsausschluss auch für die Angabe zu niedriger Vorauszahlungen gilt. Der Mieter hatte mehr vorausbezahlt, als in der Abrechnung berücksichtigt wurde.

Der Einwendungsausschluss gilt sehr weit. Dieser umfasst auch Positionen in der Abrechnung, die begrifflich schon keine Betriebskosten sein können. Hier hätte sich der Mieter wehren müssen. Die Frist diente dazu, dass in absehbarer Zeit nach einer Betriebskostenabrechnung Klarheit über die gegenseitigen Ansprüche besteht.

Weitere Stichwörter:
Abrechnung, Abrechnungsfehler, Abrechnungsfrist, Einwendungen gegen die Abrechnung, Einwendungsfrist

Einwendungsfrist

Die grundlegende Norm des Betriebskostenrechts im Mietrecht ist § 556 BGB. Der Mieter hat insbesondere auch Absatz 3 dieser Norm zu beachten, da er seine Einwendungen gegen die Abrechnung innerhalb einer bestimmten Frist dem Vermieter vorzubringen hat.

§ 556 Abs. 3 BGB

(...) Die Abrechnung ist dem Mieter spätestens bis zum Ablauf des zwölften Monats nach Ende des Abrechnungszeitraums mitzuteilen. Nach Ablauf dieser Frist ist die Geltendmachung einer Nachforderung durch den Vermieter ausgeschlossen, es sei denn, der Vermieter hat die verspätete Geltendmachung nicht zu vertreten. (...) Einwendungen gegen die Abrechnung hat der Mieter dem Vermieter spätestens bis zum Ablauf des zwölften Monats nach Zugang der Abrechnung mitzuteilen. Nach Ablauf dieser Frist kann der Mieter Einwendungen nicht mehr geltend machen, es sei denn, der Mieter hat die verspätete Geltendmachung nicht zu vertreten.

Der Mieter muss binnen eines Jahres (die Frist beginnt mit Eingang einer formal ordnungsgemäßen Abrechnung) seine Einwendungen erheben. Versäumt er diese Frist, kann er Fehler der Abrechnung nicht mehr monieren.

Dieser Grundsatz gilt für jede neue Betriebskostenabrechnung, die der Mieter erhält. Hat der Mieter schon einmal eine Abrechnungsposition einer vorangegangenen Abrechnung moniert, muss er, sofern der Vermieter diesen Fehler wiederholt, bei einer neuen Abrechnung erneut beanstanden. Jede Abrechnung ist isoliert zu betrachten, weil der Vermieter jedes Mal aufs Neue die Abrechnungsfrist einhalten muss, ist der Mieter gehalten, jedes Mal aufs Neue seine Einwendungen vorzubringen.

Weitere Stichwörter:
Umlage neuer Betriebskosten, Verjährung, Vorwirkung

Einzugspauschale

→ Auszugspauschale/Auszugsgebühren

Elektroanlagen

Es gibt keine gesetzliche Vorschrift, die den Vermieter zu einer Prüfung der elektrischen Leitungen verpflichten würde. Trotzdem gilt allgemein, dass der Vermieter für die ordnungsgemäße und sichere Gebrauchsüberlassung der Mieträume an den Mieter verantwortlich ist. Daraus aber eine Prüfpflicht herleiten kann man nicht.

Bei den Prüfungskosten für das elektrische Leitungsnetz stellt sich die Frage, ob es sich um Instandhaltungskosten handelt, die der Vermieter zu tragen hat oder um sonstige Betriebskosten, die nach § 2 Nr. 17 BetrKV auf die Mieter umgelegt werden können. Wenn Mängel festgestellt und beseitigt werden, handelt es sich um Instandsetzung nach § 1 Abs. 2 Nr. 2 BetrKV mit Kostentragungspflicht des Vermieters. Hier hat nun der BGH für Klarheit gesorgt. Wiederkehrende Kosten, die dem Vermieter zur Prüfung der Betriebssicherheit einer technischen Anlage, etwa einer Elektroanlage, entstehen, sind Betriebskosten, die bei entsprechender ausdrücklicher Vereinbarung als sonstige Betriebskosten nach § 2 Nr. 17 BetrKV auf den Mieter umgelegt werden können (BGH vom 14.02.2007, Az. VIII ZR 123/06).

Weitere Stichwörter:
Betriebskostenvereinbarung, Verteilerschlüssel, Wartungskasten

Elektronische Heizkostenverteiler

Diese Art der Verteiler ist wie die Heizkostenverteiler nach dem Verdunstungsprinzip, nur eine Messhilfe. Elektronische Heizkostenverteiler können überall dort angebracht werden, wo auch Verdunstungsverteiler funktionieren würden. Es wird keine Flüssigkeit verdunstet, sondern die Raumtemperatur, die Heizkörpermitteltemperatur oder die Vor- und Rücklauftemperaturen an jedem einzelnen Heizkörper elektronisch gemessen. Die zu verteilenden Wärmeinheiten können dann direkt am Heizkostenverteiler abgelesen oder über Funk übermittelt werden.

Sie messen aber nicht die tatsächlich verbrauchte Energie, sondern nur das relative Verhältnis der Gesamtenergie zum Energieverbrauch eines einzelnen Heizkörpers.

Weitere Stichwörter:
Verbrauchserfassung, Verbrauchsschätzung

Elementarschadenversicherung

In § 2 Nr. 13 BetrKV wird neben den Sach- und Haftpflichtversicherungen für das Gebäude auch die Elementarschadenversicherung aufgeführt.

§ 2 Nr. 13 BetrKV

(...) hierzu gehören namentlich die Kosten der Versicherung des Gebäudes gegen Feuer-, Sturm-, Wasser- sowie sonstige Elementarschäden, der Glasversicherung, der Haftpflichtversicherung für das Gebäude, den Öltank und den Aufzug;

Diese Versicherung deckt neben Feuer-, Sturm- und Wasserschäden – regional unterschiedlich auftretende – Elementarschäden aufgrund von Erdbeben, Erdrutschen und Ähnlichem ab. Allerdings ist der Vermieter auch künftig gefragt, ob aufgrund des Wirtschaftlichkeitsgebots die Umlagefähigkeit der Elementarschadenversicherung möglich ist. In einem nicht erdbebengefährdetem Gebiet können die Kosten einer Erdbebenversicherung nicht als Betriebskosten umgelegt werden.

Weitere Stichwörter:
Gebot der Wirtschaftlichkeit, Sachversicherungen, Versicherungen

Entrümpelung

In größeren Wohnanlagen muss (leider) immer wieder festgestellt werden, dass im Bereich der für alle Mieter zugänglichen Flächen (Keller, Dachboden oder Grundstück) unerlaubt Sperrmüll gelagert wird. Fluchtwege werden versperrt und müssen wieder frei gemacht werden. Es stellt sich daher die Frage, wer diese Entrümpelungskosten tragen muss.

Grundsätzlich sind die Kosten für die Abfuhr von Sperrmüll keine Betriebskosten. Nach § 1 Abs. 1 BetrKV fehlt unter Zugrundelegung der allgemeinen Definition für Betriebskosten das Merkmal der „laufenden Kostenentstehung", und damit sind die Entrümpelungskosten nicht auf den Mieter umlegbar.

Sperrmüllkosten können jedoch dann als Betriebskosten qualifiziert werden, wenn der Vermieter allen seinen Mietern Möglichkeiten zur Sperrmüllentsorgung zur Verfügung stellt, etwa in einem speziellen Raum. Die Kosten für die regelmäßige Entsorgung der dort gelagerten Gegenstände sind Betriebskosten, da diese „laufend" entstehen.

Die grundsätzlich nicht umlagefähigen „Sonderabführungen" für widerrechtlich abgelagerten Sperrmüll im Mietobjekt sind auf jeden Fall mietvertragswidriges Verhalten und für die negativen Folgen hat daher der Verursacher, sofern man ihn ermitteln kann, einzustehen.

Lässt sich der Verursacher nicht ermitteln, verbleiben die Kosten beim Vermieter.

Sollte solches vertragswidriges Verhalten immer wieder in der Wohnanlage vorkommen, also mit einer gewissen Regelmäßigkeit, wäre dann das Merkmal „laufend" im Sinne der Betriebskostenverordnung wiederum gegeben, so dass solche Sonderabfuhren doch unter den Begriff „Müllbeseitigung" zu subsumieren wären und als Betriebskosten anfallen, und auf alle Mieter verteilt werden können.

Weitere Stichwörter:
Müllbeseitigung, Müllentsorgung

Entwässerung

→ Kläranlage

Erbbauzinsen

Mit diesem Begriff ist die vereinbarte Gegenleistung aus einem Erbbauvertrag gemeint. Den Erbbauzins muss der Erbbauberechtigte für das Recht, ein Grundstück des Erbbaurechtsgebers (= Eigentümer) baulich nutzen zu können, bezahlen. Üblicherweise wird die Forderung auf Zahlung des Erbbauzinses im Grundbuch durch die Eintragung einer Erbbauzinsreallast abgesichert.

Die Höhe des Erbbauzinses errechnet sich aus dem Wert des Baugrundstücks zum Zeitpunkt der Begründung des Erbbaurechts. Wird nun das Grundstück mit Wohnungen bebaut und diese werden wiederum vermietet, gehören die regelmäßig zu bezahlenden Erbbauzinsen nicht zu den umlagefähigen Betriebskosten, denn sie sind nicht in § 2 BetrKV aufgeführt. Der Vermieter als Erbbauberechtigter muss die Kosten selbst tragen.

Weiteres Stichwort:
Nicht umlagefähige Betriebskosten

Erhöhung der Betriebskosten

Man muss bei dem Thema Erhöhung der Betriebskosten zwischen mehreren Fallkonstellationen unterscheiden.

In der einfachsten Variante möchte der Vermieter die Betriebskosten der laufenden Abrechnungsperiode erhöhen, sprich die Vorauszahlungen anpassen. Dies kann er unter Vorlage der alten Abrechnung, die korrekt sein mus. Wenn vom Mieter eine Nachzahlung geschuldet ist, kann er den Gesamt-Betriebskostenbetrag aus der alten Abrechnung als Basis für die neue Vorauszahlung nehmen.

In einer weiteren Fallkonstellation muss man prüfen, ob z. B. die Erhöhung einer Betriebskostenpauschale möglich ist. Dies ist nur in begrenztem Umfang denkbar und muss vertraglich vorgesehen sein. Bei der Vereinbarung einer Pauschale trägt der Vermieter grundsätzlich das Risiko der Kalkulation und ist regelmäßig mit Nachforderungen ausgeschlossen. Eine Erhöhung der Pauschale ist nur mit einer Vereinbarung zulässig, die im ursprünglichen Mietvertrag gemäß § 560 Abs. 1 BGB getroffen wird. Dann muss der Vermieter dem Mieter die näheren Umstände der Erhöhung mitteilen, seine ursprüngliche Kalkulation offenlegen und dann durch Belege nachweisen, dass die Kalkulation nicht mehr stimmt und die neuen Bescheide und Rechnungen vorlegen. Verweigert der Vermieter die Einsichtnahme oder die Vorlage von Belegen, ist eine Erhöhung der Pauschale ausgeschlossen.

In einer dritten Fallkonstellation geht es um die Einführung neuer Betriebskosten, die bisher nicht in die Abrechnung eingeflossen sind, weil sie nicht angefallen sind. Hat der Vermieter in der ursprünglichen Vereinbarung über die Betriebskosten nur Bezug genommen auf die Betriebskostenverordnung, können neu eingeführte Betriebskosten, die Betriebskosten im Sinne der Betriebskostenverordnung zu qualifizieren sind, in der nächsten Abrechnung unproblematisch mit aufgenommen werden.

Hat der Vermieter in der ursprünglichen Vereinbarung einen in sich abgeschlossenen Betriebskostenkatalog aufgeführt, oder die entsprechenden Betriebskosten angekreuzt, so ist die Einführung neuer

Betriebskostenpositionen ausgeschlossen, es sei denn, er hat einen entsprechenden Vorbehalt im Mietvertrag gemacht. Fehlt es an einer Vereinbarung über die Umlage neu eingeführter Betriebskosten, sind beide Parteien an die getroffene Vereinbarung gebunden und der Vermieter muss die Mehrkosten selbst tragen.

Weitere Stichwörter:
Ankreuzen von Betriebskostenarten, Anpassung von Vorauszahlungen, Erhöhung der Betriebskostenvorauszahlungen

Erhöhung der Betriebskostenvorauszahlungen

§ 560 Abs. 4 BGB

Sind Betriebskostenvorauszahlungen vereinbart worden, so kann jede Vertragspartei nach einer Abrechnung durch Erklärung in Textform eine Anpassung auf eine angemessene Höhe vornehmen.

Diese können angehoben werden, wenn eine Abrechnung vorgelegt wurde und sich aus dem Ergebnis die Notwendigkeit einer Erhöhung ergibt, das heißt wenn der Mieter Betriebskosten nachbezahlen muss.

Damit eine solche Erhöhung wirksam ist, muss selbstverständlich die Abrechnung nicht nur formell, sondern auch inhaltlich richtig sein. Die Erhöhung muss im angemessenen Verhältnis zum Nachzahlungsbetrag stehen, ansonsten ist der Sinn der Vorschrift von § 560 Abs. 4 BGB nicht erreicht. Die Anpassung der Vorauszahlungen soll schließlich bewirken, dass in der nächsten Abrechnungsperiode der Nachzahlungsbetrag deutlich gesenkt wird.

Sind die in der Abrechnung berücksichtigten Kosten falsch bzw. fehlerhaft berechnet, ist auch das Erhöhungsverlangen fehlerhaft. Dies hat der BGH in zwei Urteilen bestätigt (Urteil vom 15.05.2012, Az. VIII ZR 245/11 und Az. VIII ZR 246/11).

Weitere Stichwörter:
Betriebskosten, Betriebskostenvorauszahlung

Ersatzabrechnung von Heizkosten

Werden beim Ablesen der Thermostatventile oder der Wärmemessgeräte ein oder mehrere Fehler gemacht, so dass man davon ausgehen muss, dass die Ablesung nicht ordnungsgemäß vonstatten gegangen ist, gibt der BGH eine Lösung im Zusammenhang mit § 9a Abs. 1 HeizKV:

§

BGH vom 16.11.2005, Az. VIII ZR 373/04

(...) Ein „anderer zwingender Grund" im Sinne des § 9a Abs. 1 Satz 1 HeizKV liegt auch dann vor, wenn der anteilige Verbrauch eines Nutzers infolge eines Ablesefehlers nicht ordnungsgemäß erfasst werden kann. Ist eine Vergleichsberechnung nach § 9a Abs. 1 HeizKV nicht möglich, weil die hierfür erforderlichen Daten nicht zur Verfügung stehen, so kann der anteilige Verbrauch ausnahmsweise im Wege der Gradtagszahlenmethode ermittelt werden. Eine unter diesen Voraussetzungen erstellte Kostenabrechnung kann vom Nutzer nicht gemäß § 12 HeizKV um 15 Prozent gekürzt werden. (...)

Fazit dieser Leitsätze des BGH: Ablesefehler stellen einen „anderen zwingenden Grund" nach § 9a Abs. 1 Satz 1 HeizKV dar.

§

§ 9a HeizKV

(1) Kann der anteilige Wärme- oder Warmwasserverbrauch von Nutzern für einen Abrechnungszeitraum wegen Geräteausfalls oder aus anderen zwingenden Gründen nicht ordnungsgemäß erfasst werden, ist er vom Gebäudeeigentümer auf der Grundlage des Verbrauchs der betroffenen Räume in vergleichbaren Zeiträumen oder des Verbrauchs vergleichbarer anderer Räume im jeweiligen Abrechnungszeitraum oder des Durchschnittsverbrauchs des Gebäudes oder der Nutzergruppe zu ermitteln. Der so ermittelte anteilige Verbrauch ist bei der Kostenverteilung anstelle des erfassten Verbrauchs zu Grunde zu legen.

(2) Überschreitet die von der Verbrauchsermittlung nach Absatz 1 betroffene Wohn- oder Nutzfläche oder der umbaute Raum 25 vom Hundert der für die Kostenverteilung maßgeblichen gesamten Wohn- oder Nutzfläche oder des maßgeblichen gesamten umbauten Raumes, sind die Kosten ausschließlich nach den nach § 7 Absatz 1 Satz 5 und § 8 Absatz 1 für die Verteilung der übrigen Kosten zu Grunde zu legenden Maßstäben zu verteilen.

Was war geschehen? Die Parteien stritten um die Korrektur von zwei Heizkostenabrechnungen, die auf falsch abgelesenen elektronischen Heizkostenverteilern basierten. Als der Ablesefehler auffiel, konnte er aus technischen Gründen nicht mehr korrigiert werden. Der Vermieter korrigierte daraufhin die Heizkostenabrechnungen auf Basis der Gradtagstabelle. Dieses Vorgehen wurde bis zur BGH-Entscheidung am 16.11.2015 als unzulässig angesehen. Das ist nun anders: Bisher war umstritten, ob für den Fall, dass eine Mietwohnung mit Wärmemessgeräten ausgestattet ist, die Ablesung aber deshalb scheitert, weil ein menschlicher Ablesefehler besteht, einen anderen zwingenden Grund im Sinne von § 9a Abs. 1 Satz 1 HeizKV darstellt mit der Folge, dass Ersatzberechnungsmethoden zulässig wären. Ein zwingender Grund ist nach Auffassung des BGH stets dann anzunehmen, wenn seine Folge in dem Zeitpunkt, in dem er bemerkt wird, von dem zur Abrechnung verpflichteten Vermieter nicht mehr behoben werden kann. Liegt ein solcher Grund vor, muss eine Ersatzberechnung durchgeführt werden.

§ 9a Abs. 1 HeizKV sieht dafür eine Vergleichsberechnung auf der Basis der Vorjahreswerte vor. Darf man in diesem Fall auch nach der Gradtagstabelle abrechnen? Das ist eigentlich nur bei einem Nutzungswechsel innerhalb eines Abrechnungszeitraums möglich.

Der BGH hat die Gradtagstabelle als Berechnungsmethode in einem solchen Ausnahmefall gleichwohl für zulässig erachtet und damit die Vorschrift der Heizkostenverordnung ausgeweitet. Erfolgt dann eine entsprechende Korrekturberechnung über die Gradtagsmethode, enfällt auch das Kürzungsrecht des Mieters. Ein Kürzungsrecht nach § 12 HeizKV ist gerade nicht statthaft, wenn eine ordnungsgemäße Berechnung nach § 9a Abs. 1 HeizKV vorgenommen worden ist.

Weitere Stichwörter:
Begrenzung der Höhe der Nachforderungen, Gradtagszahlen

Erschließungsbeitrag

Mit dem Begriff Erschließung wird die Herstellung von Erschließungsanlagen bezeichnet, deren Vorhandensein nach § 123 ff. BBauG Voraussetzung für die Bebauung von Grundstücken sind, denn ohne gesicherte Erschließung gibt es keine öffentlich-rechtliche Baugenehmigung.

Erschließungsanlagen im Sinne des Bundesbaugesetzes sind die öffentlichen, zum Erreichen des Grundstücks bestimmten Straßen und Wege. Nach Landesrecht (Landesbauordnung) gehören auch Anlagen der Versorgung mit Wasser, Strom, Gas, Anlagen der Entsorgung und Entwässerung zur Erschließung. Einzelheiten hierzu sind in den verschiedenen Kommunalabgabegesetzen der Bundesländer geregelt. Das Bundesbaugesetz regelt, so eine Faustformel, ob ein Grundstück überhaupt bebaut werden darf, die Landesgesetze regeln, wie ein Grundstück bebaut werden kann.

Die Versorgungs- und Entsorgungsanlagen werden üblicherweise bis zur Grundstücksgrenze gelegt. Die der Gemeinde entstehenden Kosten für die Herstellung können bis zur Höhe von 90 Prozent als Erschließungsbeitrag an die Grundstückseigentümer weiter berechnet werden. Diese Erschließungskosten sind nicht als Betriebskosten auf den Mieter umlegbar, da sie zum einen nicht im Katalog des § 2 BetrKV auftauchen und üblicherweise nur einmal anfallen, also bei der Subsumption unter den Begriff Betriebskosten das Merkmal „laufend" fehlt.

Weiteres Stichwort:
Nicht umlagefähige Betriebskosten

Etagenheizung

Die Etagenheizung versorgt die Räume einer einzelnen Wohnung oder eines Stockwerks mit Wärme und Warmwasser. Weit verbreitet sind Gasetagenheizungen. Der Mieter kann selbst die Heizung an- oder abstellen, da er einen Direktlieferungsvertrag mit dem Energieversorger hat. Eine Abrechnung durch den Vermieter nach der Heizkostenverordnung ist nicht erforderlich. Reinigung und Wartung der Heizung muss der Mieter allerdings über die Betriebskosten bezahlen, wenn dies im Mietvertrag vereinbart wurde. Reparaturen an der Etagenheizung sind nicht umlagefähig.

Weitere Stichwörter:
Heizkostenverordnung, Zentralheizung

Fahrstuhl

→ Aufzug

Fälligkeit der Nebenkosten

Nach § 556b Abs. 1 BGB ist die Miete spätestens bis zum dritten Werktag der einzelnen Zeitabschnitte, also in der Regel des Monats, zu entrichten. Ist für die Nebenkosten eine Pauschale vereinbart, so ist diese zusammen mit der Miete zu bezahlen und mit der Miete fällig, ebenso eine Voraus- oder Abschlagszahlung auf die Nebenkosten.

Hat der Vermieter über die Nebenkosten abgerechnet und steht dem Mieter ein Guthaben zu, so ist dieses Guthaben innerhalb von vier Wochen nach Abrechnungserteilung zu entrichten. Genauso kann der Vermieter bei Nachforderungen diese innerhalb von vier Wochen vom Mieter verlangen.

Grundsätzlich ist der Mieter nicht verpflichtet, die Nachforderung aus einer Betriebskostenabrechnung ohne vorherige Prüfung der Abrechnung zu bezahlen. Der Mieter hat eine Prüfungszeit von etwa vier Wochen (Langenberg in Schmidt-Futterer, Mietrecht, Kommentar, zu § 556, Rn. 438). Ist die Abrechnung formell nicht ordnungsgemäß oder ist trotz Anforderung keine Belegeinsicht gewährt worden, ist die Abrechnung nicht fällig (siehe auch formell ordnungsgemäße Abrechnung).

Hat die Abrechnung Fehler, die vom Mieter gegenüber dem Vermieter gerügt wurden, so hat er ein Zurückbehaltungsrecht nach § 273 BGB in angemessener Höhe. Er kann also nicht die Gesamtnachforderung zurückbehalten, wenn nur eine kleine Position streitig ist. Allenfalls der doppelte Betrag der streitigen Position kann zurückbehalten werden. Oder der Mieter bezahlt die Gesamtabrechnung in voller Höhe, allerdings unter dem Vorbehalt der Rückforderung.

Weitere Stichwörter:
Aufrechnung, Zurückbehaltungsrecht

Fehler der Mietflächenberechnung

Nach einem Urteil des BGH (24.03.2004, Az. VIII ZR 44/03) kann der Mieter Miete mindern, selbst wenn sich erst nach Jahren herausstellt, dass die Fläche seiner Wohnung falsch berechnet wurde. Diese Entscheidung wirkt sich auch auf die Betriebskosten aus.

Die korrekte Wohnflächenberechnung dient dazu, die Mietkosten und die Betriebskosten von Gebäuden oder Wohnungen richtig zu ermitteln. Eine fehlerhafte Flächenermittlung betrifft nicht nur die singuläre Wohnfläche des einzelnen Mieters, sondern auch die Gesamtwohnfläche eines Mietobjekts. Die Betriebskosten werden auf der Basis des üblicherweise angewandten Flächenmaßstabes falsch unter den verschiedenen Mietparteien verteilt.

Nach Maßgabe von § 556a BGB (... Abrechnungsmaßstab für Betriebskosten: Haben die Vertragsparteien nichts anderes vereinbart, sind die Betriebskosten vorbehaltlich anderweitiger Vorschriften nach dem Anteil der Wohnfläche umzulegen ...) ergibt sich der gesetzliche Verteilerschlüssel, nämlich das Verhältnis der Gesamtwohnfläche eines Gebäudes zum Verhältnis der Fläche der einzelnen Mietwohnung. Werden die Kosten nach Fläche verteilt, muss der Vermieter immer die tatsächliche Wohnungsgröße ansetzen. Ist eine Wohnung mehr als 10 Prozent kleiner, als im Vertrag angegeben, kommt es auf eine Zusicherung nicht an. Die Wohnung ist allein schon wegen der geringeren Fläche mangelhaft. Das wirkt sich auch auf die Betriebskostenabrechnung aus. Denn sonst müsste der Mieter für eine Fläche bezahlen, also Betriebskosten, die es nicht gibt bzw. die er nicht angemietet hat.

Auch wenn im Vertrag keine genauen Angaben zur Wohnfläche enthalten sind, wird die Größe in Zeitungsanzeigen oder in überlassenen Plänen genannt und kann unter Umständen zu Mietminderungen führen (BGH vom 23.06.2010, Az. VIII ZR 256/09). Nebenkostenabrechnungen, die eine Abweichung der tatsächlichen Fläche von der angegebenen Fläche von mindestens 10 Prozent aufweisen, sind allein deshalb fehlerhaft. Die Wohnfläche wird nach der Wohnflächenverordnung (WoFlV) ermittelt.

Ganz so einfach ist es in der Praxis jedoch leider nicht, einige Besonderheiten sind zu beachten. Wurde etwa nur von „Fläche" statt von „Wohnfläche" bei der Besichtigung gesprochen, stellt sich die Frage, ob die mitgemietete Nutzfläche dazu zählt. Wurde ein Einfamilienhaus oder ein Reihenhaus gemietet, spielt die Wohnfläche keine Rolle; ebenso, wenn eine Besichtigung ergeben hat, dass der Mieter das komplette Anwesen, so wie er es besichtigt hat, zu einem festen Mietpreis anmieten möchte, ohne dass ein konkreter Quadratmeterpreis vereinbart wird.

Weitere Stichwörter:
Flächenmaßstab, Umlageschlüssel, Wohnfläche

Fehler in den Betriebskostenabrechnungen

Stichwortartig werden nachfolgend die gängigen Fehlerquellen aufgelistet:

- Abrechnung ist nicht übersichtlich
- Abrechnung ist nicht plausibel und damit nicht nachvollziehbar
- es werden Kosten auf den Mieter umgelegt, die im Mietvertrag nicht vereinbart sind
- es werden Kosten umgelegt, die keine Betriebskosten gemäß Betriebskostenverordnung sind
- bei den abgerechneten Positionen sind Aufwendungen enthalten, die der Vermieter selbst tragen muss
- es werden einzelne Nebenkosten doppelt berechnet
- es werden andere Verteilerschlüssel verwendet, als im Mietvertrag vereinbart
- bei leerstehenden Wohnungen trägt der Vermieter die anteiligen Betriebskosten nicht selbst
- die Auflistung der Vorauszahlungen fehlt oder ist unvollständig

Weitere Stichwörter:
Inhalt einer Betriebskostenabrechnung, Leerstand

Fenstermängel

Sind die Fenster undicht, so dass es zieht, besteht je nach Fallkonstellation ein Minderungsrecht von etwa 5 bis 20 Prozent der Bruttomiete, wenn gleichzeitig ein „Heizverlust" festzustellen ist. Bei der Mietminderung nach § 536 BGB ist nach der Rechtsprechung des BGH die Berechnungsbasis für den Minderungsbetrag die insgesamt bezahlte Miete (= Bruttomiete) inklusive der Heiz- und Nebenkosten (BGH vom 20.07.2005, Az. VIII ZR 347/04).

Eine vorgenommene Mietminderung wirkt sich auf die Berechnung der Betriebskosten aus. „Ist die Miete gemindert, berechnet sich eine etwaige Nachforderung des Vermieters aus einer Betriebskostenabrechnung dergestalt, dass die vom Mieter im Abrechnungsjahr insgesamt geleisteten Zahlungen der geschuldeten Gesamtjahresmiete (Jahresbetrag der Nettomiete zuzüglich der abgerechneten Betriebskosten abzüglich des im betreffenden Jahr insgesamt gerechtfertigten Minderungsbetrags) gegenübergestellt werden (BGH vom 13.04.2011, Az. VIII ZR 223/10). Ist diese Rechtsprechung bei der Abrechnung der Betriebskosten zu berücksichtigen?

Das Urteil des BGH vom 13.04.2011 macht die Berechnung der Betriebskostenabrechnung bei einem Mietminderungsfall nicht einfach. Die Minderung bezieht sich nämlich auf die Gesamtmiete einschließlich aller Nebenkosten. Daher sind die vom Mieter im Abrechnungsjahr insgesamt geleisteten Zahlungen festzustellen und der geschuldeten (Soll-)Gesamtjahresmiete gegenüberzustellen. Die Gesamtjahresmiete berechnet sich wie folgt:

Jahresbetrag der Nettomiete zzgl. der abgerechneten Betriebskosten abzüglich des im betreffenden Jahr insgesamt gerechtfertigten Minderungsbetrags.

Der BGH hat leider offen gelassen, wie zu rechnen ist, wenn die Mietminderung zu hoch war. Ob sich das auf die Betriebskostenabrechnung auswirkt oder nicht, ist derzeit noch unklar.

Weitere Stichwörter:
Abrechnung, Vorauszahlungen

Fernsehempfang

§ 535 BGB verpflichtet den Vermieter nur zur Erhaltung der zum Zeitpunkt des Vertragsabschlusses geschuldeten Gebrauchstauglichkeit der Mietsache. Ist bei Vertragsabschluss, und wenn dieser 20 Jahre zurückliegt, die Möglichkeit des Anschlusses des Radio- und Fernsehgeräts an eine gemeinschaftliche Antenne, Satellitenschüssel oder an ein Breitbandkabel vorhanden, muss der Vermieter diese Nutzungsmöglichkeit während der Dauer der Mietzeit erhalten.

Fehlte bei Vertragsabschluss jegliche Anschlussmöglichkeit, hat der Mieter keinen Anspruch gegen den Vermieter auf Herstellung eines Kabelanschlusses, der Errichtung einer Gemeinschaftsantenne oder einer SAT-Anlage auf Kosten des Vermieters.

Da aber das Recht auf Informationsfreiheit in Art. 5 GG geschützt ist, wird zugunsten des Mieters ein Rechtsanspruch auf Anbringung einer Einzelantenne auf seine Kosten hergeleitet.

Will der Mieter einen Kabelanschluss auf seine Kosten legen oder eine SAT-Anlage installieren, benötigt er die Zustimmung des Vermieters; denn der Vermieter hat ein Mitspracherecht. Er kann angeben, wo die Anlage montiert werden soll, soweit dadurch keine unzumutbaren Kosten für den Mieter entstehen. Er darf eine spezielle Kaution in Höhe der Demontagekosten verlangen und eventuell den Nachweis des Abschlusses einer Versicherung zur Abdeckung von Sach- und Personenschäden. Sind die vorgenannten Forderungen des Vermieters erfüllt, muss der Vermieter seine Zustimmung erteilen (BVerfG, NJW 1994, 1147, 1148).

Weitere Stichwörter:
Gemeinschaftsantenne, Parabolantenne, Prüfpflicht für haustechnische Anlagen

Fernwärme

Darunter versteht man die Wärmelieferungen zur Versorgung von Gebäuden mit Heizung und Warmwasser. Der Transport der Fernwärme erfolgt in einem wärmegedämmten Rohrleitungssystem, das normalerweise im Erdreich verlegt ist. Das Heizen mit Fernwärme gilt als umweltfreundlich, weil die Energie oft von Kraftwerken erzeugt wird, die mit umweltfreundlicher Kraft-Wärme-Kopplung, mit Holzheizkraft oder mit Biogas arbeiten.

Die Fernwärme (Heizung und Warmwasser) wird gegenüber dem Mieter nach der Heizkostenverordnung abgerechnet, genauso wie eine hauseigene Zentralheizungsanlage, die mit Gas oder Öl befeuert wird, oder mit alternativen Energieformen. Nach der Heizkostenverordnung ist ein Anteil der Heizkosten nach Verbrauch, der Rest verbrauchsunabhängig (Grundkosten) abzurechnen. Der Verbrauch ist mit Erfassungsgeräten zu ermitteln. Es besteht kein Unterschied im Vergleich zu einer Zentralheizung

Neben der Heizkostenverordnung sind auch die Bestimmungen der Verordnung über Allgemeine Bedingungen für die Versorgung mit Fernwärme zu beachten.

Möchte der Vermieter von einer Zentralheizungsanlage zu einer Anlage für Fernwärme wechseln, ist folgendes BGH-Urteil einzuhalten:

§ **BGH vom 27.06.2007, Az. VIII ZR 202/06**

(...) Eine Vereinbarung in einem Wohnraummietvertrag, wonach der Mieter die Betriebskosten der Heizung, erläutert durch Anlage 3 zu § 27 II. BV zu tragen hat, erlaubt dem Vermieter, der während des laufenden Mietverhältnisses den Betrieb einer im Haus vorhandenen Heizungsanlage einstellt und statt dessen Fernwärme bezieht, die Umlegung der Wärmelieferungskosten auf den Mieter, wenn die zum Zeitpunkt des Vertragsschlusses geltende Fassung der Zweiten BerechnungsVO bereits eine Umlegung der Kosten der Fernwärmelieferung vorsah. (...)

Wie beim Wärmecontracting muss die Möglichkeit des Wechsels der Beheizungsart im laufenden Mietverhältnis vertraglich angelegt sein, dann braucht der Vermieter keine Zustimmungserklärung vom Mieter. Ist ein Wechsel nicht vorgesehen, handelt es sich um eine Vertragsänderung, die nur mit Zustimmung des Mieters möglich ist.

Weitere Stichwörter:
Contracting, Gasetagenheizung, Heizkostenabrechnung, Zentralheizung

Feuerlöscher

Es gibt keine gesetzliche Verpflichtung, in einem Mietwohngebäude einen oder mehrere Feuerlöscher bereitzuhalten. Für Hochhäuser kann die Bauaufsichtsbehörde ggf. entsprechende Brandschutzauflagen erteilen.

Eine Prüfpflicht gibt es für vorgeschriebene Feuerlöscher, nicht jedoch für freiwillig installierte. Sofern eine Prüfpflicht besteht, sind die Feuerlöscher in regelmäßigen Zeitabständen zu prüfen, längstens jedoch innerhalb von zwei Jahren. Aber auch bei freiwillig installierten Feuerlöschern ist anzuraten diesen Prüfungsturnus einzuhalten, damit der Löscher im Ernstfall auch wirklich funktioniert.

Die Anschaffungs- und Installationskosten können nicht auf die Mieter umgelegt werden. Prüfungskosten können über § 2 Nr. 17 BetrKV bei entsprechender mietvertraglicher Vereinbarung als sonstige Betriebskosten abgerechnet werden – aber auch nur dann.

Befindet sich der Feuerlöscher im Heizraum, dürfen die Wartungskosten nicht im Rahmen der Heizkostenabrechnung geltend gemacht werden, weil Feuerlöscher nicht im Zusammenhang mit dem Betrieb der Heizung stehen. Dieser Kostenfaktor wird ähnlich behandelt, wie die Beleuchtung des Heizraumes.

Weitere Stichwörter:
Beleuchtung, Heizung, Sonstige Betriebskosten

Feuerversicherung

Bereits der Rohbau eines Gebäudes kann durch eine Feuerversicherung gegen etwaige Brandschäden versichert werden. Nach Fertigstellung kann dann die (vorhandene) Feuerversicherung in eine verbundene Gebäudeversicherung mit einbezogen werden. Mit dieser Police sind dann nicht nur Schäden durch Brand, Blitzschlag, Explosion und Flugzeugabsturz abgedeckt, sondern auch Sturm- und Hagelschäden sowie Schäden durch austretendes Leitungswasser, wie dies in Art. 1 der Allgemeinen Feuerversicherungsbedingungen (AFB) beschrieben wird:

„Der Versicherer gewährt ... Versicherungsschutz gegen Schäden durch Brand, Blitzschlag und Explosion ..." (AFB, Fassung 2009). Nach Art. 2 sind folgende Sachen (beispielhaft) versichert:

Art. 2 AFB

Soweit nichts anderes vereinbart ist, sind nur die dem Versicherungsnehmer gehörigen Sachen versichert. Versichert sind auch vom Versicherungsnehmer gekaufte Sachen, die unter Eigentumsvorbehalt übergeben sind und die dem Versicherungsnehmer verpfändeten Sachen. (...) Bei Gebäuden erstreckt sich die Versicherung, soweit nichts anderes vereinbart ist, auf den Bauwert.

Schäden am Hausrat des Mieters sind nicht versichert und müssen durch eine eigene Hausratversicherung, die der Mieter selbst bezahlt, abgedeckt werden. Die für die Feuerversicherung anfallenden Prämien sind Betriebskosten im Sinne von § 2 Nr. 13 BetrKV und damit auf den Mieter umlegbar.

Weitere Stichwörter:
Gebäudehaftpflichtversicherung, Versicherungen, Wirtschaftlichkeitsprinzip

Flächenberechnung

→ Wohnfläche → Fehler der Mietflächenberechnung

Flächenmaßstab

Mit diesem Begriff wird der gesetzliche Umlagemaßstab bezeichnet. In § 556a Abs. 1 BGB heißt es:

§ 556a Abs. 1 BGB

Haben die Vertragsparteien nichts anderes vereinbart, sind die Betriebskosten vorbehaltlich anderweitiger Vorschriften nach dem Anteil der Wohnfläche umzulegen. Betriebskosten, die von einem erfassten Verbrauch oder einer erfassten Verursachung durch die Mieter abhängen, sind nach einem Maßstab umzulegen, der dem unterschiedlichen Verbrauch oder der unterschiedlichen Verursachung Rechnung trägt.

Ein Beispiel verdeutlicht die gesetzliche Idee:

Beispiel:
Hat ein Mietobjekt fünf Wohnungen mit je 100 qm Wohnfläche, beträgt die Gesamtwohnfläche 500 qm und der Anteil einer einzelnen Wohnung 1/5 oder 20 Prozent. Wird die Grundsteuer nach dem Flächenmaßstab umgelegt, beträgt der Anteil des Mieters 1/5 der gesamten jährlich anfallenden Grundsteuer.

Der gesetzliche Maßstab ist immer dann anwendbar, wenn im Mietvertrag kein anderer Umlageschlüssel für Einzelpositionen vereinbart oder die Vereinbarung aus rechtlichen Gründen unwirksam ist.

Weitere Stichwörter:
Umlageschlüssel, Wohnfläche

Flüssiggastank

Bei Flüssiggastanks sind zwei Varianten zu unterscheiden: Entweder hat der Grundstückseigentümer den Tank gekauft und ist dessen Eigentümer oder er hat einen Tank gemietet. Der Vorteil des eigenen Gastanks ist, dass er sich seinen Gaslieferanten frei wählen kann, dafür trägt er die Verantwortung für einen betriebssicheren Zustand.

Bei Miettanks ist er an den Tankeigentümer gebunden, der das Auftanken von fremden Gasanbietern rechtlich verhindern kann. Der BGH hat dazu folgende Leitsätze formuliert:

§ **BGH vom 15.09.2003, Az. II ZR 367/02**

(...) Stellt ein Lieferant von Flüssiggas Kunden im Rahmen eines Gaslieferungsvertrages, der die Kunden verpflichtet, ihren Bedarf an Flüssiggas allein bei ihm zu decken, gegen Nutzungsentschädigung Gasbehälter zur Verfügung, die nach den vertraglichen Vereinbarungen Eigentum des Lieferanten sind und bleiben, so erfüllt eine auf Veranlassung eines Kunden durch einen anderen Gaslieferanten ohne Einwilligung des Eigentümers vorgenommene Befüllung des Gasbehälters den Tatbestand einer Eigentums-

> beeinträchtigung im Sinne von § 1004 Abs. 1 BGB. Der Eigentümer ist nicht gemäß § 1004 Abs. 2 BGB zur Duldung einer solchen „Fremdbefüllung" verpflichtet, weil sie nach seinem Vertrag mit dem Kunden keine bestimmungsgemäße Nutzung des Gasbehälters ist. (...)

Bei Miettanks ist der Gaslieferant auch der Eigentümer des Flüssiggaslagerbehälters und damit vertraglich zur Übernahme sämtlicher Pflichten zum sicheren Betrieb des Behälters verpflichtet, wozu auch Wartungen gehören. Man spricht von einem „Fullservice-Vertrag".

Die Mietkosten sind nicht als Betriebskosten auf den Mieter umlegbar: Gehört zum vermieteten Wohnobjekt ein gemieteter oder geleaster Flüssiggastank, dürfen die Miet- oder Leasingkosten nicht als Betriebskosten auf den Mieter umgelegt werden. Denn, wenn der Vermieter den Tank gekauft statt gemietet hätte, hätte er die Kosten für die Anschaffung selbst tragen müssen. Mietkosten für einen Gastank sind weder in § 2 Nr. 4a oder Nr. 4b BetrKV erwähnt, noch über § 2 Nr. 17 BetrKV auf den Mieter umlegbar.

Ein oberirdischer Flüssiggastank muss alle zwei Jahre durch einen Sachkundigen – das kann ein Mitarbeiter des Tanklieferanten sein – einer äußeren Prüfung unterzogen werden. Alle zehn Jahre ist eine innere Prüfung des Tanks fällig. Für einen unterirdischen Flüssiggastank gilt: Hier muss alle fünf Jahre eine innere Prüfung stattfinden und alle zehn Jahre zusätzlich eine Wasserdruckprüfung.

Beim Eigentümer-Tank sind die gesetzlichen Prüfkosten über § 2 Nr. 4a oder 4b BetrKV umlegbar. Handelt es sich hingegen um einen gemieteten Flüssiggastank, ist in der Miete auch die sicherheitstechnische Überprüfung enthalten, für die im Übrigen der Tankeigentümer verantwortlich ist. Diese Prüfkosten können nicht über die Betriebskosten auf den Mieter umgelegt werden.

Weitere Stichwörter:
Tankreinigung, Vollwartungsvertrag, Zentralheizung

Formell ordnungsgemäße Abrechnung

Ein Zitat aus einem Urteil sagt, was darunter zu verstehen ist:

§

OLG Koblenz vom 17.01.2005, Az. 12 U 1424/03

Es obliegt dem Vermieter, die Nebenkostenabrechnung nachvollziehbar darzustellen. Jedoch muss die Abrechnung formal nur eine Zusammenstellung der Gesamtkosten, die Angabe und Erläuterung des zugrunde liegenden Verteilungsschlüssels, die Berechnung des Anteils des Mieters und den Abzug seiner Vorauszahlungen enthalten. Materielle Fehler berühren die Ordnungsmäßigkeit der Abrechnung als Fälligkeitsvoraussetzung nicht. Verbrauchsmengen können geschätzt werden.

Die Verjährung der Nebenkostenforderung knüpft an die Fälligkeit an. Weil die Nebenkostenforderung erst mit Vorlage einer prüffähigen Abrechnung fällig wird, kommt es auf den Zeitpunkt der Vorlage einer formal ordnungsgemäßen Abrechnung an. Grundsätzlich können Nebenkostenansprüche auch nicht als verwirkt angesehen werden, weil der Vermieter nicht zeitnah abgerechnet hat.

Das OLG Koblenz hat sich in dieser Entscheidung mit den Voraussetzungen für eine ordnungsgemäße Abrechnung befasst. Bei Vorlage einer nur formal ordnungsgemäßen Abrechnung wird die Fälligkeit der Abrechnung ausgelöst, hieran knüpft dann auch die Verjährung an. Materielle Fehler bei den Einzelansätzen berühren die formale Ordnungsgemäßheit der Abrechnung nicht.

Weitere Stichwörter:
Abrechnungspflicht, Betriebskostenabrechnung, Plausibilitätskontrolle, Vorauszahlungen

Garagenbetriebskosten

Garagen sind juristisch gesehen keine Wohnräume. Ein singulärer Mietvertrag über eine Garage kann nach § 580a Abs. 1 BGB zum Schluss eines Kalendervierteljahres ohne Angabe von Gründen gekündigt werden, wenn die Miete nach Monaten oder nach längeren Zeitabständen berechnet wird. Üblicherweise werden jedoch Garagen zusammen mit den Wohnräumen in einem Vertrag vermietet, so dass eine separate Kündigung der Garage als Teilkündigung nicht zulässig wäre.

Mietvertraglich sollte der Vermieter darauf achten, dass anfallende Betriebskosten für den Betrieb der Garage ebenfalls auf den Mieter umgelegt werden können.

Bei vermieteten Eigentumswohnungen, die zusammen mit einem Tiefgaragenstellplatz oder einer Tiefgaragenbox vermietet werden, wird der Hausverwalter für beide Gebäudekomplexe zwei unterschiedliche Abrechnungen erstellen, insbesondere, wenn die Gruppe der Wohnungseigentümer und die Gruppe der Garageneigentümer nicht identisch sind.

Liegt kein einheitliches Mietverhältnis über Wohnung und Garage vor, kann der Vermieter die Garage separat kündigen (keine unzulässige Teilkündigung) und dem Mieter gleichzeitig einen neuen Garagenmietvertrag anbieten, mit einer Garagenkaltmiete und jetzt mit einer Betriebskostenpauschale oder Betriebskostenvorauszahlung. Ob ein einheitlicher Vertrag vorliegt, ist durch Auslegung des Vertragswerks zu ermitteln (OLG Düsseldorf vom 07.12.2006, Az. I-10 U 115/06, www.justiz.nrw.de).

Welche Kosten fallen bei einer Tiefgarage an?

Für den Betrieb einer Tiefgarage entstehen in aller Regel Beleuchtungskosten, Reinigungskosten, Versicherungskosten und Grundsteuer. Ebenfalls entstehen Stromkosten für ein Rolltor und vor allem Kosten für die Bereithaltung einer Lüftungsanlage bei bestimmten Mittel- und Großgaragen.

Bei großen Tiefgaragen ist es daher empfehlenswert, separat die Betriebskosten mit dem Mieter zu vereinbaren.

Weitere Stichwörter:
Beleuchtung, Formell ordnungsgemäße Abrechnung, Grundsteuer

Gartengeräte

Die Anschaffungskosten für Gartengeräte, wie Rasenmäher, Heckenschere, Leitern sind nicht auf den Mieter unter der Position Gartenpflege umlegbar. Allerdings die Verbrauchskosten: Rasenmäherbenzin und Wartung der Geräte.

Weitere Stichwörter:
Eigenleistung als Betriebskosten, Rasenpflege

Gartenpflegekosten

Hierbei handelt es sich um Aufwendungen für die Pflege gärtnerisch angelegter Flächen. Die Gartenpflegekosten sind normalerweise Betriebskosten, es sei denn, die Kosten beruhen ausnahmsweise auf jahrelanger Vernachlässigung der Gartenpflege. Dann sind es Herstellungskosten und werden so behandelt, als sei es eine erstmalige Gartengestaltung. Gartenpflegekosten können auf den Mieter von Wohnraum umgelegt werden bei entsprechender Vereinbarung und soweit, wie bei den anderen Betriebskosten auch, sie tatsächlich angefallen und nachgewiesen sind.

Nicht umlagefähig sind Gartenpflegekosten für Gartenflächen, an denen ein ausschließliches Nutzungsrecht eines einzelnen Mieters besteht oder des Vermieters. Gartenpflegekosten können nur auf die Mieter umgelegt werden, wenn sie von bestimmten Gartenflächen nicht ausgeschlossen sind. Das beinhaltet auch Be- und Entwässerungskosten dieser separat vermieteten Gartenflächen.

Darf der Garten nicht nur vom Vermieter oder einzelnen Mietern benutzt werden, sondern von allen Mietern im Haus, so jedenfalls der BGH:

§ **BGH vom 26.04.2004, Az. VIII ZR 135/03**

(...) Es kann dahinstehen, ob die Beklagten die Gartenflächen nutzen können, zu deren Pflege sie anteilig herangezogen werden. Auch wenn dies nicht der Fall ist, sind sie aufgrund der zwischen den Parteien bestehenden vertraglichen Vereinbarung zur Übernahme der anteiligen Gartenpflegekosten verpflichtet. Kosten der Gartenpflege sind umlagefähige Betriebskosten (...) Eine gepflegte (gemeinschaftlich) Gartenfläche verschönert ein Wohnanwesen insgesamt und ist daher grundsätzlich geeignet, die Wohn- und Lebensqualität zu verbessern. (...) Diese gesteigerte Wohnqualität wird auch Mietern zuteil, die den Garten nicht nutzen oder nutzen können. Eine gepflegte Gartenfläche kommt ihnen zugute, während ein vernachlässigter Garten den Gesamteindruck eines Wohnanwesens beeinträchtigt und damit auch den Wohnwert für die im Wohnanwesen lebenden Mieter herabsetzt. (...) Anders hingegen verhält es sich bei Gartenflächen, die dem Vermieter oder anderen Mietern zur alleinigen Nutzung überlassen sind. An den Kosten für die Pflege solcher Gartenanteile dürfen nach zutreffender Ansicht die „ausgeschlossenen" Mieter nicht beteiligt werden. (...)

Im Zusammenhang mit der Umlegung von Gartenpflegekosten stellt sich die Frage, ob bestimmte Gartenpflegekosten zu den Betriebskosten zählen, wenn die gepflegte Gartenfläche, die eine größere Wohnanlage umgibt, insgesamt der Öffentlichkeit zur Verfügung steht bzw. gewidmet ist. Der Park steht im Eigentum der Vermieter und ist nicht eingezäunt, mit der Folge, dass Jedermann die Fläche betreten und auch verunreinigen kann. Der BGH hat entschieden, dass Garten- oder Parkflächen, die durch bauplanerische Bestimmungen oder durch den Vermieter selbst für die Nutzung der Öffentlichkeit gewidmet sind, ein erforderlicher Bezug zur Mietsache fehlt und daher die dadurch verursachten Kosten nicht auf den Mieter umgelegt werden können (BGH vom 10.02.2016, Az. VIII ZR 33/15).

Weitere Stichwörter:
Baumfällkosten, Eigenleistung als Betriebskosten, Gebot der Wirtschaftlichkeit, Instandhaltung, Instandsetzung

Gasetagenheizung

→ Zentralheizung → Etagenheizung

Gasleitung

→ Dichtigkeitsprüfung für Gasleitungen

Gastankmiete

→ Flüssiggastank

Gebäudehaftpflichtversicherung

Die Umlage von Versicherungsprämien als Betriebskosten ist in § 2 Nr. 13 BetrKV geregelt. Dazu gehört auch die Prämie für eine Gebäudehaftpflichtversicherung. Diese Versicherung deckt folgende Risiken ab:

Verstöße gegen die Verkehrssicherungspflicht, denn das Haus oder Grundstück muss so abgesichert sein, dass keine Personen zu Schaden kommen. Schäden entstehen durch Nichtausführen der Reinigungs- und Streupflicht oder durch unterlassenes Schneeräumen oder Laubentfernen. Bei Vermietung wird im Mietvertrag in aller Regel vereinbart, dass der Mieter für diese Verkehrssicherungspflichten verantwortlich ist.

Dennoch haftet im Schadensfall immer zuerst der Grundstückseigentümer. Herabfallende Äste stellen gleichfalls eine Gefahr für Passanten dar. Ungenügende Beleuchtung, herabstürzendes Mauerwerk und beschädigte Wege sind häufig Ursachen für Personenschäden.

Ist das Eigentum selbst bewohnt, leistet im Schadensfall die private Haftpflichtversicherung des Eigentümers. Bei vermieteten Wohnungen oder Häusern leistet die private Haftpflichtversicherung nicht, es ist also eine Gebäudehaftpflichtversicherung notwendig, deren Prämie als Betriebskosten auf den Mieter umgelegt werden können, wie sich aus § 2 Nr. 13 BetrKV ergibt.

Weitere Stichwörter:
Elementarschadenversicherung, Feuerversicherung, Gebäudereinigung, Kehrwoche, Versicherungen

Gebäudereinigung

Die Kosten für Hausreinigung sind umlagefähig (§ 2 Nr. 9 BetrKV). Dazu gehören die Personalkosten, die Reinigungsmittel und die Wartung der Reinigungsgeräte, sofern sie nicht erstmalig beschafft werden oder eine Ersatzbeschaffung vorliegt.

Bei der Vergabe der Arbeiten an eine Reinigungsfirma ist auf den Grundsatz der Wirtschaftlichkeit zu achten. „Luxus-Reinigungen" sind keine umlagefähigen Betriebskosten. Die Kosten für die Reinigung von Graffiti-Schäden an Fassaden sind keine Reinigungskosten im Sinne von § 2 Nr. 9 BetrKV. Es handelt sich um Reparaturkosten, die vom Vermieter selbst zu tragen sind.

Weitere Stichwörter:
Hauswart, Instandhaltung, Instandsetzung, Kehrwoche, Reinigung, Videoüberwachung

Gebot der Wirtschaftlichkeit

Bei der Verursachung von Betriebskosten sollte der Vermieter wirtschaftliche und vernünftige Maßstäbe anlegen. Der Grundsatz der Wirtschaftlichkeit ist in § 556 BGB ausdrücklich vom Gesetzgeber festgeschrieben worden und vom Vermieter zu beachten; in § 556 Abs. 3 Satz 1 BGB heißt es: „... dabei ist der Grundsatz der Wirtschaftlichkeit zu beachten." Hält er sich nicht daran, muss der Vermieter wirtschaftliche Nachteile fürchten.

Unwirtschaftlich sind Betriebskosten, die ihrer Art nach nicht gerechtfertigt sind, weil sie wirtschaftlich unsinnig sind, wie etwa ein Versicherungsvertrag gegen Erdbebenschäden in Regionen, in denen es ganz unwahrscheinlich ist, dass die Erde bebt.

Unwirtschaftlich sind Betriebskosten immer dann und verstoßen daher gegen das Gebot, wenn es für deren Umfang (Höhe) keine schlüssige Rechtfertigung gibt. Dieser Verstoß ist z. B. gegeben, wenn ein Hausmeister ein weit über dem Durchschnitt liegendes Gehalt bekommt oder der Hausmeister für 40 Stunden pro Woche eingestellt wird, wenn etwa eine Halbtagesstelle vernünftig und ausreichend wäre.

Grundsätzlich muss der Vermieter die von einem Dritten zu erbringenden Leistungen preisgünstig einkaufen und er sollte daher Preisvergleiche anstellen, die er ggf. vor Gericht belegen können sollte.

Das günstigste Preisangebot muss nicht immer das Beste sein. Hier hat der Vermieter ein gewisses Auswahlermessen und darf denjenigen Anbieter wählen, der ein wirtschaftlich sinnvolles Preis-Leistungs-Verhältnis anbietet. Kriterien wie Qualität der Leistung, örtliche Erreichbarkeit oder bekannte Zuverlässigkeit können als Maßstab für die Auswahl herangezogen werden.

Die Grenze der Wirtschaftlichkeit ist überschritten, wenn der Preis um 20 Prozent höher liegt als die üblichen Kosten; ebenso können erhebliche Kostensteigerungen gegenüber dem vergangenen Abrechnungsjahr dem Gebot der Wirtschaftlichkeit widersprechen: Man nehme die alte Abrechnung und vergleiche sie mit den aktuellen Zahlen. Gibt der Vermieter für die (kräftig) gestiegenen Kosten keine einleuchtende Erklärung an, besteht also eine Plausibilitätslücke, muss er grundsätzlich die Mehrkosten selbst tragen, wie das LG Hamburg meint:

LG Hamburg vom 27.06.2000, Az. 316 S 15/00

Der Vermieter von Wohnraum muss die Wirtschaftlichkeit des Betriebskostenansatzes darlegen, wenn streitig ist, ob die angefallenen Kosten erforderlich waren (hier: dreimal wöchentliche Hausreinigung eines repräsentativen Gebäudes).

Und das KG Berlin hat entschieden, dass von einer erheblichen Kostensteigerung auszugehen ist, wenn die Erhöhung mehr als 10 Prozent ausmacht:

KG Berlin vom 12.01.2006, Az. 12 U 216/04

Sind einzelne Positionen der Betriebskosten (hier: Bewachungskosten und Hauswartkosten) gegenüber dem Vorjahr jeweils über 10 Prozent gestiegen, obliegt es dem Vermieter dafür nachvollziehbare Gründe anzugeben. Legt der Vermieter die Gründe der Preissteigerung und deren Unvermeidbarkeit nicht im Einzelnen dar, kann er – wegen Verstoßes gegen den Grundsatz der Wirtschaftlichkeit – diese Nebenkosten nur in Höhe der im Vorjahr angefallenen Beträge auf die Mieter umlegen.

Die Mehrkosten trägt der Vermieter.

Es widerspricht des Weiteren dem Gebot der Wirtschaftlichkeit, wenn der Vermieter wegen unterlassener Wartung oder unterlassener Instandsetzungen höhere Betriebskosten dadurch verursacht, dass die betroffenen Geräte nicht einwandfrei laufen, z. B. die Heizanlage nicht „gut eingestellt" ist und einen höheren Verbrauch hat, als sie eigentlich haben müsste.

Anhaltspunkte, in welcher Höhe die Kosten als angemessen angesehen werden können, finden sich meist in einem Betriebskosten- oder Heizkostenspiegel.

Weitere Stichwörter:
Betriebskostenspiegel, Heizkostenspiegel, Wirtschaftlichkeitsprinzip

Gegensprechanlage

Die Überprüfung der Gegensprechanlage verursacht keine umlagefähigen Wartungskosten. Ist die Anlage defekt, sind die Reparaturkosten als Instandsetzungsmaßnahmen zu qualifizieren und vom Wohnungsvermieter zu tragen, weil es keine Betriebskosten sind.

Weitere Stichwörter:
Klingelanlage, Nicht umlagefähige Betriebskosten

Gemeinschaftsantenne

Nach § 2 Nr. 15a BetrKV sind die Kosten des Betriebs einer Gemeinschaftsantennenanlage auf den Mieter umlegbar. Zu diesen Kosten gehört der Betriebsstrom und die darin enthaltenen Kosten der regelmäßigen Prüfungen zur Sicherstellung der Betriebsbereitschaft.

Betriebsstrom wird benötigt, wenn Signalverstärker eingebaut werden müssen, um die Funktionalität zu gewährleisten. Sinnvollerweise baut man in diesen Fällen Zwischenzähler ein, um den Stromverbrauch der Gemeinschaftsantenne zu erfassen.

Der Vermieter kann einen Wartungsvertrag abschließen und darf dann die daraus entstehenden Kosten auf die Mieter umlegen, wenn dieser Wartungsvertrag die „Kosten der regelmäßigen Prüfung der Betriebsbereitschaft" umfasst.

Allerdings ist das Gebot der Wirtschaftlichkeit zu beachten. Wobei bei den Kosten wiederum Abzüge zu machen sind, wenn im Wartungsvertrag auch die Kosten für Reparaturen oder Instandsetzungs- und Instandhaltungsmaßnahmen mit enthalten sind (Vollwartungsverträge).

Die Kosten für die Erstausstattung des Anwesens mit einer Gemeinschaftsantenne sind Baukosten und daher nicht auf den Mieter umlegbar.

Weitere Stichwörter:
Fernsehempfang, Kabelanschluss, Kabelgebühren, Vollwartungsvertrag

Geschäftsjahr

Ein Begriff, der aus dem Handelsrecht kommt und in § 240 Abs. 2 HGB erwähnt ist: „... Die Dauer des Geschäftsjahres darf zwölf Monate nicht überschreiten. ..." Im Betriebskostenrecht wird ein Zeitraum von zwölf Monaten als Abrechnungszeitraum bezeichnet. Die zwölf Monate müssen nicht mit dem Kalenderjahr übereinstimmen. Denkbar ist auch der Zeitraum vom 01.07. eines Jahres zum 30.06. des folgenden Jahres.

Die Erstellung einer Betriebskostenabrechnung ist problematisch, wenn etwa die Heiz- und Warmwasserkosten für das Kalenderjahr abgerechnet werden und die restlichen Betriebskosten in einem anderen Zeitraum (Geschäftsjahr).

Sind im Mietvertrag Abrechnungszeiträume für die Betriebskostenabrechnung abweichend von den Abrechnungszeiträumen der Eigentümergemeinschaft (wenn es sich um eine Eigentumswohnung handelt) mit unterschiedlichen Laufzeiten bzw. unterschiedlichem Beginn des Abrechnungsjahres vereinbart, wird es für den betriebskostenabrechnenden Vermieter außerordentlich schwer, die Zahlen der Wohnungseigentümergemeinschaft zu übernehmen. Er muss sie zeitlich entsprechend anpassen.

Das ist insbesondere auch bei den Heizkosten schwierig. Werden die Heizkosten innerhalb der Wohnungseigentümergemeinschaft kalenderjährlich abgerechnet (die Ablesung wird dann meistens im Januar eines Jahres stattfinden) und werden gemäß Mietvertrag die Heizkosten z. B. vom 01.07. eines Jahres bis zum 30.06. des folgenden Jahres abgerechnet, müsste die Ablesung um den Juli herum erfolgen. Dem vermietenden Eigentümer liegen aber nur die Ablesezahlen vom Januar vor. Hier muss man sich mit den Gradtagszahlen behelfen.

Weitere Stichwörter:
Abrechnungszeitraum, Kalenderjahr, Zwischenabrechnung

Gesplittete Abwassergebühr

Aufgrund eines Urteils des Verwaltungsgerichtshofs Baden-Württemberg vom 11.03.2010 (Az. 2 S 2938/08) sind die Gemeinden verpflichtet, die Berechnung der Abwassergebühren nach einem möglichst gerechten Maßstab vorzunehmen. Bisher verwendete Maßstäbe, die auf dem Bezug von Frischwasser basierten, verstoßen gegen den Gleichheitsgrundsatz und gegen das Äquivalenzprinzip, so jedenfalls das Urteil.

Die Abrechnung erfolgt nun aufgeteilt in einen Schmutzwassergebührenanteil und einen Niederschlagswassergebührenanteil. Man spricht von einer gesplitteten Abwassergebühr.

Der Unterschied zur bisher erhobenen Abwassergebühr besteht darin, dass nur der Schmutzwassergebührenanteil weiterhin auf der Basis des Frischwasserverbrauchs berechnet wird, der Anteil der Niederschlagswassergebühr jedoch anhand der überbauten und darüber hinaus befestigten (= versiegelten) Flächen. Mit dieser Regelung werden die Gesamtkosten der Abwasserbeseitigung gemäß der tatsächlichen Inanspruchnahme der örtlichen Einrichtungen zur Abwasserbeseitigung aufgeteilt.

Berücksichtigt wird, falls das Niederschlagswasser nur von einem Teil der Fläche in den Kanal eingeleitet und stattdessen anderweitig genutzt oder abgeleitet wird, z. B. in eine Zisterne, eine Versickerungsanlage oder in ein Gewässer. Das muss gegenüber der Behörde vom Nutzer angegeben und eventuell durch entsprechende Beweismittel wie Fotografien oder Luftbilder nachgewiesen werden.

Bei der Feststellung der versiegelten Flächen wird zwischen vier Graden unterschieden, nämlich „vollversiegelt", „stark versiegelt", „wenig versiegelt" und „unversiegelt" und bei den Dächern zwischen „Standarddach", „Gründach" und „Baustelle".

Unter vollversiegelten Flächen versteht man ein Ziegeldach, ein Blechdach oder Glasdach, asphaltierte oder betonierte Flächen sowie fugenlose Plattenbeläge, Platten und Pflaster mit wasserundurchlässiger Verfugung. Diese werden mit einem Abflussfaktor von 1,0 bewertet. Für stark versiegelte Flächen gilt ein Abflussfaktor von 0,6. Hier sind Pflaster, Platten und Verbundsteine ohne feste Verfugung gemeint, Porenpflaster und Gründach. Für Flächen, die wenig versiegelt sind, wird der Faktor 0,3 angewandt. Dieser Faktor gilt für Kiesflächen, Schotter, Rasengittersteine und Schotterrasen.

Die gesplittete Abwassergebühr gehört zu den umlagefähigen Betriebskosten nach § 2 Nr. 3 BetrKV.

Weitere Stichwörter:
Abwasser, Niederschlagswasser, Wasseraufbereitung

Gradtagszahlen

Bei einem Mieterwechsel während einer Abrechnungsperiode müssen die Parteien für die noch zu erstellende Heizkostenabrechnung eine Zwischenablesung nach § 9b HeizKV vornehmen.

§ 9b Abs. 1 HeizKV

Bei Nutzerwechsel innerhalb eines Abrechnungszeitraumes hat der Gebäudeeigentümer eine Ablesung der Ausstattung zur Verbrauchserfassung der vom Wechsel betroffenen Räume (Zwischenablesung) vorzunehmen.

Diese Zwischenablesung verursacht Kosten, die grundsätzlich der Mieter tragen muss, wenn dies vereinbart ist, oder er die Zwischenablesung durch eigene Kündigung verursacht hat. Die Kosten hat andererseits der Vermieter zu tragen, wenn er seinerseits das Mietverhältnis beendet hat.

Unterbleibt die erforderliche Zwischenablesung – aus welchen Gründen auch immer – können die Heizkosten nach der sog. Gradtagszahlenmethode oder zeitanteilig (§ 9b Abs. 3 HeizKV) abgerechnet werden. Diese Gradtagszahlen basieren auf statistischen Erhebungen und geben den langjährigen Durchschnittsverbrauch von Wärme pro Monat pro qm wieder, wobei deutlich wird, dass die in den Wintermonaten verbrauchte Heizenergie weit größer ist, als in den Sommermonaten. Eine zeitanteilige Abrechnung verbietet sich daher grundsätzlich.

Die nachfolgende Tabelle findet immer dann Anwendung, wenn keine Messwerte vorliegen oder eine Zwischenablesung erforderlich gewesen wäre. Dabei kommen allerdings nicht die absoluten Werte zur Anwendung, sondern Tausendstel (Promille) bezogen auf ein Jahr.

Monat	‰ pro Tag	‰ pro Monat
Januar	5,484	170
Februar	5,357	150
März	4,194	130
April	2,667	80
Mai	1,290	40
Juni	0,444	40/3
Juli	0,430	40/3
August	0,430	40/3
September	1,000	30
Oktober	2,581	80
November	4,000	120
Dezember	5,161	160

Ist eine Zwischenablesung durchgeführt worden, kann der verbrauchsabhängige Anteil der Heizkosten zwischen ausziehendem Mieter und einziehendem Mieter sauber abgegrenzt werden. Die Heizkostenverordnung lässt es in § 9b zu, dass der Festanteil, der nach Wohnfläche verteilt wird, auch zeitanteilig verteilt werden darf. Das kann dazu führen, dass von den wechselnden Mietern einer benachteiligt wird. Wen beispielsweise die Monate April bis September betreffen, wird mit bis zu 50 Prozent nicht verbrauchsabhängiger Kosten belastet werden, obwohl in dieser Zeit deutlich weniger verbraucht wird.

Gesetzlich wäre eine zeitanteilige Abrechnung erlaubt, es empfiehlt sich aber auch hier, die Gradtagszahlentabelle anzuwenden.

Weitere Stichwörter:
Heizperiode, Teilabrechnung, Zwischenablesung, Zwischenablesekosten

Grundbesitzabgaben

Dieser allgemeine Begriff beinhaltet nach allgemeinem Verständnis mehrere verschiedene Betriebskostenarten. Dazu gehören die Grundsteuer, die Abfallgebühren, das Niederschlagswasser und die Straßenreinigung. Im Betriebskostenrecht taucht deshalb dieser etwas schwammige Begriff nicht auf. Da nicht klar ist, welche konkreten Positionen mit „Grundbesitzabgaben" gemeint sind, wird eine Vereinbarung im Mietvertrag, die diesen Begriff verwendet, wegen Unbestimmtheit als unwirksam angesehen.

Die Kosten für Grundsteuer, Straßenreinigung, Niederschlagswasser und Abfallbeseitigung sind unterschiedliche gesetzliche Betriebskostenpositionen und deshalb getrennt in der Abrechnung auszuweisen, zumal diese Posten häufig nach unterschiedlichen Umlageschlüsseln abgerechnet werden. Nur die Angabe der einzelnen – vertraglich vereinbarten – Betriebskostenpositionen und deren Kosten macht es möglich, die jeweilige Umlagefähigkeit zu überprüfen und zu entscheiden, ob und in welchem Umfang eine Belegprüfung sinnvoll ist und ob die Abrechnung plausibel ist.

Weitere Stichwörter:
Grundsteuer, Niederschlagswasser, Straßenreinigung

Grundsatz der Wirtschaftlichkeit

Häufig erscheint den Mietern die Betriebskostenabrechnung des Vermieters zu hoch. Es wird dann der Einwand der Verletzung des Wirtschaftlichkeitsgrundsatzes vorgebracht. Dieser Einwand wird aber erst dann geprüft, wenn feststeht, dass überhaupt eine ordnungsgemäße Abrechnung vorliegt. Wenn also eine ordnungsgemäße Abrechnung vorliegt, reicht es jedoch seitens des Mieters im Fall eines Prozesses nicht aus, wenn er nur pauschal behauptet, der Wirtschaftlichkeitsgrundsatz sei nicht eingehalten. Er kann z.B. vorbringen, dass im Vergleich zu den Vorjahresabrechnungen eine Position sich um mehr als 10 Prozent erhöht hat. Dafür können gestiegene Preise die Ursache sein oder aber auch technische Veränderungen im Mietobjekt. Der Vermieter muss dann die erhöhten Kosten erläutern.

Der Mieter kann auch Kostenangebote für einzelne Leistungen einholen und mit den abgerechneten Leistungen vergleichen. Hieraus könnte man dann eventuell Preisüberhöhungen ableiten. Außerdem gibt es häufig Abweichungen von Durchschnittswerten. Diese lassen sich aus Mietkostenspiegeln, Heizkostenspiegeln oder Zusammenstellungen durchschnittlicher Kosten durchaus ableiten und ermitteln. Das sind aber nur schwache Indizien.

Nach den gesetzlichen Vorgaben ist es Pflicht des Vermieters, das Wirtschaftlichkeitsgebot bei den Betriebskosten zu beachten. Gelingt dem Vermieter der Gegenbeweis nicht, hat er die rechtlichen Konsequenzen zu tragen. Das ist nach Maßgabe von § 280 Abs. 1 BGB ein Schadensersatzanspruch aus dem Gesichtspunkt der positiven Vertragsverletzung des Mietvertrags. Bei der Berechnung des Schadens geht man so vor, dass die überhöhten Kosten auf die verkehrsüblichen Kosten reduziert werden.

Weitere Stichwörter:
Betriebskosten, Betriebskostenabrechnung, Gebot der Wirtschaftlichkeit

Grundsteuer

Die Grundsteuer ist eine Steuer auf das Eigentum an Grundstücken. Sie wird von den Gemeinden erhoben und gehört zu den Gemeindesteuern. Geregelt ist die Grundsteuer in Art. 106 Abs. 4 GG und im Grundsteuergesetz (GrStG).

§ 1 Abs. 1 GrStG

Die Gemeinde bestimmt, ob von dem in ihrem Gebiet liegenden Grundbesitz Grundsteuer zu erheben ist.

Bei der Grundsteuer handelt es sich um auf den Mieter umlegbare Betriebskosten gemäß § 2 Nr. 1 BetrKV. Die Grundsteuer gehört zu den laufenden öffentlichen Lasten des Grundstücks, die in voller Höhe verlangt werden dürfen – jedoch nur, wenn dies im Mietvertrag vereinbart wurde. Steht im Mietvertrag nur der Begriff „Hausgebühren" oder das Begriffspaar „städtische Gebühren", sind die Grundsteuern vom Mieter nicht zu erstatten, denn die mietvertragliche Vereinbarung ist nicht zweifelsfrei, was immer zulasten des Vermieters geht, da „städtische Gebühren" auch ganz andere Posten beinhalten könnten. Beim Müll wird künftig auch von Gebühren gesprochen.

Weitere Stichwörter:
Laufende öffentliche Lasten, Erhöhung der Betriebskosten

Grundsteuererhöhung

Die von den Kommunen erhobene Grundsteuer ist eine Betriebskostenposition (§ 2 Nr. 1 BetrKV) und kann dem Mieter weiterbelastet werden. Die Grundsteuer für gewerblich genutzte Flächen in einer gemischt genutzten Immobile, etwa ein Wohn- und Geschäftshaus, kann höher sein als bei reiner Wohnraumnutzung. Diese Besonderheit darf betriebskostenrechtlich nicht zu einer Mehrbelastung der Wohnungsmieter führen. Deshalb ist der Steueranteil, der auf die Gewerbeeinheiten entfällt, von der Grundsteuer für die Wohneinheiten zu trennen.

Um die kommunalen Einnahmen zu erhöhen, machen viele Gemeinden von ihrem Recht, eine Grundsteuererhöhung durchzuführen, Gebrauch. Erfolgt die Erhöhung für zukünftige Zeiträume, ist dies für eine Betriebskostenabrechnung unproblematisch, die Erhöhung erhöht nur die Gesamtbetriebskosten in der nächsten Abrechnung und der Mieter gleicht den erhöhten Betrag durch eine Nachzahlung oder ein geringeres Guthaben aus.

Problematisch für den Vermieter wird es, wenn die Anhebung der Grundsteuer rückwirkend erfolgt. Rechnet der Vermieter nach dem Abflussprinzip ab, ist er berechtigt, die rückwirkend erhöhte Grundsteuer auf den Mieter umzulegen, da der Tag der Zahlung (Grundsteuer und Erhöhungsbetrag) maßgeblich ist.

Weitere Stichwörter:
Abflussprinzip, Betriebskostenerhöhung, Betriebskostenvorauszahlung, Nachzahlungssaldo

Guthaben

Im Zusammenhang mit der Betriebskostenabrechnung muss der Vermieter die Gesamtnebenkosten ermitteln und belegen können und die vom Mieter geleisteten Vorauszahlungen abziehen. Sind die Vorauszahlungen höher als die tatsächlich zu leistenden Gesamtnebenkosten, hat der Mieter ein Habensaldo, auch Guthaben genannt, das an ihn auszubezahlen ist.

Weitere Stichwörter:
Nachzahlungssaldo, Vorauszahlungen, Wirtschaftlichkeitsprinzip

Haushaltsnahe Dienstleistung

In § 35a EStG finden wir eine steuergesetzliche Regelung zur Reduzierung der persönlichen Einkommensteuerlast:

§ 35a Abs. 3 Satz 1 EStG

Für die Inanspruchnahme von Handwerkerleistungen für Renovierungs-, Erhaltungs- und Modernisierungsmaßnahmen ermäßigt sich die tarifliche Einkommensteuer, vermindert um die sonstigen Steuerermäßigungen, auf Antrag um 20 Prozent der Aufwendungen des Steuerpflichtigen, höchstens jedoch um 1.200 Euro.

Die Norm gilt sowohl für den Vermieter als auch für den Mieter. Steuerermäßigungen können auf der Grundlage der genannten Vorschrift bei Ausgaben für „haushaltsnahe" Beschäftigungsverhältnisse, Dienstleistungen und Handwerkerleistungen geltend gemacht werden.

Anwendungsschreiben zu § 35a EStG, Rn. 28

(...) Auch der Mieter einer Wohnung kann die Steuerermäßigung nach § 35a EStG beanspruchen, wenn die von ihm zu zahlenden Nebenkosten Beträge umfassen, die für ein haushaltsnahes Beschäftigungsverhältnis, für haushaltsnahe Dienstleistungen oder für handwerkliche Tätigkeiten geschuldet werden und sein Anteil an den vom Vermieter unbar gezahlten Aufwendungen entweder aus der Jahresabrechnung hervorgeht oder durch eine Bescheinigung ... des Vermieters oder seines Verwalters nachgewiesen wird. (...)

(Bundesministerium der Finanzen, Berlin, Geschäftszeichen: IV C 4-S2296-b/07/0003:004)

Was versteht man darunter?

Zu den Tätigkeiten in einem „haushaltsnahen Beschäftigungsverhältnis" zählen beispielsweise Arbeiten, die einen Bezug zur Hauswirtschaft haben, etwa das Zubereiten von Mahlzeiten, die Reinigung der Wohnung und auch, dies ist betriebskostenrechtlich wichtig, die Gartenpflege. Nicht zu vergessen sind Dienstleistungen, gleichgültig, ob auf öffentlichem oder auf privatem Gelände, wie Straßen- und Gehwegreinigung oder Winterdienst. Handwerkerleistungen können im Bereich der Wartung der Heizungsanlage und der Wartung von Elektro-, Gas- und Wasserinstallationen ebenfalls als haushaltsnahe

Dienstleistungen angesehen werden; oder auch die Ungezieferbekämpfung, die Schornsteinfegerkosten, die Aufzugswartung, der Wärmemessdienst und der Hausmeister.

Voraussetzung ist, um die Steuerermäßigung zu erlangen, dass die Arbeiten durch einen Handwerksbetrieb ausgeführt worden sind und der Mieter oder der Vermieter eine Rechnung erhalten hat und diese durch Überweisung (also unbar) bezahlt hat. Barzahlungsbelege akzeptiert das Finanzamt nicht. Auch wenn nicht der Mieter selbst, sondern sein Vermieter oder die Verwaltung der Wohnungseigentümergemeinschaft Handwerkerleistungen in Auftrag gegeben hat, die zulässigerweise im Rahmen der Nebenkostenabrechnung auf die Mieter verteilt werden, kann der Mieter diese Kostenanteile steuerlich geltend machen.

Diese steuerrechtliche Konstruktion ist der Grund dafür, dass der Vermieter gehalten ist, haushaltsnahe Dienstleistungen in der Nebenkostenabrechnung mit den entsprechenden Positionen auszuweisen, oder dem Mieter eine Bescheinigung darüber auszustellen, die er mit seiner persönlichen Steuererklärung vorlegen kann.

Weitere Stichwörter:
Gartenpflegekosten, Hauswart, Wärmedienstkosten, Winterdienst

Hauskläranlage

Die Kosten der Entwässerung, hierzu gehören die Gebühren für die Haus- und Grundstücksentwässerung, die Kosten des Betriebs einer entsprechenden nicht öffentlichen Anlage und die Kosten des Betriebs einer Entwässerungspumpe, sind prinzipiell umlagefähig.

§ 2 Nr. 3 BetrKV

die Kosten der Entwässerung, hierzu gehören die Gebühren für die Haus- und Grundstücksentwässerung, die Kosten des Betriebs einer entsprechenden nicht öffentlichen Anlage und die Kosten des Betriebs einer Entwässerungspumpe;

Nicht umlagefähig sind die Kosten, die während der Nutzungsdauer zur Erhaltung des bestimmungsgemäßen Gebrauchs aufgewendet werden müssen, die durch Abnutzung, Alterung und Witterungseinwirkung entstehen und der Beseitigung von baulichen oder sonstigen Mängeln dienen (§ 1 Abs. 1 Nr. 2 BetrKV).

Bei einer hauseigenen Abwasseranlage sind als Betriebskosten ansatzfähig die Entleerungskosten, die Abfuhr des Abwassers und des Klärschlamms, zusätzliche Reinigungskosten und die Kosten der Wartung (Langenberg in Schmidt-Futterer/Blank, Kommentar zu § 556 Rn. 127).

Bei einer biologischen Kläranlage handelt es sich nicht bloß um eine Fäkaliensammelstelle, wie dies die frühere Abortgrube darstellte, welche lediglich leer gepumpt werden musste und keiner sonstigen Wartung unterlag. Vielmehr ist ein Wartungsaufwand gegeben, um die Versickerungsmöglichkeit aufrechtzuerhalten. Der Mieter muss sich durch Umlage, sofern dies in seinem Mietvertrag so vereinbart ist, daran beteiligen.

Weitere Stichwörter:
Abwasser, Kläranlage, Niederschlagswasser

Hausmeister

→ Hauswart

Hausreinigung

Die Pflicht des Mieters zur Hausreinigung (Kehrwoche) ist üblicherweise in der Hausordnung organisiert, die Bestandteil des Mietvertrags ist. Ohne ausdrückliche vertragliche Vereinbarung im Mietvertrag oder in der einbezogenen Hausordnung ist der Mieter nicht verpflichtet, die gemeinschaftlichen Flächen (Hausflur, Diele, Eingang, Kellerzuwege, Straße, Gehweg) in einem bestimmten Turnus zu reinigen. Die Reinigungs- und damit auch die Verkehrssicherungspflicht (Schneeräumen) obliegen damit ausschließlich dem Vermieter.

Besteht eine Reinigungspflicht des Mieters, ohne dass weitere Einzelheiten dazu vertraglich (Mietvertrag oder Hausordnung) geregelt sind, dann gilt: Ein Treppenhaus muss nicht zweimal wöchentlich geputzt werden. Einmal pro Woche reicht, entschied das Amtsgericht Regensburg:

§ **AG Regensburg vom 26.02.2004, Az. 11 C 3715/03**

(...) Die Reinigung des Treppenhauses in einem Mehrfamilienhaus durch eine Reinigungsfirma ist regelmäßig nur einmal pro Woche erforderlich. Ein Vermieter muss bei der Betriebskostenumlage den Grundsatz der Wirtschaftlichkeit beachten. (...)

Wird die von den Mietern zu erbringende Hausreinigung vom Vermieter während der Laufzeit des Mietvertrags auf einen Hausmeisterservice fremd vergeben und der Mieter von seiner Reinigungspflicht entlastet, stellt sich die Frage, ob der Vermieter diese Kosten nunmehr vom Mieter verlangen kann.

Sofern der Vermieter den Betriebskostenkatalog des § 2 BetrKV im Mietvertrag vereinbart hat, ist das grundsätzlich kein Problem. Es kommt allerdings darauf an, welche Art von Miete vereinbart ist.

Ist im konkreten Mietvertrag vereinbart, dass der Mieter die Hausreinigung oder Kehrwoche selbst (auf seine Kosten) übernimmt, muss er einer Änderung des Mietvertrages, nämlich die Beauftragung einer Fremdfirma oder Anstellung eines Hausmeisters zustimmen, denn man darf den Vertrag nicht einseitig ändern. Stimmt der Mieter nicht zu und beauftragt der Vermieter ohne Zustimmung des Mieters in diesem konkreten Fall einen Hausmeister, kann er von diesem Mieter die Hausmeisterkosten oder Hausreinigungskosten nicht über die Betriebskostenabrechnung verlangen.

Zu den Kosten der Hausreinigung (sofern wirksam vereinbart) zählen die Personalkosten und die Kosten für die Reinigungsmittel. Lässt der Vermieter die Arbeiten durch einen eigenen Angestellten ausführen, können der Arbeitslohn (einschließlich Weihnachtsgeld) und die Lohnnebenkosten (Lohnsteuer, Rentenversicherung, Krankenkasse einschließlich der Arbeitgeberanteile) umgelegt werden. Beauftragt der Vermieter ein Unternehmen, ist die auf die Reinigungskosten zu leistende Umsatzsteuer ebenfalls in die Abrechnung mit aufzunehmen.

Nicht umlagefähig sind die Kosten von Sonderreinigungen, wie etwa das Entfernen von Graffitis, die Beseitigung von Hundekot im Treppenhaus oder von Dreck und Staub nach einer Sanierungsmaßnahme des Vermieters.

Der Mieter hat die Möglichkeit bei einer Belegeinsicht zu prüfen, welche Reinigungen wie oft durchgeführt wurden. Die Art und Weise, die Häufigkeit und Intensität der Reinigung wird üblicherweise in einem Leistungsverzeichnis bei Abschluss des Reinigungsvertrags festgelegt, etwa das Treppenhaus wöchentlich, die Kellerflure vierzehntägig und Schneeräumen nach Bedarf. Fehlt ein Leistungsverzeichnis, muss der Vermieter eine genaue Aufstellung der Arbeitszeit und der durchgeführten Arbeiten vorlegen, am besten in Form von Rapporten. Die dem Mieter in Rechnung gestellten Reinigungskosten müssen angemessen sein. Auch hier hat der Vermieter das Wirtschaftlichkeitsgebot zu beachten.

Weitere Stichwörter:
Erhöhung der Betriebskosten, Reinigung, Winterdienst

Hausverwalterkosten

Nicht zu verwechseln mit den Aufgaben des Hausmeisters ist die Tätigkeit der Hausverwaltung (ein Begriff aus dem WEG-Recht), deren gesetzlicher Aufgabenbereich in § 27 WEG beschrieben ist. Diese Kostenposition taucht häufig auf, wenn der Mieter eine Eigentumswohnung bezogen hat. Die Wohnung gehört zu einer Wohnungseigentümergemeinschaft, die üblicherweise von einer Hausverwaltung verwaltet (aber nur das gemeinschaftliche Eigentum) wird. Die Hausverwaltung wird nicht unentgeltlich tätig und es fallen Hausverwalterkosten, auch Verwaltergebühren genannt, an. Diese sind nach § 1 Abs. 2 Nr. 2 BetrKV als typische Verwaltungskosten vom vermietenden Wohnungseigentümer selbst zu tragen und nicht umlegbar.

Weitere Stichwörter:
Eigentumswohnung, Verwaltergebühren, Verwaltungskosten

Hauswart

Die Betriebskostenverordnung verwendet in § 2 Nr. 14 den Begriff des „Hauswarts". Dies ist nur eine andere Bezeichnung für den „Hausmeister", der Begriff Hauswart ist vor allem in Süddeutschland wenig geläufig.

Ist in einem Mietvertrag vorgesehen, dass der Vermieter einen Hauswart beschäftigen kann und darf (mit Klausel zur Kostenumlage), ist Folgendes zu bedenken: Auch wenn zunächst kein Hauswart beschäftigt wurde und damit anfänglich keine Kosten entstanden, wurde den Mietern durch den Mietvertrag verdeutlicht, dass sie grundsätzlich verpflichtet sind, eventuell (zukünftig) anfallende Kosten zu bezahlen, sobald ein Hauswart beschäftigt wird.

In den Entscheidungsgründen des BGH finden wir folgende Aussagen:

BGH vom 07.04.2004, Az. VIII ZR 167/03

(...) Auch wenn zunächst ein Hauswart nicht beschäftigt wurde, sodass insoweit zunächst Kosten nicht anfielen, wurde den Beklagten doch vor Augen gehalten, dass sie grundsätzlich verpflichtet waren, eventuell anfallende Kosten zu bezahlen. Da die Klägerin sich nunmehr entschlossen hat, einen Hauswart zu beschäftigen, haben die Beklagten dessen Kosten anteilig zu tragen. Soweit die Revision meint, das Berufungsgericht hätte Feststellungen dazu treffen müssen, ob eine wirtschaftliche oder praktische Notwendigkeit für die Beschäftigung eines Hauswarts gegeben sei, kann ihr nicht gefolgt werden. Grundsätzlich ist es die freie Entscheidung des Vermieters, ob er einen Hauswart beschäftigen will.

Er muss sich lediglich an die Grundsätze einer ordnungsgemäßen Bewirtschaftung halten. (...)

Grundsätzlich ist der Vermieter in seiner Entscheidung frei, ob er einen Hauswart beschäftigen will. Es muss weder eine wirtschaftliche noch praktische Notwenigkeit gegeben sein, aber das im Betriebskostenrecht geltende Gebot der Wirtschaftlichkeit muss in jedem Fall eingehalten sein.

Die Kosten für den Hauswart können nur insoweit auf die Mieter umgelegt werden, als diese nicht Instandhaltung, Instandsetzung,

Erneuerung, Schönheitsreparaturen oder die Hausverwaltung betreffen, wie § 2 Nr. 14 BetrKV regelt:

§ 2 Nr. 14 BetrKV

die Kosten für den Hauswart, hierzu gehören die Vergütung, die Sozialbeiträge und alle geldwerten Leistungen, die der Eigentümer oder Erbbauberechtigte dem Hauswart für seine Arbeit gewährt, soweit diese nicht die Instandhaltung, Instandsetzung, Erneuerung, Schönheitsreparaturen oder die Hausverwaltung betrifft; soweit Arbeiten vom Hauswart ausgeführt werden, dürfen Kosten für Arbeitsleistungen nach den Nummern 2 bis 10 und 16 nicht angesetzt werden;

Welche Aufgaben können also aus betriebskostenrechtlicher Sicht auf den Hauswart übertragen werden?

Hauswarttätigkeiten, die unproblematisch umgelegt werden können, sind insbesondere die Kontrolle:

- der Rettungs- und Fluchtwege
- der Wege auf gefährliche Gegenstände (Lagerung von brennbaren Stoffen)
- des Abschlusses der Außentüren
- ob Abflüsse im Keller frei sind
- der Beleuchtung der Gemeinschaftsflächen
- der haustechnischen Anlagen
- der Handwerker im Rahmen von umlagefähigen Wartungsarbeiten
- von Fremdfirmen, die umlagefähige Arbeiten erledigen
- der Waschküche und der Trockenböden

Weiterhin zählen zu seinen Aufgaben, die in einem Leistungsverzeichnis genau aufgeschlüsselt sein sollten: Gewährleistung der Funktionalität des Betriebs der Heizung und der Hebeanlage (falls vorhanden), Durchführung der Hausreinigung und des Winterdienstes, Ausführung von Gartenpflegearbeiten, Rasenmähen, Unkraut jäten, Heckenschneiden, Überwachung der Treppenhausreinigung und der Einhaltung von Ruhezeiten, Überprüfung der Gemeinschaftsanlagen auf ordnungsgemäße Nutzung, Öffnung des Müllkellers für die Müllabfuhr, Bereitstellen der Mülltonnen und Notfalldienste.

Geht die Tätigkeit des Hauswarts über diese Beispiele hinaus, könnten die Leistungen eventuell als Verwaltungs- oder Instandhaltungstätigkeit eingestuft werden.

Führt der Hauswart gelegentlich kleinere Reparaturen aus, hilft bei der Übergabe von Wohnungen oder beseitigt kleinere Putzschäden im Hausflur, so sind diese Arbeiten als Instandhaltungsarbeiten und/oder Verwaltungstätigkeiten, die nicht als Betriebskosten umgelegt werden können, einzustufen.

Es ist keine gute Idee den Anteil der reinen Hauswarttätigkeit und den Anteil der Verwaltungs- und Instandsetzungsarbeiten in Prozentsätzen aufzugliedern, etwa in 60 Prozent Hauswarttätigkeit und 40 Prozent Instandsetzung und Verwaltung. Besser ist es, wenn genaue Aufzeichnungen über die Tätigkeit des Hauswarts geführt werden, er sollte seine Arbeit akribisch auflisten und der Vermieter sollte für klare Arbeitsanweisungen sorgen.

Zu den Kosten gehören nicht nur die Nettovergütung des Hauswarts, sondern ebenfalls die Sozialbeiträge des Arbeitgebers und der Arbeitnehmeranteil an den Lohnnebenkosten. Auch sonstige geldwerte Leistungen, wie vermögenswirksame Leistungen, Urlaubsgeld und Weihnachtsgeld können über die Betriebskostenabrechnung auf den Mieter umgelegt werden. Nicht dazu gehören die Kosten eines Hausmeisterbüros, dies sind Verwaltungskosten.

Die Kosten der Hauswartleistungen sind in ortsüblicher Höhe und nach Maßgabe des Gebots der Wirtschaftlichkeit umlegbar. Zur Überprüfung der Wirtschaftlichkeit sind substantiierte Angaben des Vermieters zu den vom Hauswart erbrachten Leistungen nach Art der Tätigkeit und Stundenaufwand erforderlich.

Kann der Vermieter die Nachweise nicht erbringen, geht dies zu seinen Lasten. Nach dem Betriebskostenspiegel des Deutschen Mietbundes für 2010 (Quelle: www.mieterbund.de) betragen die „reinen" Hauswartkosten pro qm pro Monat 0,18 Euro, hinzu kämen noch, je nach Leistungskatalog des Hauswarts, die Kosten für Straßenreinigung mit 0,07 Euro, Gebäudereinigung mit 0,15 Euro, Gartenpflege mit 0,10 Euro.

In einer Entscheidung vom 20.02.2008 hat der BGH zu der Betriebskostenposition „Hauswart" erneut klargestellt, dass eine formell ordnungsgemäße Betriebskostenabrechnung die umlagefähigen Hauswartkosten einerseits und die nicht umlagefähigen Kosten andererseits nachvollziehbar aufschlüsseln und so eine Berechnung ermöglichen muss. Im Leitsatz heißt es unter anderem:

§

BGH vom 20.02.2008, Az. VIII ZR 27/07

Nimmt der Vermieter bei den Kosten des Hauswarts einen pauschalen Abzug nicht umlagefähiger Verwaltungs-, Instandhaltungs- und Instandsetzungskosten vor, genügt ein schlichtes Bestreiten des Mieters. Dem Vermieter obliegt es in diesem Fall, die Kosten nachvollziehbar so aufzuschlüsseln, dass die nicht umlagefähigen Kosten herausgerechnet werden können. (...)

Entscheidend ist dabei nicht der Hauswartvertrag, in dem die Arbeiten theoretisch aufgelistet sind, sondern der tatsächliche Zeitaufwand des Hauswarts für die jeweiligen Arbeiten. Ein pauschaler Abzug von den Gesamtkosten für die nicht umlagefähigen Kosten ist unzulässig, wenn der Mieter die Höhe des Abschlags bezweifelt. Solange der Vermieter den Anforderungen an den Nachweis des tatsächlichen Aufwands nicht nachkommt, kann die Zahlung der Hauswartkosten verweigert werden. Immer wieder bestätigt sich der von den Mietern geäußerte Verdacht, der Hauswart existiere nicht, arbeite schlecht oder wird unwirtschaftlich hoch bezahlt.

Weichen die vom Vermieter abgerechneten Hauswartkosten erheblich von den Durchschnittskosten (siehe oben) unter Berücksichtigung regionaler Eigenheiten ab, muss der Vermieter im Prozess die Richtigkeit der abgerechneten Kosten darlegen, eventuelle Abweichungen erläutern, die Erforderlichkeit beweisen und das Wirtschaftlichkeitsgebot nachvollziehbar darlegen.

Eine Betriebskostenabrechnung ist nicht plausibel, wenn einzelne typische Hausmeistertätigkeiten (wie Gartenpflege, Winterdienst oder Hausreinigung) zusätzlich zu den Hauswartkosten abgerechnet werden. Was macht dann der Hauswart? Zumindest sollte der Mieter dann eine Erläuterung verlangen und noch besser: der Vermieter sollte die vermeintlichen Hauswartkosten, wie dargelegt, genau aufschlüsseln.

Die Differenzierung zwischen Hauswarttätigkeit und Instandhaltungsmaßnahmen und Verwaltungstätigkeit bereitet im Prozess um Betriebskosten Schwierigkeiten. Der Vermieter kann den notwendigen Beweis meist nur unter Vorlage von Stundenzetteln des Hauswarts führen, aus denen hervorgeht, für welche Tätigkeit an welchem Tag welcher Zeitansatz abgerechnet worden ist. Andererseits sind die Gerichte auch dazu übergegangen, pauschale Abzüge von 20 bis 100 Prozent zu machen, wobei eher zu Ungunsten des Vermieters geschätzt wird.

Weitere Stichwörter:
Gebot der Wirtschaftlichkeit, Instandhaltung, Instandsetzung, Wartungskosten

Hauswarttätigkeit des Mieters

Grundsätzlich hat der Mieter für seinen Vermieter keine separaten Dienste zusätzlich zur Mietzahlung zu leisten. Besteht parallel zum Mietvertrag über die Wohnung noch eine Vereinbarung über Dienstleistungen, sind beide Verträge getrennt zu betrachten, auch wenn sie in einem Dokument zusammengefasst sind.

Beispiel:

Übernimmt ein Mieter im Mietobjekt, in dem er selbst wohnt, die Aufgaben eines Hausmeisters, muss der Vermieter für diese Tätigkeiten ein separates Entgelt aus sozialversicherungsrechtlichen Gründen vereinbaren. Alles andere geht in Richtung Schwarzarbeit. Die strikte Trennung von Dienstleistung und Miete ist empfehlenswert, da auf diese Weise der Mieter, der auch Hausmeister ist, an den Betriebskosten, die er selbst verursacht, wieder indirekt über die Betriebskostenabrechnung beteiligt wird.

Bei einer Verrechnung (Aufrechnung) der gegenseitigen Zahlungspflichten (Miete gegen Arbeitsentgelt) wird die Umlage der Hausmeisterkosten auf die anderen Mieter problematisch, da es an der Transparenz fehlt. Ganz abgesehen von den Problemen, die entstehen, wenn der Mieter seine Hausmeistertätigkeit mangelhaft ausübt oder gar nicht.

Bei zwei getrennten Verträgen kann wenigstens dann der Dienstleistungsvertrag gekündigt werden. Haben die Parteien nur einen einzigen Vertrag vereinbart, wäre dies eine unzulässige Teilkündigung.

Selbstverständlich dürfen die Dienstleistungen, die der Mieter an Stelle einer Fremdfirma erbringt, auch nicht teurer sein, sonst wäre das Wirtschaftlichkeitsgebot verletzt. Der Vermieter wird in solchen Fällen gut daran tun, vorher Vergleichsangebote einzuholen und diese zu verwahren, damit er sie im Fall eines Streits als Vergleichsposition parat hat.

Weitere Stichwörter:
Gebot der Wirtschaftlichkeit, Hauswart, Straßenreinigung

Heizkostenabrechnung

Die Verteilung der Heizkosten ist in der Heizkostenverordnung geregelt. Gemäß § 6 HeizKV ist der Vermieter verpflichtet, den Verbrauch zu erfassen und die Heizkosten nach Verbrauch aufzuteilen und eine Heizkostenabrechnung zu erstellen.

Wie eine Heizkostenabrechnung auszusehen hat, regelt die Heizkostenverordnung nicht. Nach § 1 Abs. 1 HeizKV gilt die Verordnung nur für die Verteilung der Kosten. Die Anforderungen an die Heizkostenabrechnung ergeben sich somit aus den allgemeinen Grundsätzen.

Nach der aktuellen Rechtsprechung des BGH sind die Anforderungen an die Heizkostenabrechnungen nicht strenger, sondern eher geringer als bei sonstigen Nebenkosten (BGH, IMR 2012, 57).

Die jeweilige Heizkostenabrechnung umfasst einen Zeitraum von zwölf Monaten, der nicht mit dem Kalenderjahr identisch sein muss. Die Heizkostenabrechnung muss spätestens zwölf Monate nach Ende des Abrechnungszeitraumes dem Mieter vorliegen.

50 bis 70 Prozent der Gesamtheizkosten müssen nach erfasstem Verbrauch verteilt werden und 30 bis 50 Prozent nach der Wohn- oder Nutzfläche oder nach umbauten Raum (§ 7 HeizKV). Ausnahme:

§ 7 Abs. 1 Satz 2 HeizKV

In Gebäuden, die das Anforderungsniveau der Wärmeschutzverordnung vom 16.08.1994 (BGBl. I S. 2121) nicht erfüllen, die mit einer Öl- oder Gasheizung versorgt werden und in denen die freiliegenden Leitungen der Wärmeverteilung überwiegend gedämmt sind, sind von den Kosten des Betriebs der zentralen Heizungsanlage 70 vom Hundert nach dem erfassten Wärmeverbrauch der Nutzer zu verteilen.

Bei älteren Gebäuden wird man also davon ausgehen müssen, dass die Heizkosten verbrauchsabhängig mit 70:30 Prozent abzurechnen sind. Der Verordnungstext ist stringent, so dass der Vermieter von Wohnungen sich darüber Gedanken machen muss, ob sein vermieteter Wohnraum der Wärmeschutzverordnung von 1994 entspricht. Dies wird in den meisten Fällen nur ein Fachmann feststellen können.

Welche Kostenarten dürfen in die Heizkostenabrechnung aufgenommen werden? Die Antwort gibt § 7 Abs. 2 der HeizKV:

Kosten der verbrauchten Brennstoffe und ihrer Lieferung; Kosten des Betriebsstroms; Kosten der Bedienung, Überwachung und Pflege der Anlage, der regelmäßigen Prüfung ihrer Betriebsbereitschaft und Betriebssicherheit einschließlich der Einstellung durch einen Fachmann; Reinigung der Anlage und des Betriebsraumes; Kosten der Messungen nach dem Bundes-Immissionsschutzgesetz; Kosten der Anmietung oder anderer Arten der Gebrauchsüberlassung einer Ausstattung zur Verbrauchserfassung; Kosten der Verwendung einer Ausstattung zur Verbrauchserfassung einschließlich der Kosten der Berechnung und Aufteilung.

Die Erstellung der Abrechnung bereitet ihm jedoch große Schwierigkeiten, wenn die Abrechnungsperiode des Energieversorgers, der die Immobilie mit Gas oder Fernwärme beliefert, und die Abrechnungsperiode, wie diese im Mietvertrag vereinbart ist, auseinanderfallen. Der Vermieter hat dann das Problem, dass er bei Erhalt der Abrechnung des Energieversorgers den dort ausgewiesenen Betrag nicht als Anfangs- oder Endbetrag in seine Abrechnung einstellen kann. Er wird gezwungen sein, um eine Deckungsgleichheit zu erzielen, gewisse Rechnungsabgrenzungen vorzunehmen. Dieses Problem ist in der

Zwischenzeit durch die aktuelle Rechtsprechung des BGH verschärft worden, da der Vermieter nicht nach dem Abflussprinzip abrechnen darf. Der BGH hat in seinem Urteil vom 01.02.2012 (Az. VIII ZR 156/11) deutlich zum Ausdruck gebracht, dass Heizkosten nicht nach dem Abflussprinzip, sondern nur unter Ansatz des im Abrechnungszeitraum verbrauchten Brennstoffs abgerechnet werden. Wird fehlerhaft das Abflussprinzip bei der Heizkostenabrechnung angewendet, kann dieser Fehler nicht durch eine Kürzung der auf die Nutzer entfallenden Kostenanteile nach § 12 Abs. 1 HeizKV ausgeglichen werden.

Das Abflussprinzip verstößt nach Auffassung des BGH gegen § 7 Abs. 2 HeizKV, weil danach der tatsächliche Brennstoffverbrauch abgerechnet werden muss. Grundsätzlich können zwar auch verbrauchsabhängige Betriebskosten nach dem Abflussprinzip abgerechnet werden, aber nicht für die Abrechnung nach Maßgabe der Heizkostenverordnung.

Es wird daher für Vermieter sinnvoll sein, zu Jahresbeginn und zum Jahresende den Heizölbestand nachzumessen.

Bei der Heizkostenabrechnung darf sich der Vermieter für den Fall des Auszugs des Mieters während eines Abrechnungszeitraums zur Ermittlung des konkreten Heizungsverbrauchs der Gradtagstabelle bedienen oder eine Zwischenablesung vornehmen.

Weitere Stichwörter:
Contracting, Wärmedienstkosten, Zwischenablesung

Heizkostenpauschale

Häufig wollen sich Vermieter die Abrechnung der Heizkosten ersparen und vereinbaren mit ihren Mietern eine sog. Heizkostenpauschale. Das bedeutet, dass alle Kosten im Zusammenhang mit der Beheizung der Wohnung durch eine monatliche Zahlung endgültig abgegolten seien. Eine solche Vereinbarung ist unzulässig, denn es bedeutet die Vereinbarung einer Warmmiete (BGH vom 19.07.2006, Az. VIII ZR 212/05, WuM 2006, 518).

Nach Maßgabe der Heizkostenverordnung sind die Heizkosten nach einem Verbrauchsschlüssel abzurechnen und nicht nur ausschließlich nach der Größe der Wohnfläche.

Etwas anderes kann gelten, wenn es sich um ein Gebäude mit zwei Wohnungen handelt, von denen eine Wohnung durch den Vermieter bewohnt wird. Hier braucht nicht nach Verbrauch abgerechnet zu werden.

Weitere Stichwörter:
Heizkostenverordnung, Verbrauchsschlüssel, Warmmiete

Heizkostenschätzung

In wenigen Ausnahmefällen ermöglicht die Heizkostenverordnung eine Schätzung der verbrauchten Heizkosten eines Mieters. Hierzu ist auf § 9a HeizKV („Kostenverteilung in Sonderfällen") zu verweisen. Eine Schätzung ist erlaubt, wenn eine Verbrauchserfassung nicht möglich ist, weil die entsprechenden Zähler defekt sind oder andere zwingende Gründe die Verbrauchserfassung verhindern. Beispiele: Messampulle zerstört, Stromausfall bei elektronischem Messgerät, Defekt des Wärmezählers.

„Andere zwingenden Gründe" liegen vor, wenn der Mieter nach rechtzeitiger Ankündigung der Ablesung den Ableser zwei- bis dreimal nacheinander nicht in die Wohnung gelassen hat oder nicht anwesend war (Lammel in Schmidt-Futterer/Blank, Mietrecht, Kommentar zu § 9a HeizKV, Rn. 14).

Eine einstweilige Verfügung zur Durchsetzung der Ablesung verbietet sich, da selbst eine Entscheidung des Amtsgerichts zu spät käme, denn die Ablesung aller Heizkörper im vermieteten Objekt sollte innerhalb eines eng begrenzten Zeitrahmens erfolgen, sonst sind die Ablesewerte nicht mehr miteinander vergleichbar und das Ergebnis wird verfälscht.

Die Schätzung kann sich am Verbrauch des Mieters in früheren Abrechnungszeiträumen orientieren, wahlweise aber auch am Verbrauch anderer, vergleichbarer Räume oder Wohnungen im gleichen Gebäude im gleichen Abrechnungszeitraum. Auch eine Schätzung auf Basis des Durchschnittsverbrauchs des Hauses ist zulässig.

Allerdings dürfen nur für maximal 25 Prozent der Wohnfläche eines Gebäudes die Heizkosten geschätzt werden. Ist die Fläche, für die keine Verbrauchserfassung durchgeführt werden konnte, größer, müssen die Wohn- oder Nutzfläche oder der umbaute Raum als Umlageschlüssel verwendet werden, so jedenfalls § 9a Abs. 2 der HeizKV.

Weitere Stichwörter:
Abrechnungsfehler, Gradtagszahlen, Heizkostenverteiler, Verbrauchsschätzung, Zwischenablesung, Zwischenabrechnung

Heizkostenspiegel

In vielen Kommunen in der Bundesrepublik Deutschland werden „Heizspiegel" (nicht mit einem Mietspiegel zu verwechseln) erstellt. Es handelt sich hierbei um Vergleichstabellen, die die statistische Feststellung ermöglichen, ob die Heizkosten – gleichgültig ob mit Erdgas, Heizöl oder Fernwärme geheizt wird – relativ hoch oder niedrig sind. Nicht mehr und nicht weniger.

Solche Heizspiegel gibt es etwa für den Landkreis Friesland, für Dortmund, Cottbus, Dresden, Heidelberg, Wiesbaden, Stuttgart, Ingolstadt und für München. Sollte kein kommunaler Heizspiegel vorliegen, kann man auch auf einen bundesweiten Heizspiegel zurückgreifen (z. B. www.heizspiegel.de).

Die Erstellung von Heizspiegeln wird vom Bundesumweltministerium gefördert, um einen Anreiz zum Energiesparen zu geben und um Ursachen für hohe Heizkosten zu ermitteln. Der Heizkostenspiegel gibt für die jeweilige Region zumindest brauchbare Anhaltspunkte über die durchschnittlichen Heizkosten, die regional aufgrund des jeweiligen Micro-Klimas sehr unterschiedlich sein können. Die Heizkosten der Flensburger lassen sich nicht mit den Heizkosten der Freiburger vergleichen. Eine solche statistische Erhebung kann im Betriebskostenrecht als ein Indiz für die Verletzung des Wirtschaftlichkeitsgebots herangezogen werden.

Weitere Stichwörter:
Betriebskostenspiegel, Gebot der Wirtschaftlichkeit

Heizkostenverordnung

Die Heizkostenverordnung (HeizKV) regelt die Abrechnung der Kosten für Wärme und Warmwasser, die bei einer Nutzung einer Wohnung anfallen. Die Heizkosten- und Warmwasserabrechnung ist ein Teil der Betriebskostenabrechnung.

Die Heizkostenverordnung unterscheidet nicht, ob die betroffene Immobilie ein frei vermietbarer Wohnraum oder eine vermietete Eigentumswohnung ist. Sie gilt auch im Bereich des sozialen Wohnungsbaus. Die Heizkostenverordnung schränkt die Wahlfreiheit des Vermieters bei der Anwendung eines Abrechnungsmaßstabs ein.

Die geänderte Heizkostenverordnung hat die Wahlfreiheit des Umlagemaßstabs eingeschränkt. Die in der Vergangenheit (Mietverhältnisse vor dem 01.01.2009) häufig praktizierte Verteilung der Heiz- und Warmwasserkosten mit 50 Prozent nach Fläche und mit 50 Prozent nach Verbrauch wird durch die novellierte Heizkostenverordnung (in Kraft seit 01.01.2009) nur noch in bestimmten Fällen erlaubt. Die Mindestquote wird gemäß § 7 Abs. 1 Satz 2 HeizKV für den Regelfall auf 70 Prozent erhöht. Ausnahmen von dieser Regel sind möglich.

Die Anwendbarkeit der Heizkostenverordnung, die zwingend vorgeschrieben ist, kann für Zweifamilienhäuser, bei denen der Vermieter eine Wohnung selbst bewohnt, vertraglich ausgeschlossen werden. § 2 der HeizKV lautet:

§ 2 HeizKV

Außer bei Gebäuden mit nicht mehr als zwei Wohnungen, von denen eine der Vermieter selbst bewohnt, gehen die Vorschriften dieser Verordnung rechtsgeschäftlichen Bestimmungen vor.

Ebenso kann die Anwendbarkeit der Heizkostenverordnung für Wohnungen ausgeschlossen sein, die über ein eigenes Heizungssystem, z. B. eine Etagenheizung, verfügen.

Die Heizkostenverordnung kommt nicht zur Anwendung, wenn Einfamilienhäuser vermietet werden, die nur von einer Mietvertragspartei bewohnt werden, weil der Verordnungsgeber davon ausgeht, dass der Mieter den Brennstoff auf eigene Kosten beschafft und damit dann auch sparsam umgeht. Sie gilt selbstverständlich auch für Eigentumswohnungen oder vermietete Geschäftsräume.

Sie schreibt vor, dass ein Teil der Wärmekosten nach einem festen Maßstab in Höhe von 30 Prozent bis 50 Prozent (Grundkosten) und der andere Teil nach dem messtechnisch erfassten Verbrauch mit einem Anteil von 50 bis 70 Prozent des jeweiligen Nutzers auf den Mieter umgelegt werden muss, wie § 7 HeizKV postuliert.

Den fixen Wärmekostenanteil bezeichnet man als Festkostenanteil oder Grundkosten. Die Heizkosten werden dann, so die Verordnung, einmal jährlich durch Ablesung erfasst und abgerechnet. Mithilfe dieser Heizkosten- und Warmwasserabrechnungen sind dann die Vorauszahlungen vom Vermieter gegenüber dem Mieter abzurechnen. Es ist nicht ungewöhnlich, wenn in einem Mietvertrag eine Vorauszahlung für Heiz- und Warmwasserkosten vereinbart wird und gleichzeitig eine weitere Vorauszahlung für die „kalten" Betriebskosten. Sogar zwei unterschiedliche Abrechnungszeiträume sind denkbar, aber unpraktisch.

Die Heizkostenverordnung verfolgt zwei Ziele: Ein Ziel ist es, auf den Verbraucher – sei es ein Mieter oder ein Eigentümer – dahingehend einzuwirken, aufgrund der anteiligen, verbrauchsabhängigen Heizkostenbemessung, möglichst energiesparend zu heizen. Das andere Ziel ist die möglichst gerechte Verteilung der Heizkosten auf alle Nutzer.

Diese Ziele können nur dann verwirklicht werden, wenn alle Wohnungen mit tauglichen Erfassungsgeräten, wie Wärmezähler, Heizkostenverteiler und Warmwasseruhren ausgestattet sind. Das schreibt § 5 HeizKV vor. Der BGH hat aber Ausnahmen zugelassen.

BGH vom 08.10.2003, Az. VIII ZR 67/03

(...) Die Verpflichtung nach § 5 HeizKV (BGBl. 1989 I S. 115), Räume mit Thermostatventilen oder mit Vorrichtungen zur Verbrauchserfassung auszustatten, gilt nicht für Gebäude, die mit nicht regulierbaren Zentralheizkörpern versehen sind, bei denen mithin der Ausnahmetatbestand des § 11 Abs. 1 Nr. 1 Buchst. b HeizKV eingreift. Für die Heizanlagen in dem Gebiet der ehemaligen DDR, die bis 31. Dezember 1995 auszustatten sind, gilt nichts anderes. (...)

Das heißt, wenn man den Verbrauch innerhalb der Wohnung durch Auf- und Abdrehen der Heizkörper sowieso nicht steuern kann, bedarf es auch keiner Erfassungsgeräte.

Weiter verlangt die Heizkostenverordnung, dass der Vermieter die Ablesewerte dem Mieter innerhalb von einem Monat (§ 6 Abs. 1 HeizKV) übermittelt. Diese Informationspflicht entfällt, wenn die Verbrauchsdaten in den Geräten gespeichert sind, so dass der Mieter die Daten jederzeit selbst nachprüfen kann.

Darüber hinaus hat der Mieter grundsätzlich einen Anspruch auf Einsicht in die Belege. Denn „eine ordnungsgemäße Abrechnung über Brennstoffkosten erfordert nur die summenmäßige Angabe der Verbrauchswerte und der dafür angefallenen Kosten. Eine aus sich heraus vollständige Überprüfbarkeit dieser Angaben auf ihre materielle Richtigkeit ist nicht erforderlich, sondern bleibt einer auf Verlangen des Mieters zu gewährenden Belegeinsicht vorbehalten" (BGH vom 25.11.2009, Az. VIII ZR 322/08).

Weitere Stichwörter:
Belegeinsicht, Betriebskostenabrechnung, Heizkostenabrechnung, Wärmemengenzähler, Warmwasserzähler

Heizkostenverteiler nach dem Verdunstungsprinzip

Zur Erstellung einer Verbrauchsabrechnung nach der Heizkostenverordnung sind Erfassungsgeräte erforderlich, um festzustellen, wie viel Wärme „verbraucht" wurde. Es gibt z. B. Wärmezähler, Heizkostenverteiler nach dem Verdunstungsprinzip und elektronische Heizkostenverteiler.

Bei einem Heizkostenverteiler nach dem Verdunstungsprinzip werden die Geräte direkt am Heizkörper befestigt. In den Erfassungsgeräten befinden sich kleine Glasröhrchen mit einer Spezialflüssigkeit, die entsprechend der Heiztemperatur und der Nutzungsdauer eine gewisse Flüssigkeitsmenge verdunstet. Diesen „Verbrauch" (meist in Strichen gezählt, oft als Einheiten bezeichnet) kann man auf einer Skala, die

die Charakteristika des Heizkörpers berücksichtigt) ablesen. Damit kann man aber nicht die tatsächliche Wärmemenge, die verbraucht wurde, feststellen, sondern nur den Nutzungsgrad jedes einzelnen Heizkörpers im Vergleich zur Summe aller Heizkörper in der Wohnanlage. Deswegen unterliegen die Heizkostenverteiler nach dem Verdunstungsprinzip nicht dem Eichgesetz, da die Ermittlung des Verbrauchs nur ein indirektes Verfahren ist.

Die Verdunstungsröhrchen sind, technisch gesehen, ungenau. Sie reagieren auch auf andere Wärmequellen im Raum (offener Kamin, Sonneneinstrahlung) und verfälschen das Ergebnis. Dieses Manko versuchen die Messfirmen dadurch auszugleichen, indem die Messröhrchen etwas mehr befüllt werden, als eigentlich erforderlich ist. Dadurch wird die Verfälschung des Messergebnisses durch Umwelteinflüsse etwas abgemildert. Dieses Verfahren heißt „Kaltverdunstung".

Weitere Stichwörter:
Eichgesetz, Ersatzabrechnung von Heizkosten, Verbrauchserfassung, Wärmemengenzähler

Heizöl

§ **BGH vom 25.11.2009, Az. VIII ZR 322/08**

(...) Eine ordnungsgemäße Abrechnung über Brennstoffkosten erfordert nur die summenmäßige Angabe der Verbrauchswerte und der dafür angefallenen Kosten. Eine aus sich heraus vollständige Überprüfbarkeit dieser Angaben auf ihre materielle Richtigkeit ist nicht erforderlich, sondern bleibt einer auf Verlangen des Mieters zu gewährenden Belegeinsicht vorbehalten. (...)

Üblicherweise werden in den professionellen Abrechnungen der Abrechnungsfirmen ein Anfangsbestand und ein Endbestand bei Heizöl angegeben und das Delta stellt den Verbrauch dar. Bei Gas liegen üblicherweise Messergebnisse von Mengenzählern vor.

Weitere Stichwörter:
Brennstoffkosten, Gasetagenheizung, Kürzung von Heizkosten, Zentralheizung

Heizperiode

Immer wieder streiten Mieter und Vermieter darüber, wann eine Heizperiode beginnt und wann sie aufhört. Gesetzliche Vorgaben gibt es keine. Im Wesentlichen kommt es darauf an, was im Mietvertrag vereinbart ist. In Deutschland wird eine übliche Heizperiode in der Zeit vom 01.10. bis 30.04. des Folgejahres angenommen. Es gibt aber auch Formularverträge, die die Heizperiode vom 15.09. bis zum 15.05. des Folgejahres vorschlagen.

Zum Streit zwischen den Mietvertragsparteien kommt es bei Kälteeinbrüchen, wie etwa bei den „Eisheiligen“. Generell wird man sagen können, dass der Vermieter immer dann verpflichtet ist, die Heizung anzuschalten, wenn die Zimmertemperatur tagsüber unter 18 °C absinkt und wenn absehbar ist, dass der Kälteeinbruch mehr als einen Tag anhält. Bei Zimmertemperaturen unter 16 °C ist die Heizung sofort in Betrieb zu nehmen.

Man kann auch auf die Außentemperaturen abstellen. Liegt die Außentemperatur außerhalb der Heizperiode unter 12 °C, muss der Vermieter die Heizung einschalten.

Weitere Stichwörter:
Heizpflicht, Temperatur

Heizpflicht

Eine angemietete Wohnung sollte ständig über ein Raumklima mit angenehmen Temperaturen (Wohlfühltemperatur) verfügen. Die „Wohlfühltemperatur“ ist je nach Verwendung des Raums unterschiedlich, bei Wohnräumen liegt sie bei etwa 20 bis 22 °C; im Schlafzimmer bei etwa 16 bis 18 °C; im Kinderzimmer bei etwa 20 bis 21 °C, im Bad bei etwa 20 bis 24 °C und in der Diele bei ca. 15 bis 16 °C. Das ist individuell sehr verschieden.

Ist im Mietvertrag eine Mindesttemperatur-Regelung enthalten, muss der Vermieter dafür sorgen, dass während der Heizperiode durch entsprechende Einstellung der Heizungsanlage die vereinbarte Mindesttemperatur tatsächlich erreicht werden kann.

Ist im Mietvertrag die Mindesttemperatur nicht festgelegt, wird man davon ausgehen dürfen, dass zwischen 6:00 und 23:00 Uhr Temperaturen von mindestens 20 bis 22 °C geschuldet sind. Nachts sollten die Wohnräume zumindest auf eine Temperatur von 18 °C gebracht werden können.

Nicht jede Vereinbarung im Mietvertrag über die Mindesttemperatur ist allerdings wirksam. So ist eine Vereinbarung, die eine Mindesttemperatur von 18 °C zwischen 8:00 und 21:00 Uhr als vertragsgemäß betrachtet, unwirksam, und der Mieter kann die Miete mindern (LG Berlin vom 25.01.1991, Az. 64 S 273/90), wegen mangelhafter Heizleistung.

Andererseits ist der Mieter verpflichtet, dafür zu sorgen, dass die Temperaturen in seiner Wohnung so eingestellt sein, dass Schäden an der Mietsache verhindert werden. Man denke hier nur an Frostschäden bei extremer Kälte an den Wasserleitungen, die entstehen können, wenn der Mieter abwesend ist und die Heizung abstellt. Der Mieter hat eine Obliegenheit, sorgsam mit der Mietsache umzugehen.

Weitere Stichwörter:
Heizperiode, Heizpflicht, Zentralheizung

Heizung

Der Begriff Heizung umschreibt verschiedene Arten der Wärmeversorgung für Räume, Wohnungen und Gebäude. Einzelne Räume können durch einen Einzelofen, einen Elektrolüfter und Nachtspeicheröfen beheizt werden. Bei der Mehrraumheizung werden von einem Heizgerät aus mehrere Räume mit Wärme versorgt. Außerdem gibt es noch Etagenheizungen oder Zentralheizungen in Wohnungen oder Einfamilienhäusern. Alle Räume werden von einer gleichen, zentralen Stelle beheizt.

Von einer Blockheizung spricht man, wenn es eine zentrale Feuerstätte gibt, die Wohnungen mehrerer Gebäude mit Wärme und Warmwasser versorgt.

Davon zu unterscheiden ist der Begriff der Fernheizung. In der Regel sind Fernheizungen Anlagen, die unmittelbar oder mittelbar von einem Heizwerk oder Heizkraftwerk über ein Verteilungsnetz den Wärmekunden auf der Basis von Lieferungsverträgen mit Wärme beliefern.

Weitere Stichwörter:
Fernwärme, Wärmecontracting, Zentralheizung

Inhalt einer Betriebskostenabrechnung

Wie muss eine Betriebskostenabrechnung gestaltet sein und welchen Mindestinhalt muss sie enthalten, damit sie formell und materiell wirksam ist?

Für eine Betriebskostenabrechnung wird eine geordnete Zusammenstellung der innerhalb der Abrechnungsperiode angefallenen relevanten Einnahmen und Ausgaben verlangt. Die Kostenzusammenstellung soll eine zweckmäßige und übersichtliche Aufgliederung in einzelne Abrechnungsposten darstellen.

Die Abrechnung sollte den Mieter in die Lage versetzen, dass er einen Anspruch auf Auszahlung eines Guthabens oder einer Nachzahlung auf rechnerische Richtigkeit und inhaltliche Plausibilität nachprüfen kann, was eine gedankliche und rechnerische Nachvollziehbarkeit voraussetzt, und zwar aus der Abrechnung selbst.

Diese Vorgabe ist nur dann erfüllt, wenn sowohl die Einzelangaben als auch die Abrechnung insgesamt klar, übersichtlich und aus sich heraus für einen juristisch und betriebswirtschaftlich nicht Vorgebildeten, man spricht auch von einem Laien, verständlich ist und zwar ohne zusätzliche mündliche und/oder schriftliche Erläuterungen und Erklärungen durch den Vermieter. Dass diese Überprüfung wegen der nicht einfachen Rechenvorgänge, insbesondere bei der Heizkosten- und Warmwasserabrechnung, dem Mieter einigen Arbeits- und Zeitaufwand abverlangt, ist nach Meinung des BGH unvermeidlich und muss deshalb hingenommen werden (BGH vom 23.11.1981, Az. VIII ZR 398/80 und Urteil vom 09.04.1986, Az. VIII ZR 133/85).

Die Grundlage für diese Rechtsprechung bildet § 259 BGB:

§ 259 Abs. 1 BGB

Wer verpflichtet ist, über eine mit Einnahmen oder Ausgaben verbundene Verwaltung Rechenschaft abzulegen, hat dem Berechtigten eine die geordnete Zusammenstellung der Einnahmen oder der Ausgaben enthaltende Rechnung mitzuteilen und, soweit Belege erteilt zu werden pflegen, Belege vorzulegen.

Danach sind folgende Mindestangaben notwendig:

- Zusammenstellung der Gesamtkosten
- Angabe und Erläuterung der zugrunde liegenden Umlageschlüssel (wenn sie nicht selbsterklärend sind)
- Berechnung des Anteils des Mieters
- Abzug der Ist-Vorauszahlungen des Mieters
- Ausweis des Guthabens oder des Nachzahlungsbetrags

Bei der Zusammenstellung der Gesamtkosten sind die tatsächlich angefallenen Gesamtkosten anzugeben. Ist eine Vorerfassung oder ein Vorwegabzug vorgenommen worden, weil etwa Gewerbe- und Wohnraum „gemischt" vorhanden sind, sind trotzdem die Gesamtkosten anzugeben, da der Mieter erfahren darf, wie die Vorerfassung oder der Vorwegabzug gestaltet worden sind.

Neben der Angabe der Gesamtkosten gehört zur Betriebskostenabrechnung die Angabe und Erläuterung der Umlagemaßstäbe, es sei denn der angegebene Umlagemaßstab ist aus sich heraus verständlich, wie etwa der Flächenmaßstab.

Änderungen eines Umlagemaßstabs gegenüber der letzten Abrechnung sind zu erläutern. Grundsätzlich ist es sicher sinnvoll, zur Vermeidung von rechtlichen Auseinandersetzungen, jegliche Veränderung in den Betriebskosten darzustellen und zu erläutern, auch die möglichen Ursachen für Kostensteigerungen im Vergleich zum Vorjahr. Gerade bei der Angabe der Umlageschlüssel ist darauf zu achten, dass sie den vertraglichen Regelungen oder der gesetzlichen Grundlagen in § 556a BGB entsprechen.

§ 556a Abs. 1 BGB

Haben die Vertragsparteien nichts anderes vereinbart, sind die Betriebskosten vorbehaltlich anderweitiger Vorschriften nach dem Anteil der Wohnfläche umzulegen. Betriebskosten, die von einem erfassten Verbrauch oder einer erfassten Verursachung durch die Mieter abhängen, sind nach einem Maßstab umzulegen, der dem unterschiedlichen Verbrauch oder der unterschiedlichen Verursachung Rechnung trägt.

Die einzelnen Kostenpositionen sind gesondert auszuweisen. Nicht zu empfehlen ist die Zusammenfassung verschiedener, ähnlicher Positionen zu einer einzigen Position: Die Zusammenfassung der Grundsteuer, der Abfallgebühren und des Niederschlagswassers unter dem Begriff „Grundbesitzabgaben" ist intransparent. Auch die Position „Allgemeinstrom" ist unzureichend, da der Betriebskostenkatalog nach § 2 Nr. 11 BetrKV lediglich Kosten der Beleuchtung nennt, besser ist also die Bezeichnung „Beleuchtung". Auch die Benennung von reinen „Hausreinigungskosten" ist unzureichend, wenn sich dahinter die Kosten der Hausreinigung im Inneren, als auch von der Gemeinde erhobene Gehwegreinigungsgebühren verbergen. Was spricht denn gegen eine differenzierte Darstellung? Es ist ratsam, dem Katalog der Betriebskostenverordnung zu folgen.

Werden verbrauchsabhängige Kosten abgerechnet, gehört zur Angabe der Kosten auch die Mitteilung der Zählerstände, mit Anfangs- und Endbestand, eine Mitteilung im Verteilerschlüssel „lt. Zähler" reicht nicht aus. Dieses Erfordernis wird bei der Heizkosten- und Warmwasserabrechnung normalerweise über die beigefügte Abrechnung des Wärmemessdienstes sichergestellt. Beim Kaltwasserzähler, sofern vorhanden, sollte der Vermieter nicht nur den reinen Verbrauch angeben, sondern auch den Anfangs- und Endstand. Zudem ist darauf zu achten, dass der Endstand mit dem folgenden Anfangsstand übereinstimmt.

Auch die Berechnung des Anteils des Mieters ist verständlich darzustellen: der Rechenschritt, wie die Gesamtkosten der einzelnen Positionen in die Einzelkostenposition umgerechnet werden, sollte rechnerisch überprüft werden können. Sodann sind die Vorauszahlungen des Mieters in Abzug zu bringen.

Der Vermieter sollte auf Basis der „Ist-Vorauszahlungen" abrechnen, also nur die auch tatsächlich geleisteten Zahlungen in der Abrechnung berücksichtigen. Hat der Mieter Vorauszahlungen – aus welchen Gründen auch immer – nicht oder nur teilweise bezahlt, erhöht sich der Nachzahlungssaldo oder es vermindert sich das Guthaben. Nur mit dieser Abrechnungsmethode wird gewährleistet, dass in der Abrechnung tatsächlich der korrekte Betriebskostensaldo erfasst wird.

Der Grund für diese Empfehlung ist, dass nach Eintritt der Abrechnungsreife Vorauszahlungsbeträge nicht mehr zusammen mit der Miete geltend gemacht werden können, so der BGH in seiner Entscheidung vom 23.09.2009 (Az. VIII ZA 2/08).

Weitere Stichwörter:
Belege, Einsichtsrecht des Mieters, Formell ordnungsgemäße Abrechnung

Inklusivmiete

Der Begriff Inklusivmiete zeichnet sich dadurch aus, dass in dem vertraglich fixierten monatlichen Zahlbetrag die Kaltmiete, die Heiz- und die Warmwasserkosten und alle Betriebskosten stecken. Der Mieter schuldet nur einen einheitlichen Mietbetrag, eine gesonderte Abrechnung über Betriebs- oder Heizkosten erfolgt nicht.

In Zeiten steigender Nebenkosten ist diese Art der Vereinbarung für den Vermieter die schlechteste Variante, da bei steigenden Nebenkosten der rechnerisch in der Inklusivmiete vorhandene Nettomietanteil (Kaltmiete) immer geringer wird. Ganz abgesehen davon, dass im Geltungsbereich der Heizkostenverordnung eine Inklusivmiete unzulässig ist, weil damit § 2 HeizKV umgangen wird. Die Heizkostenverordnung und die damit begründete Pflicht zur verbrauchsabhängigen Abrechnung der Warmwasser- und Heizkosten gehen rechtsgeschäftlichen (= vertraglichen) Vereinbarungen vor.

Weitere Stichwörter:
Bruttomiete, Teilinklusivmiete, Vorauszahlungen

Instandhaltung/Instandsetzung

§ 1 Abs. 2 BetrKV betont ausdrücklich, dass Kosten für Instandhaltung und Instandsetzung keine Kosten sind, die in einer Betriebskostenabrechnung auftauchen dürfen. Es handelt sich nicht um Betriebskosten, da sie nicht laufend anfallen. Bei der Instandsetzung geht es um die Behebung von Mängeln oder Schäden an der Mietsache, also Reparaturen.

Reparaturkosten fallen an, wenn Abnutzungen auszubessern, Alterungen zu beseitigen und Witterungseinflüsse zu beheben sind. Unter

Reparaturkosten fallen auch die Kosten einer ordnungsgemäßen Beseitigung von baulichen oder sonstigen Mängeln am Mietobjekt. Das sind Baukosten und deshalb nicht vom Mieter zu bezahlen, schon gar nicht indirekt über die Betriebskostenabrechnung.

Nach Maßgabe von § 535 BGB ist der Vermieter verpflichtet, die Mietsache dem Mieter in einem zum vertragsgemäßen Gebrauch geeigneten Zustand zu überlassen und sie während der Mietzeit in diesem Zustand zu erhalten. Der Vermieter hat somit eine „dauernde" Reparatur- oder Renovierungspflicht.

Im Gegensatz zu Instandsetzungen sind Instandhaltungen Kosten für vorbeugende Maßnahmen, die der Vermeidung von zukünftigen Schäden dienen. Dazu gehören auch die Kosten für ständige Beaufsichtigung und Überprüfung einer Sache auf drohende Verschlechterungen ihres Zustands und ihrer Gebrauchstauglichkeit.

Im (juristischen) Grenzbereich zwischen Instandhaltung und Instandsetzung liegen die Kosten, die üblicherweise als Wartungskosten bezeichnet werden.

Was versteht man unter Wartung? Im www.wirtschaftslexikon.gabler.de findet sich folgende Definition, die auch auf das Betriebskostenrecht im weitesten Sinne passt, aber enger ist, als der Begriff Instandhaltung: Wartung ist eine „Maßnahme der vorbeugenden Instandhaltung. Zur Wartung werden alle Pflegemaßnahmen von Produktionsanlagen gerechnet wie Reinigen, Abschmieren, Justieren, Nachfüllen von Betriebsstoffen und Katalysatoren sowie ähnliche Maßnahmen zur Verminderung bzw. Verhinderung von Verschleißerscheinungen".

So dürfen beispielsweise die Kosten der regelmäßigen Prüfung der Betriebsbereitschaft und Betriebssicherheit nach § 2 Nr. 7 BetrKV für den Aufzug als Betriebskosten verlangt werden. Auch die Wartungskosten einer Gemeinschafts-Antennenanlage sowie einer, mit einem Breitbandkabelnetz verbundenen privaten Verteileranlage nach § 2 Nr. 15a und b BetrKV sind hier zu nennen.

Weitere Stichwörter:
Betriebskostenvereinbarung, Mietminderung, Prüfpflichten für haustechnische Anlagen, Wartungskosten, Wirtschaftlichkeitsprinzip

Instandhaltungsrücklage

Das ist ein Begriff, der nicht aus dem Mietrecht stammt, sondern im Wohnungseigentumsrecht zu finden ist. Dort ist normiert, dass die Eigentümer, egal ob sie vermieten oder ihre Wohnung selbst nutzen, über die Hausverwaltung eine Instandhaltungsrücklage anzusparen haben (§ 21 Abs. 5 Nr. 4 WEG).

Die Instandhaltungsrücklage dient zur Finanzierung zukünftiger Reparaturmaßnahmen am gemeinschaftlichen Eigentum, sie ist der Spargroschen der Gemeinschaft. Diese Kosten dürfen nicht in einer Betriebskostenabrechnung des vermietenden Eigentümers, die dieser für seinen Mieter aufstellt, auftauchen. Es sind keine Betriebskosten im Sinne von § 1 BetrKV und können auch nicht als solche im Mietvertrag vereinbart werden, auch nicht als Individualvereinbarung. Reparaturkosten muss der Wohnraummieter grundsätzlich nicht bezahlen.

Weitere Stichwörter:
Allgemeine Geschäftsbedingungen, Eigentumswohnung, Verwaltergebühen

Kabelanschluss

In § 2 Nr. 15a und b BetrKV ist geregelt, dass der Vermieter die Kosten für den Betrieb des Kabelfernsehens und für den Betrieb der mit einem eigenen Breitbandkabelnetz verbundenen privaten Verteileranlage als Betriebskosten auf den Mieter umlegen darf, wenn es mit ihm im Mietvertrag vereinbart ist. Dazu gehören insbesondere die laufenden monatlichen Grundgebühren, die an die Kabelfirma zu bezahlen sind.

In vielen Kommunen können die Mieter direkt Verträge mit der Kabelfirma schließen, so dass diese Kosten eigentlich nicht mehr in der Betriebskostenabrechnung auftauchen dürften, ähnlich wie bei Festnetzanschlüssen für das Telefon.

Der erstmalige Anschluss eines Mietobjekts an das Kabelnetz sind Anschaffungs- und Herstellungskosten, somit Baukosten, die nicht vom Mieter zu tragen sind. Das gilt auch für eine einmalige Anschlussgebühr oder die Kosten für den Einbau einer Verteileranlage.

Wird jedoch der technische Bereich für den Kabelanschluss zusammen mit dem Fernseh- bzw. Breitbandvertrag „geleast", sind die Leasingkosten als Betriebskosten zu bewerten, da sie laufend entstehen und somit auf die Mieter umlegbar.

Mieter, die keinen Kabelanschluss wollen, der ihnen vom Vermieter angeboten wird, dürfen nicht an den Kosten beteiligt werden. Es muss in diesem Fall durch ein „Absperrventil" sichergestellt sein, dass trotz vorhandener Anlage das Kabelfernsehen nicht „kostenlos" oder indirekt auf Kosten der anderen Mieter genutzt werden kann.

Weitere Stichwörter:
Gemeinschaftsantenne, Parabolantenne, Vereinbarung von Betriebskosten

Kabelgebühren

Kabelgebühren gehören zu den im Rahmen eines Mietverhältnisses umlagefähigen Nebenkosten. Es kommt nicht darauf an, ob der Mieter den Kabelanschluss auch tatsächlich nutzt. Maßgeblich ist allein, dass der Vermieter den Kabelanschluss zur Verfügung stellt, dann können diese Kosten über die Betriebskostenabrechnung gegenüber dem Mieter geltend gemacht werden.

Weitere Stichwörter:
Gemeinschaftsantenne, Kabelanschluss

Käferplage

Unter diesem Stichwort ist umgangssprachlich das massenhafte Auftreten von Ungeziefer, insbesondere von Ameisen, Schaben, Wanzen, Läusen gemeint, die in einem Mietshaus nichts zu suchen haben und deshalb beseitigt werden müssen.

Die Kosten einer einmaligen Ungezieferbekämpfung sind nicht anteilig auf die Mieter umlegbar, da es sich nach der gängigen Definition nicht um Betriebskosten handelt.

Weitere Stichwörter:
Nicht umlagefähige Betriebskosten, Sonstige Betriebskosten

Kakerlaken

Die Kakerlake (wissenschaftlicher Name: Blattella germanica oder Periplaneta americana), besser bekannt als gemeine Küchenschabe, ist sehr verbreitet und kommt leider häufig in Haushalten und Gebäuden vor. Die Küchenschabe gilt als Gesundheitsschädling. Da sie Krankheiten auf Menschen überträgt, muss gründlich gesäubert werden.

Die Kosten des herbeigerufenen Kammerjägers gehören zu den umlegbaren Betriebskosten nach § 2 Nr. 9 BetrKV, wenn die Ungezieferplage aus den von den Mietern gemeinschaftlich genutzten Räumen und Flächen entsorgt werden muss. Das gilt aber nur dann, wenn das Ungeziefer in regelmäßigen Abständen beseitigt werden muss. Bei einem einmaligen Auftritt können die Beseitigungskosten nicht anteilig auf die Mieter des Hauses umgelegt werden, weil es dann keine Betriebskosten sind.

Weitere Stichwörter:
Käferplage, Nebenkosten, Ungezieferbekämpfung

Kalenderjahr

Mit diesem Begriff ist im Betriebskostenrecht nur der Zeitraum zwischen dem 01.01. und dem 31.12. gemeint. Soll ein anderer Zwölf-Monats-Zeitraum für die Abrechnung als Grundlage dienen, sollte eine entsprechende Regelung im Mietvertrag zu finden sein. Ist im Mietvertrag gar keine Regelung zum Thema „Abrechnungszeitraum“, fängt das Abrechnungsjahr mit dem vereinbarten Mietbeginn (= Beginn der Zahlungspflicht für den Mieter) an. Dieser Termin ist nicht zu verwechseln mit dem Datum des Mietvertragsabschlusses, das deutlich früher liegen kann. Zu Mietbeginn muss dem Mieter vom Vermieter die Wohnung zur Nutzung überlassen werden.

Weitere Stichwörter:
Abrechnungszeitraum, Geschäftsjahr, Teilabrechnung

Kaltmiete

Der Begriff Kaltmiete ist eine andere Bezeichnung für den Begriff Grundmiete. Damit ist der Nettobetrag der zu leistenden monatlichen Miete gemeint. Also ohne Betriebskosten, Pauschalen oder Umsatzsteuer. Nicht enthalten sind ferner Vorauszahlungen für die Warmwasser- und Heizkosten.

Weitere Stichwörter:
Bruttomiete, Nettomiete, Teilinklusivmiete

Kaltwasserzähler

Kaltwasserzähler werden landläufig auch als Wasseruhren bezeichnet. Es ist ein Messgerät, das das Volumen der durchgeflossenen Wassermenge anzeigt. Es gibt verschiedene Bauarten, sog. Flügelradwasserzähler, Volumenzähler, Volumenzähler mit Turbinen und Verbundwasserzähler. Bei Wohnungswasserzählern sind in der Regel sog. Flügelradwasserzähler im Einsatz.

Die Wasserzähler müssen nach dem Mess- und Eichgesetz geeicht sein. Die Eichgültigkeitsdauer bei Kaltwasserzählern beträgt sechs

Jahre. Die Eichung toleriert maximale Messfehler von +/– 5 Prozent im unteren Belastungsbereich und maximal +/– 2 Prozent im oberen Belastungsbereich. Durch Abnutzungen oder Ablagerungen kann sich die Fehlerquote erhöhen. Zulässig ist maximal das Doppelte. Sind alle Mietwohnungen einer Wohnanlage mit Verbrauchserfassungsgeräten ausgestattet, sind die Wasserkosten gemäß § 556a Abs. 1 Satz 2 BGB verbrauchsabhängig abzurechnen.

Weitere Stichwörter:
Eichgesetz, Flächenmaßstab, Umlageschlüssel, Verbrauchserfassungsgeräte, Verteilerschlüssel, Warmwasserzähler

Kaminkehrer

Das ist eine synonyme Bezeichnung für Schornsteinfeger, Rauchfangkehrer oder Kaminfeger. Der Aufgabenbereich des Kaminkehrers ist in der bundeseinheitlichen Kehr- und Überprüfungsordnung (KÜO) geregelt. Insbesondere werden von ihm Schornsteine gereinigt und überprüft. Er misst, ob etwa Ölheizungen, Gasheizungen, Pelletheizungen und gasbetriebene Durchlauferhitzer fachgerecht eingestellt sind und führt die Feuerstättenschau bei neu installierten Heizungen durch. Die Kosten der Kehrgebühren gehören zu den Betriebskosten nach § 2 Nr. 12 mit Verweis auf § 2 Nr. 4a BetrKV und sind umlegbar.

Weitere Stichwörter:
Schornsteinreinigung, Zwischenablesekasten

Kehrwoche

Mit diesem Begriff, der hauptsächlich im süddeutschen Raum gebräuchlich ist, ist sowohl die Räum- und Streupflicht, als auch die Straßenreinigung sowie die Reinigung des Treppenhauses gemeint. Werden für diese Tätigkeiten Drittfirmen eingeschaltet, und ist dies entsprechend mietvertraglich vereinbart, können die entstandenen Kosten als Betriebskosten auf den Mieter umgelegt werden.

Weitere Stichwörter:
Hauswart, Straßenreinigung, Winterdienst

Kellerbeleuchtung

→ Allgemeinstrom

Kläranlage

Eine Kläranlage dient generell zur Reinigung und Beseitigung von unerwünschten Bestandteilen, die sich in Abwässern befinden. Für die Klärung und Reinigung werden mechanische, biologische und chemische Verfahren angewandt.

Die Beseitigung von Abwässern verursacht Kosten, die nach § 2 Nr. 3 BetrKV („Kosten der Entwässerung") auf den Mieter umgelegt werden können, wenn sie nachfolgende Kriterien erfüllen: Es muss sich um „die Gebühren für die Haus- und Grundstücksentwässerung", „die Kosten des Betriebs einer entsprechenden nicht öffentlichen Anlage" oder um „die Kosten des Betriebs einer Entwässerungspumpe" handeln.

Gebühren für die Benutzung einer öffentlichen Entwässerungsanlage werden meist als Kanal- oder Sielgebühren bezeichnet. Sie werden üblicherweise von der Kommune erhoben. Zu den umlegbaren Kosten zählen, zusätzlich zu den Abwässern, die Kosten der Grundstücksentwässerung, namentlich das Regen- und Schmelzwasser, obwohl sie nicht verunreinigt sind, auch Oberflächenabwasserbeseitigung oder Niederschlagswasser genannt.

Der Betrieb von nichtöffentlichen Entwässerungsanlagen, also privaten Kläranlagen für Grundstücke, die nicht an das öffentliche Abwassersystem angeschlossen sind, umfasst alle Kosten, die für eine hygienische und damit ordnungsgemäße Entwässerung notwendig sind.

Folgende Kosten können anfallen:

- die Abfuhr des Klärschlamms
- das Absaugen der Kläranlage
- der Strom der Entwässerungspumpe
- das Leeren der Sickergrube
- alle sonstigen mit dem Betrieb der Kläranlage anfallenden Kosten

Nicht zu den umlagefähigen Kosten gehören die Reparaturkosten, die erstmaligen Herstellungskosten oder Kosten für die Beseitigung einer Rohrverstopfung.

Weitere Stichwörter:
Abwasser, Entwässerung, Gesplittete Abwassergebühr, Hauskläranlage, Niederschlagswasser

Klimaanlage

Die Kühlung von Wohnräumen mithilfe einer Klimaanlage ist in der Regel teuer. Der Mieter trägt indirekt einen Teil der Kosten selbst, da die in seiner Wohnung vorhandene Klimaanlage üblicherweise über „seinen" Stromzähler läuft und somit über seinen Stromversorger abgerechnet wird. Hier ist ausdrücklich darauf hinzuweisen, dass die Kosten für eine Klimaanlage nicht in dem Katalog der 17 Betriebskostenarten des § 2 BetrKV aufgeführt sind.

Die Kosten für den Betrieb der Klimaanlage durch den Vermieter können unter „sonstigen Betriebskosten" (§ 2 Nr. 17 BetrKV) auf den Mieter umgelegt werden, wenn eine solche Kostentragungspflicht ausdrücklich vereinbart ist. Selbstverständlich nur dann, wenn auch tatsächlich eine Klimaanlage vorhanden ist und der Mieter die Klimaanlage nutzen kann. Ob er sie dann tatsächlich nutzt, ist unerheblich.

Weitere Stichwörter:
Heizpflicht, Warmluftheizung, Zwischenabrechnung

Klingelanlage

Die Überprüfung einer Klingelanlage oder Gegensprechanlage verursacht generell keine umlagefähigen Wartungskosten. Warum eine Klingelanlage überhaupt überprüft werden muss, ist rätselhaft. Eine Notwendigkeit besteht nicht. Ist die Klingelanlage oder die Gegensprechanlage defekt, muss der Vermieter die Reparatur als Instandhaltungskosten selbst tragen. Er darf sie dem Mieter nicht weiter verrechnen.

Weitere Stichwörter:
Gegensprechanlage, Instandhaltung/Instandsetzung

Kontoführungskosten

Die Kosten für die Führung eines Mietkontos bei einem Kreditinstitut sind keine Betriebskosten. Selbst wenn eine Wohnungseigentümergemeinschaft dem vermietenden Wohnungseigentümer solche Kosten in Rechnung stellt, was nach dem Recht der Eigentumswohnung möglich ist, kann er diese nicht an seinen Mieter weitergeben.

Kontoführungskosten sind Kosten der Verwaltung (§ 1 Abs. 2 BetrKV), denn die kontoführende Bank macht nichts anderes, als das Vermögen des Vermieters, das auf dem Bankkonto liegt, zu verwalten, in dem sie Einzahlungen, Überweisungen und Auszahlungen verbucht. Dafür berechnet die Bank Gebühren, die typischerweise als Verwaltungskosten einzustufen sind.

Weitere Stichwörter:
Eigentumswohnung, Verwaltungskosten

Kopfteile

→ Personenzahl

Kopierkosten für Belege

Der Mieter darf sich bei gewährter Belegeinsicht im Büro des Vermieters umfassende Notizen machen oder die Belege vollständig abschreiben oder mit einem mitgebrachten Tischkopierer Kopien erstellen. Den verbrauchten Strom sollte er dem Vermieter ersetzen.

Hat der Mieter keinen Kopierer dabei und möchte er einen vorhandenen Kopierer des Vermieters vor Ort nutzen, ist er auf den „goodwill" des Vermieters angewiesen, da ein Rechtsanspruch auf Benutzung des vermietereigenen Kopiergeräts nicht besteht. Viele Vermieter gestatten die Nutzung und man fragt sich, welche Kosten der Vermieter verlangen kann.

Welchen Betrag pro Kopie muss der Mieter dem Vermieter als Kostenerstattung anbieten? 0,51 Euro pro Kopie ist sicher zu viel, angemessen dürfte ein Betrag von 0,15 bis 0,25 Euro pro Kopie sein, inklusive der Umsatzsteuer. Oder gestaffelt nach der Anzahl der Kopien, so dass die Preise geringer werden, je mehr Kopien gemacht werden („Mengenrabatt").

Das Amtsgericht Pankow/Weißensee meint zur Höhe in einer etwas älteren Entscheidung: Die Kopierkosten dürfe der Vermieter nicht nach Belieben festsetzen. Für eine DIN A4-Kopie liege die handelsübliche Vergütung bei 0,05 bis 0,10 Euro. Auf keinen Fall müsse der Mieter das Zehnfache des marktüblichen Preises bezahlen: Schließlich solle er auch umfangreiche Belege überprüfen können, ohne dass ihn hohe Kopierkosten davon abschrecken. Auch der Bearbeitungsaufwand des Vermieters rechtfertige den hohen Preis nicht, den dürfe er grundsätzlich nicht auf die Mieter abwälzen (AG Pankow/Weißensee vom 13.03.2002, Az. 7 C 482/01). Als Besonderheit dieser Entscheidung ist anzumerken, dass das Gericht einen Bezug zu § 29 Abs. 2 Satz 1 NeubaumietenVO herstellt und die Ansicht vertritt, dass die dortige Regelung auf Mietverträge außerhalb des Anwendungsbereichs der Neubaumietenverordnung entsprechende Anwendung finde.

Hiernach hat der Mieter gegen den Vermieter Anspruch auf Übersendung von Belegkopien der Betriebskostenabrechnung gegen Erstattung der dem Vermieter entstehenden Kosten. Der BGH ist jedoch der Ansicht, dass der Mieter nur in ganz bestimmten Ausnahmefällen einen Anspruch auf Übersendung von Kopien habe (Belegeinsicht).

Die Kosten, die dem Vermieter für die Organisation und Betreuung der Einsichtnahme entstehen, sind als Verwaltungsaufwendungen nicht auf den Mieter abwälzbar.

Weitere Stichwörter:
Belegeinsicht, Eigentumswohnung

Korrektur der Abrechnung

Der Vermieter darf zwar noch nach Ablauf der Abrechnungsfrist eine Betriebskostenabrechnung korrigieren. Ergibt die Korrektur jedoch eine höhere Nachforderung als bei der ersten Abrechnung, so bleibt der Vermieter auf der Differenz zwischen alter und neuer Nachforderung sitzen (Ausnahme: Den Vermieter trifft kein Verschulden, Schulbeispiel: Rückwirkende Grundsteuererhöhung der Kommune), wie der BGH in seinem Urteil vom 12.12.2007, Az. VIII ZR 190/06 meint.

Weitere Stichwörter:
Abflussprinzip, Begrenzung der Höhe der Nachforderung, Grundsteuer

Kraftbetriebene Garagentore

Elektrische Tiefgaragentore (z. B. Rolltore) sind reparaturanfällig, da sie häufig genutzt werden. Der Torbetreiber ist für die ordnungsgemäße Nutzung des Tors verantwortlich und er hat dafür zu sorgen, dass von dem Garagentor keine Gefahren ausgehen. Deshalb verlangen die Hersteller solcher Anlagen regelmäßige Wartungen, bei denen es auch zu einem Austausch von Verschleißteilen oder zu kleineren Reparaturen kommen kann, die die Funktionsfähigkeit des Tors sichern.

Eine Prüfpflicht besteht aber nur aufgrund von Unfallverhütungsvorschriften im gewerblichen Bereich. Die Torhersteller empfehlen dies aber auch privaten Torbetreibern. Eine Prüfpflicht besteht insbesondere auch nicht nach der landesrechtlichen Verordnung über die Prüfung haustechnischer Anlagen und Einrichtungen in Gebäuden, weil Garagentore dort nicht als prüfpflichtig erwähnt sind.

Die Kosten für die Wartung des Rolltors können nicht auf die Wohnungsmieter umgelegt werden, weil von einem Instandhaltungsaufwand auszugehen ist. Es obliegt dem Vermieter, das Rolltor funktionsfähig zu halten. Die Betriebskostenverordnung nennt ausdrücklich nur bei bestimmten Positionen, dass Wartungskosten umlegbar sind. Die Garagentore gehören nicht dazu.

Weitere Stichwörter:
Garagenbetriebskosten, Instandhaltung/Instandsetzung, Wartungskosten

Kündigung bei Zahlungsverzug

§ 543 Abs. 2 Satz 3 BGB bestimmt, dass der Vermieter ein Wohnräummietverhältnis außerordentlich fristlos kündigen kann, wenn der Mieter bei zwei aufeinander folgenden Terminen (z. B. Dezember und Januar) mit einem nicht unerheblichen Teil der Miete im Verzug ist. Als andere Alternative gibt der Gesetzgeber dem Vermieter die Möglichkeit, das Mietverhältnis fristlos zu kündigen (außerordentlich fristlos), wenn der Mieter bei nicht aufeinander folgenden Terminen (z. B. März und September) mit zwei Mietzahlungen in Rückstand ist.

Der Gesetzgeber verwendet in dieser Vorschrift den Begriff „Miete". Darunter fallen die Kaltmiete, die Betriebskostenvorauszahlung und die Heizkostenvorauszahlung, also die sog. Bruttomiete.

Ist zusätzlich zur Wohnung eine Garage oder ein anderer Nebenraum vermietet, fallen auch Zahlungen für diese Räume unter den Begriff „Miete". Dagegen fallen Nachzahlungen aus Betriebskostenabrechnungen der vergangenen Abrechnungsperiode nicht unter diesen Begriff, da es keine wiederkehrenden Zahlungen sind. Hierbei handelt es sich um die sog. herrschende Meinung.

Anderer Auffassung ist z. B. das LG Berlin in einer Entscheidung vom 20.02.2015 (Az. 63 S 202/14). Danach ist ein Vermieter berechtigt, aufgrund einer Nachzahlung aus einer Betriebskostenabrechnung, die den Betrag von zwei Monatsmieten deutlich übersteigt, das Mietverhältnis außerordentlich fristlos zu kündigen, wenn der Zahlungsverzug mehr als einen Monat andauert. Als Begründung wird angeführt, dass Nachzahlungen aus Betriebskostenabrechnungen zwar keine laufenden Zahlungen im Sinne von § 543 Abs. 2 Satz 1 Nr. 3 BGB seien, jedoch handle es sich um Mietzahlungen und damit um eine Hauptleistungspflicht des Mieters. Zumindest rechtfertigt eine fehlende Betriebskostennachzahlung eine ordentliche Kündigung gemäß § 573 Abs. 2 Nr. 1 BGB. Das scheint aus meiner Sicht unstreitig zu sein.

Weitere Stichwörter:
Betriebskostenabrechnung, Betriebskostenvorauszahlung, Bruttomiete, Heizkostenvorauszahlung

Kürzung von Heizkosten

§ 12 Abs. 1 HeizKV lautet:

§ 12 Abs. 1 HeizKV

Soweit die Kosten der Versorgung mit Wärme oder Warmwasser entgegen den Vorschriften dieser Verordnung nicht verbrauchsabhängig abgerechnet werden, hat der Nutzer das Recht, bei der nicht verbrauchsabhängigen Abrechnung der Kosten den auf ihn entfallenden Anteil um 15 vom Hundert zu kürzen. Dies gilt nicht beim Wohnungseigentum im Verhältnis des einzelnen Wohnungseigentümers zur Gemeinschaft der Wohnungseigentümer, insoweit verbleibt es bei den allgemeinen Vorschriften.

Verschiedene Fallkonstellationen sind denkbar:

- Generell: Kann der Vermieter nicht verbrauchsabhängig die Heizkosten und das Warmwasser abrechnen, kann der Mieter die Zahlung von Heizkosten nicht insgesamt verweigern, sondern ist nach dem Grundsatz von Treu und Glauben gemäß § 242 BGB gehalten, die um 15 Prozent gekürzten Kosten zu zahlen.
- Fehlende Messgeräte: Rechnet der Vermieter die Heizkosten nicht verbrauchsabhängig ab, kann der Mieter die auf ihn verteilten Heizkosten um 15 Prozent kürzen (BGH vom 30.01.1991, Az. VIII ZR 361/89).
- Veraltete Messgeräte: Sind die Erfassungsgeräte nicht entsprechend den Vorschriften angebracht, kann der Mieter die Heizkostenabrechnung um 15 Prozent kürzen.

Der BGH hat klargestellt, dass sich das Kürzungsrecht gemäß § 12 HeizKV nur auf die Anteile der Heizkosten bezieht, die nicht entsprechend der Regelungen der Heizkostenverordnung abgerechnet werden:

BGH vom 14.09.2005, Az. VIII ZR 195/04

(...) Sind Messgeräte zur Erfassung des anteiligen Wärmeverbrauchs vorhanden und werden diese verwendet, hat der Nutzer nicht das Recht, den „Strafabzug" nach § 12 Abs. 1 Satz 1 HeizKV auch bei den Kosten des Wärmeverbrauchs deshalb vorzunehmen, weil keine Messgeräte für die Erfassung des anteiligen Warmwasserverbrauchs vorhanden sind. In einem solchen Fall beschränkt sich das Recht des Nutzers auf einen „Strafabzug" bei den nicht verbrauchsabhängig abgerechneten Kosten für die Versorgung mit Warmwasser. (...)

Wird Wärmeverbrauch korrekt erfasst, aber der Warmwasserverbrauch nicht, kommt § 12 HeizKV nur für die Warmwasserkosten in Betracht. Es ist unzulässig, die Kürzung auf die kompletten Heizkosten mit 15 Prozent vorzunehmen. Begründet hat der BGH seine Entscheidung im Wesentlichen mit der Auslegung der Vorschrift nach § 12 Abs. 1 Satz 1 HeizKV.

Weitere Stichwörter:
Ersatzabrechnung von Heizkosten, Etagenheizung, Gebot der Wirtschaftlichkeit, Verbrauchsschätzung, Wärmedienstkosten

Lasten des Grundstücks

Nach § 535 Abs. 2 BGB hat der Vermieter die auf der vermieteten Sache ruhenden öffentlichen und privaten Lasten zu tragen. So steht es im Gesetz. Es handelt sich dabei um Leistungen, die Kraft öffentlichen Rechts auf dem Grundstück ruhen oder aus dem Grundstück zu entrichten sind.

Beispiele:

Grundsteuer, Gebäudesteuer, kommunale Abgaben, Erschließungskosten und Straßenanliegerbeiträge

Nicht unter die öffentlichen Lasten im Sinne von § 535 Abs. 2 BGB fällt die Grunderwerbssteuer, die beim Kauf einer Immobilie anfällt.

Im Gegensatz zu den öffentlichen Lasten gehören zu den privaten Lasten eines Grundstücks die Zinsen der Finanzierung durch Darlehen und die Grundpfandrechte.

Eine Umlage der Lasten des Grundstücks auf den Mieter in Form von Betriebskosten kann nur erfolgen, soweit sie unter den Begriff Betriebskosten im Sinne des § 1 oder § 2 BetrKV zu subsumieren sind. Das trifft auf die jährlich anfallende Grundsteuer zu. Keine Betriebskosten in diesem Sinne sind die – nur – einmalig anfallenden Erschließungskosten und Anliegerbeiträge.

Weitere Stichwörter:
Aperiodische Betriebskosten, Betriebskosten, Betriebskostenvereinbarung, Erbbauzinsen

Laufende öffentliche Lasten

Diese Begriffe findet man in § 2 Nr. 1 BetrKV. Die laufenden öffentlichen Lasten kann der Vermieter nur dann auf den Mieter als Betriebskosten umlegen, wenn sie ausdrücklich vereinbart sind. Diese Kostenposition betrifft insbesondere die Grundsteuer.

Wird das Mietobjekt gemischt genutzt, erhält der Vermieter trotzdem nur einen Grundsteuerbescheid. Er muss daher bei der Abrechnung mit den Mietern wegen der Verteilungsgerechtigkeit zwischen den einzelnen Vermietungsarten (Wohnungen bzw. Gewerbe) differenzieren.

Der Wohnraummieter soll nicht mit Kosten belastet werden, die durch die teilweise gewerbliche Nutzung des Grundstücks verursacht werden. Es stellen sich daher die Fragen, nach welchem Verteilerschlüssel man die Grundsteuer differenziert und was unter gerecht verstanden wird. Das LG Frankfurt (WuM 1997, 630) legt zur Ermittlung eines gerechten Verteilerschlüssels den Ertragswert der Wohnraummiete, was ziemlich unüblich ist, zugrunde und setzt dazu ins Verhältnis den Ertragswert der Gewerbenutzungen. Dies dürfte nach meinem Dafürhalten zu einigermaßen sachgerechten Ergebnissen führen.

Das LG Berlin hat sich in seinem Urteil vom 15.03.2016 (Az. 63 S 219/15) etwas anders geäußert: Wird ein Gebäude sowohl gewerblich als auch zu Wohnzwecken genutzt und erhält der Vermieter einen einheitlichen Grundsteuerbescheid, sind die Mieter ohne Weiteres entsprechend ihrem Anteil an dem Betrag zu beteiligen, den der Vermieter an die Gemeinde abzuführen hat. Die Problematik, wie solche gemischten Grundsteuerbescheide gegenüber den Mietern abzurechnen sind, und ob z. B. der Vermieter einen sog. Vorwegabzug machen muss, ist noch nicht geklärt und wird vom BGH erst noch entschieden.

Weitere Stichwörter:
Grundbesitzabgaben, Grundsteuer, Vereinbarung von Betriebskosten

Leerstand

Die Betriebskosten einer leer stehenden Mietwohnung sind vom Vermieter selbst zu tragen. Er wird so behandelt, als wäre er selbst Mieter dieser Wohnung. Sie dürfen nicht anteilig auf die im Haus verbliebenen übrigen Mieter umgelegt werden.

Das ergibt sich aus einem Urteil des BGH:

BGH vom 31.05.2006, Az. VIII ZR 159/05

(...) Wenn die („kalten") Betriebskosten vereinbarungsgemäß nach dem Verhältnis der Fläche der Mietwohnung zur Gesamtwohnfläche umzulegen sind, hat der Vermieter die auf leerstehende Wohnungen entfallenden Betriebskosten grundsätzlich selbst zu tragen; dies gilt auch für verbrauchsabhängige Betriebskosten, die wegen fehlender Erfassung des Verbrauchs der einzelnen Mieter nach der Wohnfläche abgerechnet werden. (...)

Weitere Stichwörter:
Verbrauchsabhängige Nebenkosten, Verteilerschlüssel

Leistungs- oder Zeitabgrenzungsprinzip

→ Abflussprinzip

Prinzipiell ist das sog. Abflussprinzip bei der Verteilung der Kosten anwendbar. Keine Anwendung findet das Abflussprinzip bei der Heizkostenabrechnung. Heizkosten dürfen nur unter dem Ansatz des im Abrechnungszeitraum verbrauchten Brennstoffs abgerechnet werden (BGH vom 01.02.2012, Az. VII ZR 156/11). In die Heizkostenabrechnungen dürfen nur die tatsächlich verbrauchten Brennstoffe einfließen.

Würde man nach dem Abflussprinzip abrechnen, würde diese Abrechnungsmethode gegen § 7 Abs. 2 HeizKV verstoßen. Danach darf nur der „tatsächlich verbrauchte Brennstoff" abgerechnet werden. Der Vermieter muss z. B. beim Heizöl nachschauen, wie hoch war der Heizölbestand zu Jahresbeginn und unter Einrechnung etwa einer Nachtankung, wie hoch ist der Heizölstand am Jahresende.

Sollten die Tankfüllungen unterschiedliche Preise gekostet haben, geht es nach dem Prinzip „first in and first out".

Weitere Stichwörter:
Abflussprinzip, Heizkostenabrechnung, Heizöl

Leitungswasserversicherung

Die Prämie für die Leitungswasserversicherung gehört zu den Betriebskosten im Sinne von § 2 Nr. 13 BetrKV („... Kosten der Versicherung des Gebäudes gegen ... Wasserschäden ...").

Nach den allgemeinen Versicherungsbedingungen für die Leitungswasserversicherung (AWB 2010) zählen zu den versicherten Gefahren und Schäden unter anderem die Bruchschäden innerhalb eines Gebäudes.

Damit sind folgende Ereignisse gemeint: frostbedingte Bruchschäden an versicherten Rohren der Wasserversorgung, der Warmwasser- und Dampfheizung, Klima-, Wärmepumpen und Solarheizungsanlagen, oder an Badeinrichtungen, Waschbecken, Spülklosetts, Armaturen.

Schäden an außerhalb des Gebäudes verlegten Leitungen sind nicht versichert. Eine Leitung liegt innerhalb des Gebäudes, wenn sie im gesamten Baukörper einschließlich der Bodenplatte verlegt ist. Rohre von Solarheizungsanlagen auf dem Dach gelten als Rohre innerhalb des Gebäudes. Es ist das Risiko versichert, dass bestimmungswidrig, wie bei einem Rohrbruch, Wasser austritt und einen Schaden am Gebäude verursacht.

Nicht versichert sind vom Wasseraustritt beschädigte bewegliche Sachen wie Teppiche oder Möbel (§ 3 Nr. 6e AWB 2010). Hier hilft dem Mieter eventuell seine Hausratversicherung.

Die Kosten für die Leitungswasserversicherung sind als Betriebskosten auf den Mieter umlegbar.

Weitere Stichwörter:
Elementarschadensversicherung, Gebäudehaftpflichtversicherung

Lüftungsanlage

Die Kosten der Wartung einer Lüftungsanlage können als sonstige Betriebskosten auf den Mieter umgelegt werden, wenn die Kosten in dieser Position vertraglich vereinbart sind, sagt das AG Hannover in seinem Urteil vom 28.10.2003 (Az. 523 C 11494/03). Dazu ist jedoch erforderlich, dass diese Kosten ausdrücklich als sonstige Betriebskosten vereinbart werden.

Weitere Stichwörter:
Sonstige Betriebskosten, Vereinbarung von Betriebskosten

Messeinrichtungen

→ Verbrauchserfassung

Mieterwechsel

Gibt es während einer Abrechnungsperiode einen Mieterwechsel, erhält der neu eingezogene Mieter vom Vermieter eine Betriebskostenabrechnung für den Zeitraum, ab dem er die Wohnung benutzt hat, und der ausziehende Mieter für den zeitlich davor liegenden Rest der Abrechnungsperiode.

Für die Heiz- und Warmwasserkosten hat ein Mieterwechsel folgende Konsequenzen: Nach der Heizkostenverordnung muss eine Zwischenablesung gemäß § 9b HeizKV vorgenommen werden, um die verbrauchte Wärmemenge und das Warmwasser auf den Vor- und den Nachmieter zeitlich und nach Verbrauch aufteilen zu können.

Wie die sog. Gradtagszahlentabelle zeigt, werden Wärmeenergiekosten größtenteils in den Wintermonaten verursacht, im Sommer fallen praktisch keine Kosten an. Wenn also ein Mieter zum 31.03. eines Jahres auszieht, darf ihm nicht ein Viertel der Heizkosten auferlegt werden, sondern es muss, wenn keine Zwischenablesung vorgenommen worden ist, nach Gradtagszahlen abgerechnet werden. Das ist nicht erforderlich bei den übrigen Betriebskosten.

Bei den übrigen Betriebskosten ist lediglich eine Zwischenablesung des jeweiligen Verbrauchsstandes erforderlich, oder eine zeitliche Abgrenzung, die sich bei den verbrauchsunabhängigen Betriebskosten anbietet.

Der Vermieter ist nicht verpflichtet, dem ausziehenden Mieter eine Teilabrechnung zu erteilen. Dieser muss bis zum Ablauf der Abrechnungsreife warten.

Weitere Stichwörter:
Abrechnungsreife, Eigentümerwechsel, Vermieterwechsel

Mietjahr

→ Geschäftsjahr

Mietminderung

Nach §§ 536 und 536a BGB hat der Wohnraummieter bei Mängeln an der Mietsache bei Vorliegen der übrigen Voraussetzungen grundsätzlich Ansprüche auf Mietminderung. Durch ein Urteil des BGH ist bestimmt, dass für den Abzug von der Miete der Minderungsbetrag nicht von der Nettomiete abzuziehen ist, sondern von der Bruttomiete (BGH vom 06.04.2005, Az. XII ZR 225/03).

Laut BGH ist es unerheblich, ob die Betriebskosten als Vorauszahlungen oder als Pauschale geschuldet sind. Es ist bei der Berechnung der Minderung immer von einer Gesamtmiete auszugehen.

Es stellt sich die Frage, wie die Mietminderung bei einer Betriebskostenabrechnung zu berücksichtigen ist. Würde man nämlich bei der Betriebskostenabrechnung die Minderung, die der Mieter tatsächlich vorgenommen hat, nicht berücksichtigen, würde der Mieter durch eine höhere Nachzahlung, da er weniger vorausbezahlt hat, nämlich einen geminderten Betrag, seine Mietminderung wieder egalisieren, indem er höhere Betriebskosten nachentrichtet. Bei der Betriebskostenabrechnung muss der Vermieter so tun, als habe der Mieter die Bruttomiete, also auch die Vorauszahlungen, nicht gemindert.

Weitere Stichwörter:
Abrechnung, Abrechnungsfehler, Bruttokaltmiete, Bruttomiete, Bruttowarmmiete, Fenstermängel, Instandhaltung/Instandsetzung, Nettomiete

Miteigentumsanteil

Bei vermieteten Eigentumswohnungen werden die Hausgeldabrechnungen auf der Basis nach dem Wohnungseigentumsgesetz (WEG) vorgenommen. Die Nebenkosten, auch Hausgelder genannt, werden innerhalb der Wohnungseigentümergemeinschaft auf die einzelnen Eigentümer in aller Regel nach Miteigentumsanteilen (MEA) verteilt.

Der vermietende Eigentümer erhält von seiner Hausverwaltung für das gemeinschaftliche Eigentum eine Betriebskostenabrechnung (= Hausgeldabrechnung) mit dem Verteilerschlüssel MEA.

Wobei hier einem weit verbreiteten Irrtum entgegengesteuert werden muss: Die in der Gemeinschaftsordnung und Teilungserklärung definierten Miteigentumsanteile müssen nicht der tatsächlichen Wohnfläche entsprechen. So werden gerne in Wohn- und Geschäftshäusern die Gewerbeeinheiten mit höheren Miteigentumsanteilen bedacht, damit sie aufgrund der vermuteten höheren Abnutzung auch einen größeren Beitrag zu der Instandhaltungsrücklage leisten und indirekt einen höheren Anteil an den Reparaturkosten haben. Die Verteilung der Miteigentumsanteile ist eine Bewertung, die der ursprüngliche Grundstückseigentümer bei der Aufteilung des Grundstücks in Wohnungseigentum selbst vornehmen kann. Häufig orientieren sich die Werte an der Wohnfläche, wenn es keine Besonderheiten, wie etwa gewerblich genutzte Flächen, gibt.

Es ist zulässig und entspricht Billigkeitsgrundsätzen, wenn der Vermieter einer Eigentumswohnung die Miteigentumsanteile als Umlageschlüssel mit seinen Mietern vereinbart, anstatt dem Flächenmaßstab.

Hat der Vermieter den Umlageschlüssel MEA nicht vereinbart, kann er trotzdem nach Miteigentumsanteilen die Betriebskosten umlegen, wenn die Miteigentumsanteile mit den Wohnflächen übereinstimmen. Für die Übereinstimmung ist der Vermieter im Streitfall beweispflichtig. Stimmen Miteigentumsanteil und Wohnfläche nicht überein (und hat der Vermieter keinen Umlageschlüssel MEA vereinbart), muss der vermietende Wohnungseigentümer seine Hausgeldabrechnung, die er von der Hausverwaltung erhält, die ihm gegenüber in den meisten Positionen nach Miteigentumsanteilen umgelegt ist, auf den Anteil der Mietfläche umrechnen, damit er nach dem gesetzlichen Umlageschlüssel, dem Flächenmaßstab abrechnen kann.

Das kann zu wirtschaftlichen Nachteilen führen, denn dazu muss er die Gesamtwohnfläche der gesamten Wohnungseigentumsanlage wissen und insbesondere Balkone nach der Wohnflächenverordnung einstufen. Außerdem muss der vermietende Eigentümer hoffen, dass die Abrechnungsperiode der Wohnungseigentümergemeinschaft mit der Abrechnungsperiode im Mietvertrag übereinstimmt, sonst muss der Vermieter aus zwei Wohnungseigentümergemeinschaft-Abrechnungen eine Mieterabrechnung „basteln". Dabei helfen ihm die Angaben aus seiner Heizkostenabrechnung. Diese kann der Vermieter allerdings nur annäherungsweise heranziehen, da die gesamte beheizbare Fläche nicht mit der Gesamtwohnfläche übereinstimmen muss. Es ist in der Regel nicht einfach, eine Hausgeldabrechnung der Wohnungseigentümergemeinshaft in eine Betriebskostenabrechnung mit dem Mieter zu transferieren.

Weitere Stichwörter:
Eigentumswohnung, Fehler in der Betriebskostenabrechnung, Flächenmaßstab

Modernisierung

Nach Maßgabe von § 559 Abs. 1 BGB sind die Anschaffungskosten von Erfassungsgeräten als Modernisierungskosten zu deklarieren und der Vermieter kann von den Anschaffungskosten 11 Prozent als Modernisierungskosten ansetzen, die Miete zu erhöhen. Und zwar dauerhaft. Die Mieterhöhung wegen einer Modernisierungsmaßnahme ist an gewisse Voraussetzungen gebunden.

Grundsätzlich muss der Mieter die Maßnahmen dulden. Da die Modernisierungsmaßnahmen als bauliche Veränderungen anzusehen sind, muss durch die Maßnahme der Endenergieverbrauch der Mietsache nachhaltig verringert werden (energetische Modernisierung). Dann muss durch die Modernisierungsmaßnahme der Wasserverbrauch nachhaltig reduziert werden. Heizkostenverteiler, Warmwasserzähler, Wärmezähler, Wärmemengenzähler und Kaltwasserzähler, wenn diese alle geeicht sind, sind solche Modernisierungsmaßnahmen.

Die Modernisierungsmaßnahme ist den Mietern anzukündigen und eine entsprechende Berechnung der zu erwartenden Erhöhung zuzusenden. Ich verweise insoweit auf § 559b BGB. Sollte der Vermieter

Zuschüsse von Dritten zu diesen Maßnahmen erhalten haben, sind diese anzurechnen (§ 559a BGB).

Weitere Stichwörter:
Heizkostenverteiler nach dem Verdunstungsprinzip, Kaltwasserzähler, Warmwasserzähler

Müllbeseitigung

Bei der Müllabfuhr sind sowohl die Grundkosten als auch die Kosten, die auf der Grundlage von Mengenmessungen (Anzahl der Leerungen pro Jahr) entstehen, als Betriebskosten umlagefähig. Das gilt nicht uneingeschränkt für Sperrmüll.

Grundsätzlich ist der Mieter zur Mülltrennung nach Maßgabe der örtlichen Vorschriften verpflichtet, auch wenn eine solche Tätigkeit nicht extra im Mietvertrag erwähnt ist. Wenn Sonderkosten entstehen, weil der Müll nicht ordnungsgemäß getrennt wird, sind auch solche Kosten umlagefähig, jedenfalls dann, wenn aufgrund der Häufigkeit oder Menge anzunehmen ist, dass eine Großzahl von Mietern an der fehlerhaften Befüllung der Mülltonnen beteiligt sein muss.

Weitere Stichwörter:
Entrümpelung, Müllgebühren, Sperrmüllentsorgung, Umlagefähige Kosten, Verbrauchsabhängige Nebenkosten

Müllentsorgung

Die Kosten, die dem Vermieter aus dem laufenden Betrieb einer Müllentsorgungsanlage entstehen, sind gemäß § 2 Nr. 8 BetrKV auf den Mieter umlegbar. Dabei ist das Wirtschaftlichkeitsgebot zu beachten. Sind die Mieter durch die in ihrem Wohnort geltenden rechtlichen Bestimmungen verpflichtet, Glas, Papier, Biomüll und Plastik zu trennen, wird anzunehmen sein, dass die Restmüllmenge deutlich reduziert ist. Dies müsste sich durch geringere Müllgebühren bemerkbar machen. Wenn dies nicht der Fall sein sollte, wird dem Mieter zu empfehlen sein, die Abrechnung genau zu überprüfen oder überprüfen zu lassen.

§ 556a Abs. 1 Satz 2 und Abs. 2 Satz 1 BGB gestatten es, verursachungsabhängige Betriebskosten nicht zu 100 Prozent nach erfasster Verursachung umzulegen, sondern in gewissen Umfang verursachungsunabhängige Kostenbestandteile in die Umlage der Betriebskosten einzubeziehen (BGH vom 06.04.2016, Az. VIII ZR 78/15).

Der BGH hält es für zulässig, bei der Abrechnung der Betriebskosten der Müllbeseitigung am Maßstab des verursachten und erfassten Restmülls eine angemessene Mindestmenge zu berücksichtigen.

Der kombinierte Ansatz einer festen Mindestmüllmenge bei der Kostenumlage ist nach BGH zulässig. Die Berücksichtigung einer Mindestmüllmenge ist auch sinnvoll. Dadurch wird dem Anreiz entgegengewirkt, dass sich einzelne Mieter zur Minimierung ihrer Betriebskosten der Erfassung des Restmülls entziehen, indem sie diesen ordnungswidrig anderweitig entsorgen.

Weitere Stichwörter:
Entrümpelung, Gebot der Wirtschaftlichkeit, Müllgebühren, Umlagefähige Kosten

Müllgebühren

Die Kosten für die Müllabfuhr sind umlagefähige Betriebskosten. Grundsätzlich erhält der Vermieter einen Müllgebührenbescheid, den er dann entweder nach dem vereinbarten Umlageschlüssel auf die Mieter verteilen darf, oder nach dem gesetzlichen Schlüssel. Es gibt Landkreise in Deutschland, die die Gebühren pro Person pro Haushalt – ermittelt nach den Angaben des Einwohnermeldeamts – abrechnen. Hier kann der Vermieter die Abrechnung 1 : 1 an den Mieter weitergeben, wenn dieser die Abrechnung nicht schon direkt von der Entsorgungsfirma erhält.

Zahlt der Vermieter jedoch seine Abfall- bzw. Müllgebühren an die Stadt oder den Landkreis anhand der Mülltonnengröße und anhand der Anzahl der Leerungen, ergibt sich ein differenzierter Gebührenbescheid, in der Regel nach einer Grundgebühr gestaffelt, nach Anzahl der Leerungen und eventuell nach Anzahl der Personen. Wenn im

Mietvertrag nichts anderes vereinbart ist, kann der Vermieter die Müllgebühren nach Anzahl der Personen auf die einzelnen Mieter umlegen.

Weitere Stichwörter:
Müllentsorgung, Umlagefähige Kosten

Müllschlucker

Die Begriffe Müllschlucker, Müllabwurfanlage oder Müllabwurfschacht bezeichnen zentrale Abfallbeseitigungsanlagen in größeren Wohnanlagen. Die Nutzer der Wohnungen, seien es Mieter oder Eigentümer, können über Abwurfschächte ihren Müll entsorgen, der im Keller in Containern aufgefangen wird und dann meist vom Hauswart zur Müllabfuhr gebracht wird. Nach § 2 Nr. 8 BetrKV können die dadurch entstehenden Kosten als Betriebskosten auf den Mieter umgelegt werden. Zu den Betriebskosten zählen zudem die Kosten für die Reinigung der Anlage.

Weitere Stichwörter:
Müllbeseitigung, Plausibilitätskontrolle

Mülltonnen

Möchte der Mieter eine zusätzliche Mülltonne nutzen, muss er die Kosten hierfür selbst bezahlen. Der Vermieter ist nur verpflichtet, für die Müllbeseitigung eine Grundversorgung zur Verfügung zu stellen, das heißt Mülltonnen in einem Umfang, der dem üblichen entspricht.

Weitere Stichwörter:
Biotonne, Haushaltsnahe Dienstleistungen, Hauswart

Münzwaschautomat

Nach § 2 Nr. 16 BetrKV darf der Vermieter von Wohnraum Kosten für die Zurverfügungstellung von maschinellen Wascheinrichtungen, damit sind Münzwaschautomaten, Wäscheschleudern, Trockenschränke, Bügelautomaten und Trockner gemeint, und sofern im Mietvertrag vereinbart, auf den Mieter umlegen. Die Kosten für den Betrieb der beispielhaft genannten Geräte laufen jedoch nur dann unter Betriebskosten, wenn alle Bewohner eines Mietshauses diese Anlagen auch nutzen dürfen.

Zu den laufenden Kosten dieser Einrichtungen zählen der verbrauchte Betriebsstrom, Kosten für die Reinigung der Maschinen und die Kosten für die regelmäßige Prüfung der Betriebsbereitschaft und Betriebssicherheit und natürlich die Kosten für das verbrauchte Wasser, falls diese nicht bereits unter der Rubrik Wasserkosten berücksichtigt werden. Werden Münzen für den Betrieb eingeworfen, die zuvor beim Vermieter erworben werden müssen, sind die Einnahmen aus dem Münzverkauf den Ausgaben gegenzurechnen und reduzieren die Betriebskosten.

Fraglich ist allerdings, ob der Preis für die Münzen nicht nur die laufenden Kosten abdeckt, sondern auch die Kosten für Reparaturen, Abschreibungen und Anschaffung von Neugeräten. Sollen die Einnahmen aus dem Münzenverkauf auch der Amortisation und die Kosten für die Anschaffung und Installation neuer Geräte dienen, muss dies ausdrücklich im Mietvertrag mit dem Mieter geregelt sein. Ansonsten darf der Vermieter nur die laufenden Kosten in Ansatz bringen. Für den Mieter gilt es jedoch zu bedenken, dass selbst bei einem Ansatz von Amortisations- und zukünftigen Installations- und Anschaffungskosten der Betrieb eines Münzwaschautomaten oder eines ähnlichen Geräts in aller Regel günstiger ist, als selbst eine Waschmaschine und einen Trockner anzuschaffen.

Weitere Stichwörter:
Sonstige Betriebskosten, Wasserverbrauch, Wasserzähler

Nachforderung

Eine formell ordnungsgemäße Betriebskostenabrechnung endet entweder mit einem Guthaben zugunsten des Mieters oder mit einer Nachforderung zugunsten des Vermieters. Wird nun eine Betriebskostenabrechnung an den Mieter übersandt, endet diese mit einer Nachforderung und bezahlt der Mieter ohne Vorbehalt den ausgerechneten Betrag, stellt das kein sog. deklaratorisches Schuldanerkenntnis dar. Das bedeutet, dass nachträglich die Betriebskostenabrechnung noch korrigiert werden kann (BGH vom 28.05.2014, Az. XII ZR 6/13).

Die Entscheidung erging zu einem Gewerberaummietverhältnis, kann aber meines Erachtens auch auf Wohnraummietverhältnisse übertragen werden. Denn der BGH sagt, dass die Betriebskostenabrechnung eine reine Wissenserklärung, ohne rechtsgeschäftlichen Bindungswillen darstellt. Auch der Mieter, der eine Betriebskostennachforderung vorbehaltlos erfüllt, erbringt damit eine reine Erfüllungshandlung, ohne dass daraus geschlossen werden kann, er erkenne den Abrechnungssaldo als endgültig für verbindlich an, mit der Folge, dass dann die Abrechnung nicht mehr korrigiert werden kann.

Weitere Stichwörter:
Erhöhung der Betriebskostenvorauszahlung, Fälligkeit der Nebenkosten, Zahlung unter Vorbehalt

Nachtstromspeicherheizung

Damit wird ein Heizsystem bezeichnet, das (früher) einen besonders günstigen Stromtarif, der von den Energieversorgern nachts angeboten wurde, ausnutzte. Der Nutzer bekam einen Zweitarifzähler, nämlich einen Hochlastzeit-Tarif (HT) von 6:00 bis 22:00 Uhr und einen Niedriglastzeit-Tarif (NT) von 22:00 bis 6:00 Uhr, für besonders günstigen Strom. Wegen des schlechten Wirkungsgrades der Nachtspeicheröfen schreibt die Energieeinsparverordnung 2009 die sukzessive Abschaffung der Nachtstromspeicherheizungen vor. Der Mieter bezahlt den verbrauchten Strom direkt an seinen Lieferanten und die Kosten tauchen daher nicht in der Betriebskostenabrechnung auf.

Weitere Stichwörter:
Beleuchtung, Direktabrechnung des Mieters, Elektrische Leitungen

Nachzahlungsfrist

Wenn der Mieter eine Betriebskostenabrechnung erhält, hat er nach § 556 Abs. 3 Satz 5 BGB zwölf Monate Zeit, seine Einwendungen gegen die Betriebskostenabrechnung gegenüber dem Vermieter zu formulieren. Die Einwendungsfrist beginnt mit Eingang der Abrechnung beim Mieter zu laufen.

Das bedeutet nicht, dass der Mieter zwölf Monate lang mit der Bezahlung warten kann. Er muss aber auch nicht sofort bezahlen. Insofern hat er eine gewisse Prüf- und Überlegungsfrist.

Nach § 560 Abs. 2 Satz 1 BGB endet diese Frist mit dem übernächsten Monatsbeginn. Ab diesem Zeitpunkt ist der Mieter dann mit seiner (Nach-)Zahlung im Verzug und der Vermieter kann nach § 286 Abs. 3 BGB inklusive Verzugszinsen klagen.

§ 286 Abs. 3 BGB

Der Schuldner einer Entgeltforderung kommt spätestens in Verzug, wenn er nicht innerhalb von 30 Tagen nach Fälligkeit und Zugang einer Rechnung oder gleichwertigen Zahlungsaufstellung leistet; dies gilt gegenüber einem Schuldner, der Verbraucher ist, nur, wenn auf diese Folgen in der Rechnung oder Zahlungsaufstellung besonders hingewiesen worden ist. Wenn der Zeitpunkt des Zugangs der Rechnung oder Zahlungsaufstellung unsicher ist, kommt der Schuldner, der nicht Verbraucher ist, spätestens 30 Tage nach Fälligkeit und Empfang der Gegenleistung in Verzug.

Hat der Mieter Bedenken, ob die Abrechnung in Ordnung ist, möchte er es jedoch nicht auf einen Rechtsstreit ankommen lassen, muss er die Nachzahlung unter dem Vorbehalt der Überprüfung innerhalb der Zwölf-Monats-Frist begleichen. Der Vorbehalt muss ausdrücklich erklärt werden, sonst handelt es sich um eine vorbehaltslose Nachzahlung, womit der Mieter deutlich macht, dass er die Betriebskostenabrechnung als richtig anerkennt.

Weitere Stichwörter:
Erhöhung der Betriebskostenvorauszahlung, Fälligkeit der Nebenkosten, Kündigung bei Zahlungsverzug, Zahlung unter Vorbehalt

Nachzahlungssaldo

Der Saldo einer Betriebskostenabrechnung ist die Differenz zwischen den auf den Mieter entfallenden Gesamtnebenkosten und den von ihm geleisteten und abgezogenen Vorauszahlungen. Hat der Vermieter zu geringe Vorauszahlungen angefordert oder der Mieter zu wenig bezahlt, verbleibt zu seinen Lasten eine Nachzahlung.

Der im Betriebskostenrecht häufig verwendete Begriff Saldo stammt aus dem Bankenwesen und bedeutet: Differenz zwischen Haben- und Sollseite eines Kontos. Von einem Soll-Saldo (= Nachzahlung) spricht man, wenn die Verbindlichkeiten das Guthaben übersteigen, den umgekehrten Fall nennt man Haben-Saldo (= Guthaben).

Wird der geforderte Nachzahlungsbetrag vom Mieter vorbehaltlos bezahlt, handelt es sich – juristisch gesehen – um ein deklaratorisches Schuldanerkenntnis. Der Mieter hat durch die vorbehaltlose Zahlung stillschweigend sein Einverständnis mit der Richtigkeit der Abrechnung erklärt. Eine spätere Rückforderung ist damit ausgeschlossen, es sei denn der Mieter hat bei der Überweisung einen Vorbehalt erklärt, der möglichst auch begründet sein sollte.

Weitere Stichwörter:
Guthaben, Vereinbarung von Betriebskosten, Vorauszahlungen

Nebenkosten

Der Begriff der Nebenkosten an sich ist im BGB nicht definiert. Gemeint sind alle Zahlungen, die ein Mieter zusätzlich zur Grundmiete zu erbringen hat. Die Nebenkosten beinhalten insbesondere die Betriebskosten nach der Betriebskostenverordnung und die Heiz- und

Warmwasserkosten. Wobei umgangssprachlich die Nebenkosten mit den Betriebskosten gleichbedeutend behandelt werden (Nebenkosten = Betriebskosten).

Weitere Stichwörter:
Betriebskosten, Betriebskostenvereinbarung

Nettomiete

Unter der Nettomiete versteht man üblicherweise die reine Kaltmiete ohne Neben- bzw. Betriebskosten und ohne Heiz- und Warmwasserkosten. In der Nettomiete sind keine Nebenkosten enthalten.

Weitere Stichwörter:
Bruttomiete, Kaltmiete, Teilinklusivmiete, Vereinbarung von Betriebskosten

Nicht umlagefähige Betriebskosten

Folgende, beispielhaft aufgeführte Positionen dürfen nicht auf den Mieter umgelegt werden, da es sich nicht um Betriebskosten, sondern um Verwaltungskosten oder andere Kosten handelt:

- Bank- und Kontoführungsgebühren
- Prämien für eine Rechtsschutzversicherung
- Wartung von Klingel- und Gegensprechanlagen
- TÜV-Gebühren für die Abnahme eines Gastanks
- Instandhaltungsrücklage nach WEG
- Verwaltungskosten nach WEG
- Sonderumlagen nach WEG
- Erbbauzinsen
- Bewachungskosten
- Einzugs- und Auszugskostenpauschale

Weitere Stichwörter:
Umlagefähige Kosten, Vereinbarung von Betriebskosten

Niederschlagswasser

Nach § 2 Nr. 3 BetrKV sind die von den Kommunen verlangten Gebühren für das Niederschlagswasser Betriebskosten; es handelt sich um Kosten, die unter den Begriff „Entwässerung" subsumiert werden.

§

§ 2 Nr. 3 BetrKV

die Kosten der Entwässerung, hierzu gehören die Gebühren für die Haus- und Grundstücksentwässerung, die Kosten des Betriebs einer entsprechenden nicht öffentlichen Anlage und die Kosten des Betriebs einer Entwässerungspumpe;

Die Gemeinden erlassen dazu einen Grundbesitzabgabenbescheid, der mehrere unterschiedliche Positionen enthalten kann (Grundsteuer, Müllentsorgung). Die Gebührenhöhe richtet sich meistens nach einem bestimmten Quadratmeter-Flächenanteil des Grundstücks, der mit einem festgesetzten Kostenfaktor multipliziert wird.

Die dem Eigentümer bzw. Wohnraumvermieter in Rechnung gestellten Gebühren kann dieser, sofern dies im Mietvertrag vereinbart ist, auf den Mieter umlegen, nach dem gesetzlichen oder vereinbarten Umlageschlüssel.

Weitere Stichwörter:
Gesplittete Abwassergebühr, Wasserverbrauch

Oberflächenwasser

Im Gegensatz zum Abwasser oder zum Brauchwasser, häufig auch Schmutzwasser genannt, meint der Begriff Oberflächenwasser im Betriebskostenrecht die Kosten, die zur Entsorgung und Ableitung von Schneeschmelzwasser und Regenwasser anfallen, weil dieses Wasser durch einen gesonderten Entwässerungskanal geführt wird.

Sowohl das Oberflächenwasser als auch das Schmutzwasser sind Kosten der Entwässerung, wie sie einheitlich genannt werden. Diese sind auf den Mieter umlegbar, wie der BGH in seiner Entscheidung bestätigt:

§ **BGH vom 15.07.2009, Az. VIII ZR 340/08**

(...) Der Vermieter darf die Kosten für Frischwasser und Schmutzwasser bei der Betriebskostenabrechnung jedenfalls dann in einer Summe zusammenfassen und einheitlich abrechnen, wenn die Umlage dieser Kosten einheitlich nach dem durch Zähler erfassten Frischwasserverbrauch vorgenommen wird. (...)

Bei den Kosten für Frischwasser und Schmutzwasser, die nach der Systematik der Betriebskostenverordnung zwei verschiedene Positionen – Ziffer 2 (Wasserversorgung) und Ziffer 3 (Entwässerung) – betreffen, wird jedoch von einer verbreiteten Meinung eine zusammengefasste Abrechnung für zulässig erachtet, zumindest dann, wenn auch die Berechnung der Kosten für Abwasser an den Frischwasserverbrauch geknüpft ist. (...)

Weitere Stichwörter:
Gesplittete Abwassergebühr, Niederschlagswasser, Wasserverbrauch

Ölofen/Einzelofen

→ Zentralheizung

Parabolantenne

→ Gemeinschaftsantenne

Pauschalen

§ 556 Abs. 2 BGB sieht vor, dass Betriebskosten auf den Wohnraummieter in Form eines fixen (= festen) Betrags umgelegt werden dürfen. Man nennt diesen dann eine Pauschale, die mehrere Teilbeträge zusammenfasst, die nicht abgerechnet werden.

Der Vermieter trägt aufgrund einer solchen Abrede das finanzielle Risiko, dass die tatsächlichen Betriebskosten steigen und die Erhöhungen nicht an den Mieter weitergegeben werden können. Dieses wirtschaftliche Risiko gleicht möglicherweise den Vorteil aus, keine Betriebskostenabrechnung erstellen zu müssen.

Keine Regel ohne Ausnahme: Das der Pauschale innewohnende Kalkulationsrisiko kann der Vermieter abfedern, indem er eine Erhöhungsmöglichkeit mit dem Mieter vereinbart, wie § 560 Abs. 1 BGB nahelegt.

Die Erhöhung der Pauschale geschieht in aller Regel dadurch, dass der Vermieter eine Gegenüberstellung der im Zeitpunkt des Mietvertrags kalkulierten Kosten, die die Pauschale begründen, mit den neuen Kostenansätzen vornimmt. Gleichzeitig hat der Mieter das Recht, die maßgeblichen Belege einzusehen. Die neue Pauschale gilt dann, sofern die Änderung schriftlich (§ 126 BGB) mitgeteilt wurde, ab dem Beginn des übernächsten Monats (§ 560 BGB).

Eine Pauschale darf der Vermieter mit den Mietern nicht vereinbaren, wenn dies die Heizkosten und den Warmwasserverbrauch betrifft. Das verbietet die Heizkostenverordnung. Ausnahmsweise darf in einem sog. Zweifamilienhaus, in dem der Vermieter eine Wohnung selbst bewohnt und die andere Wohnung vermietet ist, eine Heizkostenpauschale vereinbart werden.

Weitere Stichwörter:
Anpassung von Vorauszahlungen, Erhöhung der Betriebskosten, Heizkostenpauschale, Zweifamilienhaus

Personenmonate

Was ist mit diesem Begriff gemeint? Es handelt sich um einen Umlage- oder Verteilerschlüssel, der die Anzahl der Personen, die innerhalb einer Wohnung leben, ins Verhältnis zur Gesamtzahl der Personen im Miethaus setzen. Der Verteilerschlüssel geht davon aus, dass z. B. eine Person weniger Kaltwasser verbraucht, als eine vierköpfige Familie oder eine Person weniger Müll produziert, als eine mehrköpfige Familie. Ob das richtig ist, mag dahinstehen.

Der BGH hält jedenfalls den Verteilerschlüssel „Personenmonate" im Rahmen einer Betriebskostenabrechnung für wirksam. Die Betriebskostenabrechnung ist formell in Ordnung. So hat der BGH in seinem Urteil vom 22.10.2014 (Az. VIII ZR 97/14) unter der Rubrik „Müllbeseitigung" folgende Position für wirksam angesehen: 32,20 Personenmonate x 4,3470004 Euro/Personenmonat = 139,98 Euro

Bei der Verwendung des Abrechnungsschlüssels Personenmonate ist es in formeller Hinsicht nicht erforderlich, dass in der Abrechnung angegeben wird, wie viele Personen in welchem Monat im Haus gewohnt haben. Der Verteilerschlüssel „Personenmonate" wirft aber eine Reihe von Fragen auf, die in der Regel zu großen Streitigkeiten führen.

Kommt es nur darauf an, wer offiziell bei der Gemeinde in der Wohnung gemeldet und im Melderegister eingetragen ist? Wenn ja, zu welchem Stichtag? Zum Beginn der Abrechnungsperiode? In der Mitte oder am Ende der Abrechnungsperiode? Wie werden Besucher, die z. B. mehrere Wochen da sind, behandelt? Was ist mit mehrmonatigen Auslandsaufenthalten? Wie werden diese Personen berücksichtigt?

Die Antworten auf die vorstehenden Fragen laufen alle auf unzulässige Datenermittlungen hinaus. Deswegen ist der Verteilerschlüssel „Personenmonate" nicht empfehlenswert.

Weitere Stichwörter:
Abrechnungsschlüssel, Flächenmaßstab, Umlageschlüssel, Verteilerschlüssel

Personenzahl

Gemeint ist mit diesem Begriff ein spezieller Umlageschlüssel (Verteilerschlüssel) für die Betriebskostenabrechnung. Der Umlageschlüssel Personenzahl ist nicht in § 556 BGB geregelt und muss daher zwischen den Mietvertragsparteien ausdrücklich vereinbart werden, sonst gilt im Zweifel als Umlagemaßstab der Flächenschlüssel, ohne Rücksicht auf die Anzahl der Bewohner.

Der sog. Flächenschlüssel ist in § 556a BGB geregelt.

§ 556a Abs. 1 Satz 1 BGB

Haben die Vertragsparteien nichts anderes vereinbart, sind die Betriebskosten vorbehaltlich anderweitiger Vorschriften nach dem Anteil der Wohnfläche umzulegen.

Das ist der gesetzliche Umlage- bzw. Verteilerschlüssel. Somit ist für den Verteilerschlüssel „Personenzahl" eine Vereinbarung im Mietvertrag oder in einem Nachtrag erforderlich.

Der Umlagemaßstab „Personenzahl" gibt die Verursachung eines bestimmten Verbrauchs in einer Mietwohnung ziemlich gut wieder und sorgt für eine vermeintlich gerechte Abrechnung bei verbrauchsabhängigen Positionen. Wohnen viele Personen in einer Wohnung, wird mehr Wasser verbraucht, als bei einer Singlewohnung; der Aufzug wird häufiger benutzt und verursacht einen höheren Verschleiß, die Wartungsintervalle werden kürzer; es wird mehr Müll verursacht usw.

Für den Vermieter ist dieser, aus Sicht des Mieters gerechte Maßstab verwaltungsaufwendig. Ab welchem Zeitpunkt wird ein Besucher bzw. Gast des Mieters zum Bewohner, der beim Personenschlüssel zu berücksichtigen ist? Die Antwort hängt offensichtlich von der Häufigkeit und der Dauer des Aufenthalts innerhalb der Wohnung ab, ist also eine Tatsachenfrage. Wer soll die Besuchsfrequenz ermitteln? Hat der Besucher regelmäßig geduscht? Wie oft geht er auf die Toilette? Läuft er die Treppe oder nutzt er den Aufzug?

Der Mieter hat, weil die Ermittlung der tatsächlichen Personenzahl in eine Art Schnüffeltätigkeit des Vermieters ausarten könnte, grundsätzlich keinen Anspruch auf Anwendung eines Personenschlüssels.

Auf eine melderechtliche Registrierung am Anfang einer Abrechnungsperiode kann es nicht ankommen, da bei den Betriebskosten nur die tatsächliche Bewohnerzahl als Grundlage herangezogen wird und nicht die theoretische. Wer in einer Wohnung gemeldet ist, muss noch lange nicht dort wohnen. Und wer in einer Wohnung wohnt, muss noch lange nicht gemeldet sein. Und im Betriebskostenrecht dürfen nur tatsächlich angefallene Kosten umgelegt werden.

Auch der BGH hat sich zum Thema Betriebskostenabrechnung und Personenzahl bereits geäußert. Eine Betriebskostenabrechnung nach Personenzahl ist nicht deshalb unwirksam, weil die Gesamtpersonenzahl mit einem Bruchteil angegeben ist (BGH vom 11.08.2010, Az. VIII ZR 45/10).

Grundsätzlich ist nach dieser Entscheidung eine Abrechnung formell wirksam, wenn sie eine Zusammenstellung der Gesamtkosten, die Angabe und Erläuterung der zugrunde gelegten Umlageschlüssel, die Berechnung des Anteils des Mieters sowie dessen Vorauszahlung enthält. Dies führt zu der Frage, ob der Personenschlüssel hinreichend erläutert ist, wenn die Gesamtpersonenzahl mit einem Bruchwert angegeben ist. Ein Bruchwert entsteht, wenn die Gesamtpersonenzahl während der Abrechnungsperiode wegen des Aus- oder Einzugs von Mietern oder Angehörigen nicht konstant geblieben ist. Nach Ansicht des BGH reicht es aus, wenn nur der Bruchwert angegeben wird, ohne dass eine Erläuterung, wie man auf diesen Wert kommt, in der Betriebskostenabrechnung erforderlich ist.

Der Mieter hat die Möglichkeit zu prüfen, ob die Berechnung richtig ist, indem er Einsicht in die Abrechnungsunterlagen nimmt. Zu den Abrechnungsunterlagen gehört dann auch eine sog. Belegungsliste.

Weitere Stichwörter:
Flächenmaßstab, Miteigentumsanteil, Verteilerschlüssel

Pflanzenerneuerung

Nur Kosten für periodisch, nicht unbedingt jährlich wiederkehrende Maßnahmen der Gartenpflege können auf die Mieter umgelegt werden.

Welche Maßnahmen zählen zur Gartenpflege? Dazu gehört das Mähen des Rasens, der Heckenschnitt, Unkraut jäten, Gartenmauern pflegen, Moosentfernung und Bäume schneiden. Auch die Erneuerung von Pflanzen und Gehölzen und eine etwaige Nachsaat schlechter Rasenstellen sind als Gartenpflege einzustufen. Der Vermieter hat sich aber am Grundsatz der Wirtschaftlichkeit zu orientieren. Er muss nicht unbedingt einen englischen Rasen anlegen.

Weitere Stichwörter:
Gartenpflegekosten, Hauswarttätigkeit des Mieters, Rasenpflege

Pförtner

Die Kosten eines Pförtners sind nur ganz begrenzt umlagefähig, da dessen Dienste eher einer Verwaltungstätigkeit zuzuordnen sind und schon dem Namen nach etwas anderes sind als die Dienste eines Hauswarts. Die Kosten sind als Betriebskosten umlegbar, wenn für die Installation eines Pförtnerdienstes eine Notwendigkeit besteht, dem (subjektiven) Sicherheitsbedürfnis der Mieter Rechnung zu tragen. Dies wird nur bei großen und unübersichtlichen Wohnanlagen der Fall sein, jedenfalls dann, wenn einfache Kontrollgänge des Hauswarts das Sicherheitsbedürfnis der Mieter nicht ausreichend abdecken.

Führt der Pförtner Serviceleistungen für die Mieter durch, z. B. die Entgegennahme von Paketen bei abwesenden Mietern, sind solche Leistungen als Verwaltungstätigkeit zu qualifizieren und damit keine Betriebskosten. Solche Kostenpositionen sind herauszurechnen und können nicht auf die Mieter umgelegt werden.

Weitere Stichwörter:
Hauswart, Rasenpflege, Sicherheitsdienst

Plausibilitätskontrolle

Der Begriff Plausibilität meint in etwa, dass etwas stimmt, richtig oder glaubwürdig ist. Eine Nebenkostenabrechnung muss aus sich heraus plausibel sein. Das heißt, sie muss rechnerisch nachvollziehbar und verständlich sein.

Die Betriebskostenabrechnung ist – juristisch gesehen – dann nicht mehr plausibel, wenn einzelne Kosten im Verhältnis zum Vorjahr gravierend gestiegen sind, ohne dass die Steigerung in der Abrechnung durch den Vermieter erläutert wird.

Der Vermieter hat selbst eine gewisse Kontroll- und Nachprüfungspflicht, wenn z. B. die Kosten für den Bezug von Heizenergie oder die Wasserkosten stark angestiegen sind. In diesen Fällen wird der Vermieter nachprüfen müssen, ob nicht vielleicht irgendwo ein Rohrbruch oder eine Undichtigkeit vorhanden ist. Die Plausibilität lässt sich am besten im Vergleich mit der Abrechnung aus dem Vorjahr überprüfen.

Weitere Stichwörter:
Inhalt einer Betriebskostenabrechnung, Nicht umlagefähige Betriebskosten

Prüfpflichten für haustechnische Anlagen

Nicht immer können Wartungs- und Prüfungskosten auf den Mieter umgelegt werden. Das geht nur, wenn es sich dabei um Betriebskosten handelt. Explizit geregelt sind die Wartungs- und Prüfungskosten für die Positionen in § 2 Nr. 2 und Nr. 4 bis 7 BetrKV. Eine Umlage ist auch über § 2 Nr. 17 BetrKV als sonstige Betriebskosten möglich, wenn die Positionen im Mietvertrag im Einzelnen benannt sind (BGH vom 07.04.2004, Az. VIII ZR 167/03). Allein die mietvertragliche Bezeichnung „Sonstige Betriebskosten" reicht wegen der Unbestimmtheit für eine wirksame Betriebskostenvereinbarung nicht aus. Die sonstigen Betriebskosten dienen nicht als Sammelbecken für nicht „unterzubringende" Kosten.

Wartungen und Prüfungen werden entweder von Fremdfirmen oder vom Hauswart erledigt. Beim Hauswart sind die Kosten allerdings nach § 2 Nr. 14 BetrKV nur umlagefähig, soweit es sich dabei nicht um Instandhaltungsmaßnahmen handelt.

Weitere Stichwörter:
Aufzugskosten, Wartungskosten

Rasenmäher

→ Gartengeräte → Rasenpflege

Rasenpflege

Die Kosten der Rasenpflege gehören gemäß § 2 Nr. 10 BetrKV zu den Kosten der Gartenpflege:

§ 2 Nr. 10 BetrKV

(...) hierzu gehören die Kosten der Pflege gärtnerisch angelegter Flächen einschließlich der Erneuerung von Pflanzen und Gehölzen, der Pflege von Spielplätzen einschließlich der Erneuerung von Sand und der Pflege von Plätzen, Zugängen und Zufahrten, die dem nicht öffentlichen Verkehr dienen;

Welche Arbeiten sind damit gemeint? Die Kosten für das Rasenmähen an sich, die Durchführung einer Nachsaat, das Vertikutieren des Rasens, die Wartungen des Rasenmähers sowie die vom Rasenmäher verursachten Benzin- oder Stromkosten und die Bewässerungskosten, soweit sie nicht über den Kaltwasserverbrauch abgerechnet werden. Nicht dazu gehören die Anschaffungskosten für den Rasenmäher oder anderen Gartengerätschaften.

Weitere Stichwörter:
Gartengeräte, Wartungskosten, Wasserverbrauch

Rauchabzugsanlagen

Zu den sonstigen Betriebskosten gehören Betriebskosten im Sinne des § 1 BetrKV, die von § 2 Nr. 1 bis 16 BetrKV nicht erfasst sind. Unter § 2 Nr. 17 BetrKV fallen solche Kosten, an die der Gesetzgeber nicht gedacht hatte, z. B. Kosten für eine Sauna, für ein Schwimmbad, Rauchwarnanlagen, Feuermelder oder Rauchabzugsanlagen.

Was ist eine Rauchabzugsanlage? Der Rauchabzug ist ein wichtiges Element des baulichen Brandschutzes. Bei einem Brand entstehen zum Großteil Wärme, Rauch und heiße Brandgase. Die Rauchabzugsanlage leitet Rauch aus dem Inneren eines Gebäudes nach außen ab (Quelle: www.wikipedia.de).

Die Wartungs- und Prüfungskosten der Rauchabzugsanlage sind, wenn überhaupt Betriebskosten, nur unter der Rubrik „Sonstige Betriebskosten" einzuordnen, falls konkret im Mietvertrag vereinbart.

Weitere Stichwörter:
Instandhaltung/Instandsetzung, Sonstige Beriebskosten, Wartungskosten

Rauchmelder

→ Rauchwarnmelder

Rauchwarnmelder

Wohnungsbrände gefährden Menschen und Immobilien und verursachen erhebliche Schäden an Leib, Leben und Sachen, wobei die Rauchentwicklung neben den Flammen die größte Gefahr bedeutet, insbesondere nachts, wenn alle im Schlaf überrascht werden.

Feuerwehrleute bestätigen immer wieder, dass für einen Wohnungsbrand starke Schwelphasen mit intensiver Rauchgasbildung geradezu typisch sind. Da im Wohnungsbereich rauchdichte Türen nicht vorgeschrieben sind, breitet sich der Rauch schnell in der ganzen Wohnung aus. Um rechtzeitig gewarnt zu werden, sind Rauchwarnmelder sinnvoll. Sobald ein Feuer ausbricht, alarmiert der Rauchwarnmelder mit einem schrillen Ton. Rauchwarnmelder verhindern zwar nicht den Brand, doch warnen sie frühzeitig vor den Gefahren.

Empfehlenswert sind batteriebetriebene Rauchwarnmelder, da sie auch bei Stromausfall funktionieren. Die handelsüblichen Batterien halten ein bis drei Jahre. Etwa ein Monat, bevor die Batterie ihre Energie verliert, piepst der Rauchwarnmelder. So kann auch bei längerer Abwesenheit der Alarm nicht plötzlich ausfallen.

Die Anschaffungs- und Installationskosten trägt der Vermieter. Es sind keine Betriebskosten im Sinne der Betriebskostenverordnung. Allenfalls durch den Austausch der Batterie fallen Betriebskosten an, die der Vermieter als „sonstige Betriebskosten" jedoch nur dann auf den

Mieter umlegen kann, wenn dies im Mietvertrag ausdrücklich vereinbart ist.

Weitere Stichwörter:
Sonstige Betriebskosten, Sprinkleranlage

Räumpflicht

Mit diesem Begriff ist nicht die Räumung und Herausgabe einer Mietwohnung gemeint, sondern die Pflicht zur Straßenreinigung und Schnee- und Eisbeseitigung.

Verantwortlich für die Streu- und Räumpflichten auf den öffentlichen Wegen sind in erster Linie die Kommunen. In vielen Ortssatzungen wird diese Verpflichtung von der öffentlichen Hand auf die Anlieger, das heißt auf Eigentümer und Vermieter, übertragen.

Der Vermieter darf diese Pflicht weitergeben:

§ **BGH vom 22.01.2008, Az. VI ZR 126/07**

Die Übertragung der Streupflicht durch den Vermieter auf einen Dritten dient auch der Sicherung des Zugangs zum Mietobjekt. Die dort wohnhaften Mieter können deshalb in den Schutzbereich des Übertragungsvertrages einbezogen sein.

Wenn der Hausmeister oder ein professioneller Hausmeisterservice die Arbeiten ausführt, sind die Kosten als Betriebskosten zu qualifizieren. Denkbar ist auch, dass der Vermieter die Verkehrssicherungspflichten auf die Mieter direkt überträgt. Das muss dann im Mietvertrag vereinbart werden. Ohne entsprechende Vereinbarung müssen Mieter nicht streuen und fegen, auch nicht die Erdgeschossmieter.

Weitere Stichwörter:
Hausreinigung, Hauswart, Kehrwoche, Reinigung, Straßenreinigung, Versicherungen, Winterdienst

Raumtemperatur

→ Klimaanlage → Heizpflicht

Reinigung

→ Hauswart → Kehrwoche

Reinigungsmittel

Hierunter versteht man die Putzmittel, die zum Reinigen des Gebäudes und der gemeinschaftlichen Flächen benötigt werden. Damit gehören sie auch zu den umlagefähigen Betriebskosten. Auch die Fahrtkosten für die Beschaffung können als Betriebskosten auf den Mieter umgelegt werden, wie sich aus § 2 Nr. 9 BetrKV ergibt.

Weitere Stichwörter:
Hauswart, Straßenreinigung, Streugut

Rohrverstopfung

Die Kosten der Beseitigung einer Verstopfung eines Abflussrohrs sind nicht unter den Begriff Betriebskosten zu subsumieren. Sollten die Kosten für die Reinigung einer Abwasserleitung auf alle Mieter formularmäßig umgelegt werden, widerspricht diese Vorschrift den Allgemeinen Geschäftsbedingungen und ist unwirksam. Auch eine regelmäßige Überprüfung von Abwasserohren ist grundsätzlich nicht erforderlich und fällt daher ebenfalls nicht unter den Begriff Betriebskosten.

Weitere Stichwörter:
Gebot der Wirtschaftlichkeit, Sonstige Betriebskosten

Rohrwärmeabgabe

Die Wärmeenergie, sprich das Warmwasser in der Heizungsanlage, muss durch Leitungen zu den einzelnen Wohnungen geführt werden. Wenn die Rohrleitungen nicht gedämmt sind, geben die Leitungen auf dem Weg zu den einzelnen Wohnungen erhebliche Wärme ab. Bei den einzelnen Heizkörpern innerhalb der Wohnungen kommt nur ein Teil der ursprünglich auf den Weg gebrachten Wärmemenge an.

Dieser Verlust/Verbrauch auf dem Weg wird von den Messeinrichtungen innerhalb der einzelnen Wohnungen nicht erfasst. Dadurch werden Mieter mit einem hohen Verbrauch benachteiligt und andere Mieter haben einen sehr geringen Verbrauch, weil die Wohnung quasi durch die nicht gedämmten Leitungen geheizt wird.

Dieses Problem kann reduziert werden, indem man freiliegende Rohre bzw. Leitungen dämmt oder die Vorlauftemperatur der Heizungsanlage reduziert wird. Das ist ein ziemlich komplexes Problem, um den Anreiz, Energie zu sparen, zu erhalten. Die Heizkostenverordnung sieht in solchen Fällen eine technische Lösung vor und verweist auf die anerkannten Regeln der Technik.

Der Verein Deutscher Ingenieure (VDI) hat ein Verfahren zur Berücksichtigung der Rohrwärmeabgabe und Kostenverteilung entwickelt. Dieses Verfahren nennt sich „VDI 2077-Beiblatt Verfahren zur Berücksichtigung der Rohrwärmeabgabe". Das Verfahren ist eine schwierige Berechnung, die in der Regel nur ein Sachverständiger durchführen kann. Solche Gutachten sind für gewöhnlich teuer.

Das Problem der Rohrwärmeabgabe ergibt sich insbesondere bei sog. Einrohrheizsystemen. Hier wird ein erheblicher Teil der Wärme wegen der systembedingten höheren Vorlauftemperatur nicht über die Heizkörper, sondern über das Rohrleitungssystem abgegeben. Die über die ungedämmten Heizungsrohre abgegebene Wärme wird von den Heizkostenverteilern nicht als Verbrauchswert festgehalten. Mieter der Wohnungen, welche einen über die als Rohrwärme abgegebenen hinausgehenden Wärmebedarf haben, werden gegenüber Mietern, die ihre Wohnung lediglich über die Heizungsrohre beheizen lassen können, benachteiligt.

Werden mindestens 20 Prozent des Wärmeverbrauchs nicht durch Ablesung verursachergerecht erfasst, muss eine Korrekturberechnung nach § 7 Abs. 1 Satz 3 HeizKV i. V. m. der Richtlinie VDI2077 erfolgen.

Weitere Stichwörter:
Heizkostenabrechnung, Heizung

Rückstausicherung

Hierbei handelt es sich um eine Einrichtung, die einen Rückstau aus dem allgemeinen Kanalsystem zur Abwehr von Überschwemmungen und damit Wasserschäden verhindern soll. Normalerweise wird die Rückstauklappe (= Sicherung) am Ende – aus Sicht des Gebäudes – der Abflussleitungen und vor Einleitung in die öffentliche Kanalisation eingebaut. Bei starken Regenfällen oder Defekten kann es vorkommen, dass vom öffentlichen Kanal das Abwasser bzw. Regenwasser oder Schmelzwasser in die Hausabflussleitungen zurückströmt. Um diesen Effekt zu verhindern, werden Rückstausicherungen eingebaut. Die Wartungskosten für eine solche Sicherungseinrichtung laufen unter der Rubrik „Sonstige Betriebskosten" und können daher auf den Mieter umgelegt werden, wenn sie im Mietvertrag speziell aufgeführt sind.

Weitere Stichwörter:
Leitungswasserversicherung, Sachversicherung, Sonstige Betriebskosten

Rückzahlung der Vorauszahlungen

Grundsätzlich kann der Mieter vom Vermieter zwar nicht die Rückzahlung seiner Vorauszahlungen verlangen, aber er hat einen Anspruch auf eine Abrechnung seiner Vorauszahlungen. Nur im Fall der Beendigung eines Mietverhältnisses kann der Mieter, nachdem der Vermieter trotz Aufforderung keine Abrechnung der Betriebskosten erstellt hat, auf Rückzahlung der Vorauszahlungen klagen.

Ist das Mietverhältnis bereits beendet, hat der Mieter grundsätzlich zwei Möglichkeiten: Er kann zum einen auf Erteilung der Abrechnung klagen, zum anderen kann er den Vermieter auf Rückzahlung sämtlicher Betriebskostenvorauszahlungen, über die der Vermieter nicht abgerechnet hat, in Anspruch nehmen (BGH vom 26.09.2012, Az. III ZR 315/11).

Bei einem noch bestehenden Mietverhältnis stehen dem Mieter ebenfalls zwei Möglichkeiten zu, nämlich einmal den Abrechnungsanspruch gerichtlich durchzusetzen und zum anderen, sein Zurückbehaltungsrecht nach § 273 BGB hinsichtlich der laufenden Betriebskostenvorauszahlungen auszuüben.

Bei einem bestehenden Mietverhältnis hat der Mieter jedoch keine Möglichkeit, seine geleisteten Vorauszahlungen zurückzuverlangen.

Hätte der Mieter schon während des bestehenden Mietverhältnisses von seinem Zurückbehaltungsrecht Gebrauch machen können und ist dann das Mietverhältnis beendet, kann er die Rückzahlungen der Vorauszahlungen nicht mehr geltend machen. Es bleibt bei der Klage auf Abrechnung.

Weitere Stichwörter:
Guthaben, Nachzahlungssaldo, Vorauszahlungen

Sachversicherungen

In § 2 Nr. 13 BetrKV ist von Sachversicherungen die Rede. Eine allgemeingültige Definition: „Unter dem weiten Begriff sind Versicherungssparten gemeint, in denen der Versicherungsschutz sich überwiegend auf Sachen erstreckt." Meistens taucht die Sachversicherung in einer sog. verbundenen Wohngebäudeversicherung auf, die die einzelnen Gefahren gegen Feuer, Leitungswasser und Strom in einer Police abdeckt.

Weitere Stichwörter:
Elementarschadenversicherung, Leitungswasserversicherung, Versicherungen, Wasserschaden

Sauna

Die Kosten für den Betrieb einer Sauna in einem Mietobjekt können nur dann auf die Mieter umgelegt werden, wenn im jeweiligen Mietvertrag diese Position unter „Sonstige Betriebskosten" ausdrücklich aufgezählt ist. Grundvoraussetzung ist, dass die Nutzung allen Mietern erlaubt ist. Ob sie diese tatsächlich auch nutzen, ist unwesentlich. Die Wartungskosten, die Reinigungskosten und die Wasserverbrauchskosten dürfen als sonstige Betriebskosten vom Mieter nach dem mit ihm vereinbarten Umlageschlüssel verlangt werden.

Weitere Stichwörter:
Sonstige Betriebskosten, Umlageschlüssel, Wasserverbrauch

Schornsteinreinigung

Hierbei handelt es sich eigentlich um Schornsteinfegerkosten (auch Kehrgebühren genannt). Nicht zu den Schornsteinfegerkosten gehören die Kosten der Emissionsmessung der Heizungsanlage. Diese gehören in die Heizkostenabrechnung.

Bei der Erstellung der Abrechnung ist dem Vermieter anzuraten, die beiden Kostenarten sauber zu trennen. Dem Mieter ist zu empfehlen, zu prüfen, ob Kosten doppelt abgerechnet werden. Je nachdem, in welche Kategorie die Emissionsmessungskosten eingestuft werden, schlagen die gleichen Kosten in unterschiedlicher Höhe zu Buche: einmal wird nach dem Flächenmaßstab abgerechnet und bei den Heizkosten nach tatsächlichem Verbrauch und Grundkostenanteil. Daher ist die richtige Einsortierung wichtig, auch wenn es finanziell gesehen nur einen geringen Betrag ausmacht.

Weitere Stichwörter:
Kaminkehrer, Lüftungsanlage, Thermenwartung

Schwimmbad

Nach § 2 Nr. 17 BetrKV fallen unter die sonstigen Betriebskosten alle Betriebskosten, die nicht in Nr. 1 bis 16 des § 2 BetrKV genannt sind. Dazu gehören unter anderem die Kosten von Gemeinschaftseinrichtungen wie Schwimmbad, Sauna, Spielplatz oder Hobbyraum. Diese Gemeinschaftseinrichtungen müssen aber allen Mietern zur Verfügung stehen. Dann sind die Betriebskosten auf den Mieter umlegbar, sofern dies vereinbart ist. Instandhaltungs- und Instandsetzungskosten gehören jedoch nicht dazu und sind strikt von den laufenden Kosten zu trennen. Baukosten und Reparaturen hat der Vermieter zu tragen.

Weitere Stichwörter:
Sauna, Wartungskosten, Wasserverbrauch

Sicherheitsdienst

Eine Umlage der Kosten für einen Sicherheitsdienst ist allenfalls unter dem Begriff „Sonstige Betriebskosten" auf den Mieter umlegbar. Im Betriebskostenkatalog sind keine entsprechenden Betriebskosten vom Gesetzgeber aufgeführt. Deshalb ist es erforderlich, dass bei der Betriebskostenvereinbarung im Mietvertrag ausdrücklich festgehalten ist, dass sich der Mieter an den Kosten für einen Sicherheitsdienst beteiligen soll, falls ein solcher erforderlich sein sollte.

Weitere Stichwörter:
Bewachungsunternehmen, Hauswart, Pförtner, Sonstige Betriebskosten

Soll-Vorschüsse

Eine Abrechnung der Betriebskosten auf der Basis der zwischen den Parteien vereinbarten Vorauszahlungen (Soll-Vorschüsse) anstatt der tatsächlich vom Mieter geleisteten Vorauszahlungen (Ist-Vorschüsse) ist formell wirksam. Ob die vorgenommenen Abzüge der Höhe nach richtig und zutreffend angesetzt sind, betrifft die inhaltliche Richtigkeit der Abrechnung und nicht die formelle Seite.

In den Entscheidungsgründen des Beschlusses vom 23.09.2009 sagt der BGH unter anderem Folgendes:

BGH vom 23.09.2009, Az. VIII ZA 2/08

(...) Zwar sind grundsätzlich die vom Mieter im Abrechnungszeitraum tatsächlich geleisteten Vorauszahlungen in Abzug zu bringen. Ob die vorgenommenen Abzüge der Höhe nach zutreffend angesetzt sind, betrifft jedoch nicht die formelle Wirksamkeit der Abrechnung, sondern deren inhaltliche Richtigkeit. Insoweit kann im Fall einer Abrechnung nach vereinbarten Vorauszahlungen nichts anderes gelten als bei einer Falschberechnung der geleisteten Vorauszahlungen. Es kommt in beiden Fällen allenfalls ein inhaltlicher Fehler in Betracht, der die formelle Ordnungsgemäßheit der Abrechnung unberührt lässt. (...)

Weitere Stichwörter:
Rückzahlung der Vorauszahlung, Vorauszahlungen

Sonstige Betriebskosten

Ein Begriffspaar, das im ganzen Betriebskostenrecht an den unterschiedlichsten Stellen auftaucht. In § 2 Nr. 17 BetrKV heißt es wörtlich:

§ 2 Nr. 17 BetrKV

hierzu gehören Betriebskosten im Sinne des § 1, die von den Nummern 1 bis 16 nicht erfasst sind.

Aus diesem Satz wird deutlich, dass die Aufstellung der Betriebskosten in § 2 Nr. 1 bis 16 BetrKV, die 16 verschiedene Arten enthält, nicht abschließend ist, sondern dass es noch weitere, unter sonstige Betriebskosten zu subsumierende umlagefähige Kosten gibt.

Anerkannt ist, dass Positionen unter der Rubrik „Sonstige Betriebskosten" nur auf den Mieter umgelegt werden dürfen, wenn die Kostenarten im Mietvertrag genau bezeichnet werden. Nicht ausreichend ist eine pauschale Benennung von „sonstigen Betriebskosten". Zu den sonstigen Betriebskosten können folgende Positionen, die beispielhaft aufgeführt werden, gehören:

- Reinigung von Dachrinnen, wenn dies in wiederkehrenden Abständen erforderlich ist
- Kosten für den Betrieb einer Dachrinnenheizung, die Personenschäden durch herunterfallende Eiszapfen verhindert
- Blitzschutzanlagen, die regelmäßig durch Sachverständige überprüft werden
- Mietkosten einer Brandmeldeanlage
- Telefonkosten einer Brandmeldeanlage
- Wartungskosten von Rolltoren an Garagenein- und -ausfahrten
- Wartungskosten für eine Lüftungsanlage
- Sonstige Stromkosten, die keiner anderen Position zugeordnet werden können, etwa für Rolltore und Stellplätze in einer Tiefgarage
- Reinigungskosten für Lichtschächte
- Wartungskosten für Pumpenanlagen
- Kosten für den Betrieb eines Schwimmbades oder einer Sauna

Weitere Stichwörter:
Betriebskostenvereinbarung, Fehler in der Betriebskostenabrechnung

Sperrmüllentsorgung

→ Entrümpelung

Sprinkleranlage

Hierbei handelt es sich um eine Feuerlöschanlage. Mit dem Begriff Sprinkleranlage werden fest installierte Rohrleitungen, die mit Sprinklern versehen sind, bezeichnet, die bei Auslösung eines Brandalarms Löschwasser in die gefährdeten Gebäudeteile spritzen. Solche Anlagen müssen regelmäßig gewartet werden und diese Kosten gehören zu den sonstigen Betriebskosten. Sie sind auf den Mieter umlegbar.

Weitere Stichwörter:
Rauchwarnmelder, Sonstige Betriebskosten, Wartungskosten

Straßenreinigung

Meistens ist in einer Hausordnung, die zwischen dem Mieter und dem Vermieter im Mietvertrag zum Vertragsgegenstand gemacht wird, auch eine Vorschrift über die Art und Weise der Straßenreinigung (Kehrwoche) enthalten. Dazu gehört auch die Schnee- und Eisbeseitigung im Winter. Werden diese Arbeiten von einem Hausmeister im Auftrag des Vermieters für alle Mietvertragsparteien im Hause durchgeführt, sind die hierfür entstehenden Kosten als Betriebskosten anzusehen und auf den Mieter anteilig umlegbar.

Weitere Stichwörter:
Hauswart, Kehrwoche, Reinigung, Winterdienst

Streugut

Zu den Kosten der Straßenreinigung gehört die von manchen Kommunen erhobene Straßenreinigungsgebühr, falls die Straßenreinigung nicht durch Ortssatzung auf die Grundstückseigentümer übertragen ist.

Führt der Eigentümer die Reinigungsarbeiten selbst durch, kann er eine angemessene Vergütung für seinen eigenen Zeitaufwand verlangen. Beauftragt der Vermieter einen Hausmeisterservice, sind dessen Kosten umlagefähig. Zur Straßenreinigung gehört auch der Winterdienst, mit der Beseitigung von Schnee und Eis. Dazu gehört auch das

Verteilen von geeignetem Streugut bei Glätte. Die Anschaffungskosten für das Streugut, sei es Split oder Salz, sind im Rahmen der Kosten der Straßenreinigung umlagefähig.

Weitere Stichwörter:
Eigenleistung als Betriebskosten, Reinigungspflicht, Reinigungsmittel

Stromkosten der Heizanlage

Nach Maßgabe von § 7 Abs. 2 HeizKV zählen zu den umlagefähigen Kosten einer zentralen Heizanlage auch die Kosten des Betriebsstroms. Damit werden die Pumpen, Umwälzanlagen, der Brenner und die Steuerung betrieben. Gibt es zur Erfassung des Stromverbrauchs einen separaten Zwischenzähler, ist eine Abrechnung problemlos möglich. Der tatsächliche Verbrauch kann durch die Stromrechnung belegt und in die Heizkostenabrechnung aufgenommen werden.

Fehlt ein separater Stromzähler oder läuft über den Stromzähler auch die Treppenhausbeleuchtung und/oder die Beleuchtung aller anderen Kellerräume, wird für die Berechnung der Betriebsstromkosten in der Regel eine Plausibilitätsprüfung durchgeführt: Übersteigen die Betriebsstromkosten etwa 5 Prozent der insgesamt angefallenen Kosten der Heizanlage, ist eine Fehlberechnung der Stromkosten zu vermuten. Andere Stromverbraucher, die nur indirekt mit der Heizanlage zu tun haben, wie die Beleuchtung oder Belüftung des Heizraums, dürfen nicht über die Heizkostenabrechnung verteilt werden, sondern gehören in die Position Beleuchtung. Sie werden nach dem Flächenmaßstab – unabhängig vom individuellen Heizverband – abgerechnet.

Weitere Stichwörter:
Allgemeinstrom, Beleuchtung, Heizkostenabrechnung

Sturmschaden

Im Rahmen der Betriebskostenverordnung kann der Vermieter, sofern vereinbart, Versicherungsprämien für Versicherungen gegen Sturmschäden auf den Mieter umlegen. Grundsätzlich dürfte es sich bei einem Sturmschaden um ein einmaliges Ereignis handeln. Entweder werden Gebäudeteile oder das Umfeld, wie Garten- und Garagenanlage (umgestürzter Baum) beschädigt. Die Schadensbeseitigungskosten, sofern sie nicht von der Versicherung abgedeckt werden, sind grundsätzlich als Instandhaltungs- und Instandsetzungskosten zu bewerten und deshalb nicht umlagefähig.

Werden die zum Gebäude gehörenden Gärten und gärtnerischen Flächen regelmäßig von Stürmen in Mitleidenschaft gezogen, kann ausnahmsweise die Erneuerung von Pflanzen und Gehölzen und sogar das Entfernen von Bäumen als Betriebskosten angenommen werden. Allerdings müssen die Kosten mit einer gewissen Regelmäßigkeit anfallen.

In Gegenden, in denen immer wieder starke Stürme auftreten, kann man die Schadensbeseitigungskosten eventuell als Betriebskosten auf den Mieter umlegen.

Weitere Stichwörter:
Aperiodische Betriebskosten, Baumfällarbeiten, Versicherungen

Tankreinigung

In dem Urteil vom 11.11.2009, Az. VIII ZR 221/08, hat der BGH entschieden, dass der Vermieter von Wohnraum die Kosten für die Reinigung eines Öltanks auf den Mieter umlegen darf. In der Begründung wird angegeben, die Kosten der Öltankreinigung seien umlagefähige Betriebskosten, denn nach § 2 Nr. 4a BetrKV sind als Kosten des Betriebs der zentralen Heizungsanlage ausdrücklich die Kosten der Reinigung der Anlage, wozu auch der Brennstofftank gehört, aufgeführt. Weiter meint der BGH, die von Zeit zu Zeit erforderlich werdende Reinigung des Öltanks diene nicht der Vorbeugung oder Abwehr von Defekten oder der Beseitigung von Mängeln an der Substanz der Heizungsanlage, sondern diene der Aufrechterhaltung der Funktionsfähigkeit und stelle damit keine Instandhaltungsmaßnahme dar.

Diese Kosten entstehen laufend, auch wenn Tankreinigungen nur in Abständen von mehreren Jahren durchgeführt werden. Ein solcher mehrjähriger Turnus reicht aus, um die wiederkehrenden Belastungen als laufend entstehende Kosten anzusehen. Ganz nebenbei sagt der BGH noch, dass die Kosten in voller Höhe auf die Mieter umgelegt werden dürfen und zwar in dem Abrechnungszeitraum, in dem sie entstehen.

Weitere Stichwörter:
Abflussprinzip, aperiodische Betriebskosten, Dachrinnenreinigung, Hauswart, Kehrwoche, Streugut

Teilabrechnung

Endet ein Mietverhältnis innerhalb einer Abrechnungsperiode, kann der Mieter grundsätzlich keine Zwischenabrechnung verlangen, aber eine Zwischenablesung (§ 566 Abs. 3 BGB: „... Der Vermieter ist zu Teilabrechnungen nicht verpflichtet ..."). Mit Teilabrechnung ist der Zeitraum von Beginn der Abrechnungsperiode bis zum Ende des Mietverhältnisses gemeint, z. B. vom 01.01. eines Jahres bis zum 30.06. des gleichen Jahres. Die Abrechnung der ersten sechs Monate wäre eine solche (unerlaubte) Teilabrechnung. Hier muss der Mieter, falls das Mietverhältnis am 30.06. endete, noch lange warten, bis er einen Anspruch auf Abrechnung seiner Vorauszahlungen hat. Die Abrechnungsperiode endet erst am 31.12. des gleichen Jahres. Anschließend hat der Vermieter nochmals zwölf Monate Zeit (maximal), um eine Abrechnung zu erstellen.

Weitere Stichwörter:
Gradtagszahlen, Zwischenablesekosten, Zwischenabrechnung

Teilinklusivmiete

Die Parteien können vereinbaren, dass nur ein bestimmter Anteil der Betriebskosten vom Mieter zusätzlich zur Grundmiete zu tragen ist. Sind alle Betriebskosten, aber ohne die Heiz- und Warmwasserkosten in der Gesamtmiete enthalten, spricht man von einer Bruttokaltmiete.

Bei einer Teilinklusivmiete ist dagegen nur ein Teil der Betriebskosten von der Gesamtmietzahlung abgedeckt, ein darüber hinausgehender Teil ist abrechnungsfähig. Solche (gemischten) Mietstrukturen finden sich regelmäßig in älteren Mietvertragsformularen mit Ankreuzkästchen oder mit Möglichkeiten Texte einzutragen. Die Teilinklusivmiete ist allgemein eine ungünstige Mietstruktur, weil ein Teil der Betriebskosten in der Gesamtmiete „steckt" (besser: nicht transparent ist) und diese den Mietzinsanteil schmälert. Und über den Rest muss dennoch abgerechnet werden.

Weitere Stichwörter:
Bruttokaltmiete, Bruttomiete, Inklusivmiete, Nettomiete

Temperatur

→ Heizpflicht

Textform

Der Begriff Textform bedeutet, der Vertragspartner soll lesen können, was der andere Vertragspartner von ihm will oder was er plant. Mündliche Erklärungen genügen nicht. Die Textform ist hinsichtlich der formellen Anforderungen nicht ganz so streng wie die Schriftform.

Für einige Erklärungen der Mietparteien im Mietverhältnis ist die Textform ausreichend und Schriftform nicht notwendig: Das gilt für Mieterhöhungserklärungen, Modernisierungsankündigungen, Anpassungen von Betriebskostenvorauszahlungen oder die Ankündigung der Aufrechnung. Die Kündigung eines Wohnraummietverhältnisses kann dagegen nur in Schriftform erklärt werden.

Die Textform ist eingehalten, wenn die Erklärung lesbar, die Person des Absenders angegeben und der Abschluss der Erklärung erkennbar gemacht sind. Die Form ist also gewahrt, wenn eine Kopie vorgelegt wird, ein Telefax, ein Computerfax oder eine E-Mail. § 126b BGB erläutert die Textform:

§ 126b BGB

Ist durch Gesetz Textform vorgeschrieben, so muss eine lesbare Erklärung, in der die Person des Erklärenden genannt ist, auf einem dauerhaften Datenträger abgegeben werden. Ein dauerhafter Datenträger ist jedes Medium, das

1. es dem Empfänger ermöglicht, eine auf dem Datenträger befindliche, an ihn persönlich gerichtete Erklärung so aufzubewahren oder zu speichern, dass sie ihm während eines für ihren Zweck angemessenen Zeitraums zugänglich ist, und
2. geeignet ist, die Erklärung unverändert wiederzugeben

Ist durch Gesetz schriftliche Form (= Schriftform) vorgeschrieben, muss die Urkunde von dem Aussteller eigenhändig durch Namensunterschrift oder mittels notariell beglaubigten Handzeichens unterzeichnet werden. Der Gesetzgeber hat die Voraussetzungen in § 126 BGB an die Schriftform so formuliert:

§ 126 Abs. 1 und 2 BGB

(1) Ist durch Gesetz schriftliche Form vorgeschrieben, so muss die Urkunde von dem Aussteller eigenhändig durch Namensunterschrift oder mittels notariell beglaubigten Handzeichens unterzeichnet werden.

(2) Bei einem Vertrag muss die Unterzeichnung der Parteien auf derselben Urkunde erfolgen. Werden über den Vertrag mehrere gleichlautende Urkunden aufgenommen, so genügt es, wenn jede Partei die für die andere Partei bestimmte Urkunde unterzeichnet.

Weitere Stichwörter:
Betriebskosten, Nebenkosten, Vereinbarung von Betriebskosten

Thermenwartung

Der Begriff Therme meint eigentlich den Begriff Gastherme. Das ist ein Gerät in der Art eines Durchlauferhitzers für die Herstellung von Warmwasser. Im Gegensatz zum Warmwasserboiler wird das Wasser nicht auf Vorrat warmgehalten, sondern die Therme erwärmt nur die tatsächlich entnommene Wassermenge.

Wird in der Mietwohnung ein Warmwasserhahn geöffnet, gibt es einen Druckunterschied in der zuführenden Leitung. Die Druckdifferenz registriert die Gastherme und über die automatische Zündung wird ein starker Brenner „angeworfen", der das Kaltwasser auf die gewünschte und vorher eingestellte Temperatur erwärmt. Innerhalb kürzester Zeit steht eine nahezu unbegrenzte Menge Warmwasser zur Verfügung.

Die Funktionsfähigkeit der Zündung ist das Herzstück der Anlage, deshalb muss das Vorhandensein einer ständig brennenden Gasflamme laufend überwacht und gewartet werden und zwar von Fachleuten. Die Wartungskosten für solche Warmwassergeräte können daher grundsätzlich als Betriebskosten per Mietvertrag auf den Mieter umgelegt werden.

Weitere Stichwörter:
Boiler, Etagenheizung, Warmwasserversorgung

Thermostatventile

Mit dem Begriff Thermostatventile sind mechanische Temperaturregler gemeint. Die Installation bewirkt, dass in Abhängigkeit von der Umgebungstemperatur der Durchfluss durch den Heizkörper höher oder niedriger ist, damit die Temperatur mit dem eingestellten Wert konstant bleibt. Der Einbau ordnungsgemäß arbeitender Thermostatventile, die mit einer automatischen Regelung ausgerüstet sind, dient der Energieeinsparung. Nach der Energieeinsparverordnung (EnEV) müssen alle seit 1978 eingebauten Heizkörper mit Thermostatventilen ausgestattet sein.

Weitere Stichwörter:
Heizkostenverordnung, Kürzung der Heizkosten

Treppenreinigungskosten

→ Hauswart → Kehrwoche → Reinigung

Überwachung

→ Sicherheitsdienst → Videoüberwachung

Umlage neuer Betriebskosten

In einer Entscheidung hat der BGH unter anderem Folgendes gesagt:

§ **BGH vom 27.09.2007, Az. VIII ZR 80/06**

(...) Die Kosten einer Sach- und Haftpflichtversicherung, die der Vermieter während des bestehenden Mietverhältnisses für das Mietobjekt abschließt, können anteilig auf die Mieter umgelegt werden, wenn im Mietvertrag die Kosten einer derartigen Versicherung als umlagefähige Betriebskosten bezeichnet sind und dem Vermieter das Recht eingeräumt ist, auch neu entstehende Betriebskosten auf die Mieter umzulegen. (...)

Fazit ist, dass der Vermieter gut beraten ist, die Einführung neuer Betriebskosten im Mietvertrag vorzubehalten – sei es, dass während des laufenden Mietverhältnisses neue Betriebskosten entstehen, sei es, dass er eine neue Versicherung abschließt, oder sei es, dass die Kehrwoche von mietereigenen Leistungen auf einen Hauswart umgestellt wird. Die „neu entstehenden Betriebskosten" müssen in der ursprünglichen Betriebskostenvereinbarung „angelegt" sein, damit sie später auch umlegbar sind. Als Beispiel sei hier der nachträgliche Einbau eines Aufzugs genannt, auf dessen Betriebskosten der Vermieter sitzen bleibt, wenn er eine solche Position im Mietvertrag „vergessen" hat.

Weitere Stichwörter:
Aufzug, Erhöhung der Betriebskosten

Umlage von Betriebskosten

Darunter versteht man die Verteilung der Betriebskosten sowie der Heiz- und Warmwasserkosten nach der Betriebskostenverordnung und nach der Heizkostenverordnung auf der Basis eines bestimmten Umlageschlüssels. Der Begriff meint also eine „innerbetriebliche Verteilung von Kosten" anhand eines oder mehrerer Verteilerschlüssel, wie etwa Flächenmaßstab, Personenzahl, Miteigentumsanteilen oder Verbrauch. Das bedeutet nicht, dass die Verteilung der Kosten „gerecht" ist.

Weitere Stichwörter:
Einheiten, Flächenmaßstab, Miteigentumsanteil, Personenzahl, Verbrauchserfassung

Umlagefähige Kosten

→ Betriebskostenvereinbarung

Umlageschlüssel

Mit Ausnahme der Kosten für Heizung und Warmwasser, die nach den zwingenden Bestimmungen der HeizKV zu verteilen sind, können die Mietvertragsparteien den Umlageschlüssel für die Betriebskosten grundsätzlich frei vereinbaren, aber immer innerhalb der Grenzen der Willkür.

Denkbar sind sachgerechte Umlageschlüssel bei vermieteten Eigentumswohnungen, z. B. nach Miteigentumsanteilen oder bei frei finanzierten Wohnungen (Miethäuser) nach dem quotalen Anteil der Wohnfläche zur Gesamtfläche, auch Flächenmaßstab genannt, nach Personenzahl (Kopfteilen) oder nach Einheiten, wobei die Aufzählung keineswegs abschließend ist.

Fehlt die Vereinbarung eines Umlageschlüssels im Mietvertrag, sind die Betriebskosten grundsätzlich nach dem gesetzlichen Flächenmaßstab zu verteilen. Damit ist der quotale Anteil der Fläche der einzelnen Wohnung an der Gesamtfläche aller Wohnungen im Vermietungsobjekt gemeint, wie § 556 BGB vorschreibt.

Werden die Betriebskosten von einem Erfassungsgerät gemessen, etwa durch eine Kaltwasseruhr oder durch einen Stromzähler für die Beleuchtungskosten, sind die Betriebskosten nach der erfassten Verursachung durch den jeweiligen Mieter nach einem Maßstab umzulegen, der dem unterschiedlichen Verbrauch oder der unterschiedlichen Verursachung Rechnung trägt (§ 556 BGB).

Grundsätzlich ist der Vermieter verpflichtet, verbrauchsabhängig abzurechnen, falls der Verbrauch erfasst wird und nichts anderes vereinbart ist. Was allerdings nicht bedeutet, der Mieter hätte einen klageweise durchsetzbaren Anspruch auf Einbau von fehlenden Erfassungsgeräten. Allerdings hat der Mieter Anspruch auf Einbau von Erfassungsgeräten, um eine Heizkosten- und Warmwasserabrechnung zu erstellen.

Hat der Mieter zwei Abrechnungsperioden lang einen bestimmten Umlageschlüssel unbeanstandet hingenommen, kann der Vermieter grundsätzlich vom Einverständnis der Änderung des Umlageschlüssels ausgehen (Langenberg, Betriebskostenrecht der Wohn- und Gewerberaummiete, Kapitel B, Rn. 41, 4. Auflage). Ist im Mietvertrag eine Formularklausel enthalten, die den Vermieter berechtigt, den Umlageschlüssel einseitig zu verändern, ist grundsätzlich zu prüfen, ob ein Verstoß gegen die Regeln der Allgemeinen Geschäftsbedingungen (§ 305 ff. BGB, früher: AGB-Gesetz) vorliegt.

Eine solche Regelung ist als unwirksam anzusehen, es sei denn, die Änderung des Umlageschlüssels wird sachlich begründet. Trotz unterschiedlicher Flächen und unterschiedlicher Personenzahlen ist der Flächenmaßstab nicht unbillig, da es sich um die gesetzliche Regelung handelt. Diese Lösung des Gesetzgebers ist hinzunehmen, auch wenn sie als ungerecht oder unbillig angesehen wird. Auch bei unterschiedlichen Größen und Belegungen, die sich negativ auf die Abrechnung der individuellen Betriebskosten auswirken, haben die Mieter keinen einklagbaren Anspruch auf Änderung des Umlageschlüssels.

Weitere Stichwörter:
Einheiten, Flächenmaßstab, Verbrauchserfassung

Umlageschlüssel ohne Vereinbarung

Immer wieder stellt sich die Frage, ob die langjährige Anwendung eines Umlageschlüssels, der nicht im Mietvertrag zwischen den Parteien vereinbart ist, aufgrund der Zeitdauer als vereinbart angesehen werden kann. Reicht dazu eine zweimalige, nicht beanstandete Abrechnung mit einem bestimmten Umlageschlüssel aus, wie beim Stichwort „Umlageschlüssel" behauptet?

Hierzu hat sich das LG Darmstadt (19.01.2005, Az. 7 S 148/04) geäußert: In einem Mietvertrag von 1971 war zwar die Verpflichtung des Mieters enthalten, Betriebskosten zu leisten, es war jedoch keinerlei Umlagemaßstab vereinbart. Seit Beginn wurden immer die Wasser- und Abwassergebühren nach Anzahl der im Haus wohnenden Personen und Allgemeinstrom nach der Anzahl der Mietwohnungen umgelegt. Die Mieter hatten sich darauf berufen, dass mangels im Vertrag enthaltenen Abrechnungsschlüssels die gesetzliche Regelung nach § 556a Abs. 1 BGB zum Tragen käme, also der Flächenmaßstab.

Das LG Darmstadt ist der Meinung, wenn die Parteien über lange Zeit, hier über 30 Jahre, einen bestimmten Schlüssel gebrauchen, die Abrechnung immer in gleicher Weise gestaltet ist und von den Parteien akzeptiert wird, kann man davon ausgehen, dass sich durch langjährige Übung (stillschweigende Vereinbarung) der Vertrag dahingehend konkretisiert hat, dass die genannten Betriebskosten mit dem Maßstab nach Anzahl der Personen und nach Anzahl der Wohnungen (Einheiten) abzurechnen waren. Demgemäß konnten richtigerweise die Mieter nicht mit dem Argument gehört werden, es sei gemäß der Vorschrift des § 556a BGB im Zweifel nach dem Verhältnis der einzelnen Wohn- bzw. Nutzflächen abzurechnen.

Langenberg sagt hierzu Folgendes:

> Im Hinblick auf die durch § 556 Abs. 3 BGB geschaffene Straffung des Verfahrens mit Abrechnungs- und Einwendungsausschlussfrist erscheint es sachgerecht, auch insoweit alsbald klare Verhältnisse zugrunde zu legen. Zudem ist zu berücksichtigen, dass die konkludente Konkretisierung allein dem Schließen von Lücken des Vertrages und/oder der Behebung von Unklarheiten dient. Diese Gesichtspunkte lassen es als vertretbar erscheinen, die Konkretisierung bereits nach zwei unbeanstandet gebliebenen Abrechnungen anzunehmen, bei denen mithin im Regelfall für die eine Abrechnung die Einwendungsfrist abgelaufen und für die zweite eine Bestätigung durch Saldoausgleich zu konstatieren ist. (...)
>
> (Langenberg, Betriebskostenrecht der Wohn- und Gewerberaummiete, 4. Auflage, Kapitel B, Rn. 41, S. 88)

Weitere Stichwörter:
Umlageschlüssel, Wasserzähler

Umlagevereinbarung

→ Betriebskosten

Umsatzsteuer

Nach § 9 Abs. 1 UStG besteht Steuerfreiheit bei Mieteinnahmen. Möglich ist es allerdings, dass ein Vermieter, der Gewerberaum an einen anderen Unternehmer vermietet, vereinbart, dass zusätzlich zur Miete die darauf entfallende Umsatzsteuer zu bezahlen ist. Es müssen dann die Betriebskosten zuzüglich Umsatzsteuer abgerechnet und bezahlt werden. Bei Wohnraummietverhältnissen ist diese Fallkonstellation allerdings nicht denkbar.

Weitere Stichwörter:
Betriebsausgaben, Betriebskostenvereinbarung

Ungezieferbekämpfung

Bei der Ungezieferbekämpfung hat der Vermieter das Problem, dass die Kosten des Kammerjägers in der Regel nicht laufend anfallen und deshalb nicht als Betriebskostenposition angesetzt werden können. Eine Umlagefähigkeit als Betriebskosten scheidet aus, wenn die örtliche Feuerwehr ein Wespennest entfernt, das sich im Bereich der von allen Mietern genutzten gemeinschaftlichen Fläche, wie etwa dem Dachboden des Objekts, befindet. Dieser Vorgang wird nicht regelmäßig alle paar Jahre anfallen, sondern dürfte selten sein und die Kosten für den Einsatz der Feuerwehr kommen deshalb nicht als Betriebskosten in Betracht.

Die Kosten des Kammerjägers sind nur dann ansatzfähig, wenn sie tatsächlich regelmäßig in gewissen Abständen entstehen und besondere örtliche Gegebenheiten vorhanden sind, die eine regelmäßige Kontrolle notwendig erscheinen lassen. Tritt Ungeziefer nur innerhalb einer Mietwohnung auf, können die Bekämpfungskosten auch nicht über die Betriebskosten auf alle Mieter im Haus umgelegt werden, sondern sind vom Verursacher der Plage zu begleichen, sofern man ihn feststellen kann.

Weitere Stichwörter:
Käferplage, Kakerlaken

Unwirksame Vertragsklauseln

Regelungen in einem schriftlichen Mietvertrag müssen rechtlichen Mindeststandards entsprechen, um wirksam zu sein, sie dürfen nicht gegen zwingende gesetzliche Vorgaben verstoßen. Handelt es sich um eine Klausel im Rahmen des Betriebskostenrechts in einem vorgefertigten Formular (= ein Formularvertrag ist ein Vertrag, auf den die gesetzlichen Bestimmungen des Gesetzes zur Regelung des Rechts der Allgemeinen Geschäftsbedingungen Anwendung finden), wie etwa der „Deutsche Einheitsmietvertrag" oder der „Muster-Mietvertrag von Haus und Grund", muss auch dem juristischen Laien, sprich dem durchschnittlich gebildeten Leser deutlich oder verständlich werden, welche Nebenkosten in Zukunft nach Abschluss des Mietvertrags (Unterzeichnung des Formularvertrags) auf ihn zukommen werden.

Unklare, mehrdeutige oder widersprüchliche Klauseln sind nach den Regeln der Allgemeinen Geschäftsbedingungen (§ 305 ff. BGB) unwirksam, das heißt, sie werden ersatzlos gestrichen. Die bisher vereinbarte Nettokaltmiete zzgl. Betriebskostenvorauszahlung wird, wenn diese Regelung im Mietvertrag unwirksam sein sollte, automatisch zu einer Bruttomiete.

Nachfolgende Klauseln sind inhaltlich als problematisch anzusehen und deshalb unwirksam:

- „Der Mieter hat die üblichen anteiligen Hausabgaben und Nebenkosten zu tragen."
- „Der Mieter trägt alle anfallenden Kosten."
- „Mietnebenkosten sind Angelegenheit des Mieters."
- „Die umlagefähigen Nebenkosten trägt der Mieter."

- „Die üblichen anteiligen Hausabgaben und sonstigen Kosten gehen zulasten des Mieters."
- „Der Mieter trägt die Kosten für Heizung, Wasser, Strom, etc."

Betriebskostenklauseln werden eng ausgelegt, mit der Folge, dass Richter sie dann für unwirksam halten. Das bedeutet, dass die Nebenkosten in der Miete mit enthalten sind. Sinnvoll ist folgende Klausel im Mietvertrag, um eine wirksame Regelung zu treffen: „Für die Betriebskosten gemäß § 2 BetrKV ist neben der Miete eine monatliche Vorauszahlung von ... EUR zu leisten, über die jährlich abgerechnet wird."

Weitere Stichwörter:
Allgemeine Geschäftsbedingungen, Vereinbarung von Betriebskosten

Urheberrechtsgesetz

§ 2 Nr. 15 BetrKV enthält Regelungen zu den Kosten des Betriebs der Gemeinschaftsantenne und des Kabelfernsehens. Nach dem Urheberrechtsgesetz besteht für Kabelweitersendungsvorgänge eine Gebührenpflicht. Nach § 2 Nr. 15a BetrKV können diese Kosten für die Weitersendung auf den Mieter umgelegt werden.

Weitere Stichwörter:
Gemeinschaftsantenne, Kabelanschluss

Verbrauchsabhängige Nebenkosten

Stichwortartig werden nachfolgend diejenigen Nebenkosten aufgeführt, die grundsätzlich nach Verbrauchserfassung abzurechnen sind, sofern dies möglich ist:

- Heizkosten
- Warmwasserkosten
- Kaltwasser
- eventuell Müllgebühren
- Entwässerungskosten
- Beleuchtung

Diese Kosten werden bei der Bemessung der Höhe der Vorauszahlungen lediglich vorab geschätzt. Eine konkrete Abrechnung kann erst nach Abschluss der Abrechnungsperiode erfolgen. Die Schätzung hat sich in einem gewissen Rahmen an den Vorjahren zu orientieren.

Weitere Stichwörter:
Inhalt der Betriebskostenabrechnung, Soll-Vorschüsse

Verbrauchserfassung

§ 4 HeizKV schreibt dem Gebäudeeigentümer stringent vor, den anteiligen Verbrauch der Nutzer (Mieter) von Wärme und Warmwasser zu erfassen. Deshalb muss der Vermieter die Räume mit Geräten zur Verbrauchserfassung versehen, z. B. mit Wärmezählern, Heizkostenverteilern und Warmwasseruhren.

Der Gebäudeeigentümer ist grundsätzlich verpflichtet, alle in seinem Gebäude befindlichen Wohnungen mit einheitlichen Geräten auszustatten, sonst sind die erfassten Werte nicht vergleichbar (Birne-Äpfel-Prinzip).

Den Mietern zur Verfügung stehende Gebäudeteile wie Waschküche, Flurbereich, Fahrradkeller oder Ähnliches müssen nicht erfasst werden. Die für diese Räume verbrauchte Energie ist grundsätzlich im Gesamtverbrauch mit enthalten und benachteiligt deswegen nur denjenigen Nutzer, der in seiner Wohnung viel verbraucht.

Es wird ihm auf diese Weise automatisch ein größerer Teil der Wärmekosten für allgemein zugängliche Räume zugerechnet. Diese Art der Erfassung benachteiligt allerdings auch die Nutzer, die in einer deutlich größeren Wohnung in dem Gebäudekomplex wohnen. Sie haben einen größeren Anteil an den Grundkosten.

Nicht nur Wasser und Abwasser oder Warmwasser und Heizung können über die Verbrauchserfassung individuell berechnet werden, sondern auch die Kosten für den Müll. Hier werden z. B. elektronische Chips an den Müllcontainern angebracht, die dann später bei der Abrechnung anzeigen, wie oft ein bestimmter Mülleimer, der einem Gebäude zugeordnet wird, geleert wurde. Diese Chips könnte man auch als Verbrauchserfassungsgeräte bezeichnen, wobei nicht die tatsächliche Müllmenge erfasst wird, sondern nur die Anzahl der Leerungen.

Weitere Stichwörter:
Wärmedienstkosten, Wartungskosten, Wasserzähler

Verbrauchserfassungsgeräte

Wärmezähler und Wasseruhren sind Verbrauchserfassungsgeräte, ebenso wie der Gas- und der Stromzähler oder der Chip an der Mülltonne. Grundsätzlich ist der Vermieter berechtigt, den Wärmezähler und die Heizkostenverteiler zu mieten. Im Rahmen der Heizkostenabrechnung dürfen diese Mietkosten dann auf den Mieter umgelegt werden. Nach § 4 Abs. 2 HeizKV muss der Vermieter, wenn er die Geräte neu mieten möchte, den Mietern die Kosten mitteilen und der Mieter sollte nicht innerhalb eines Monats widersprochen haben:

§ 4 Abs. 2 HeizKV

Er hat dazu die Räume mit Ausstattungen zur Verbrauchserfassung zu versehen; die Nutzer haben dies zu dulden. Will der Gebäudeeigentümer die Ausstattung zur Verbrauchserfassung mieten oder durch eine andere Art der Gebrauchsüberlassung beschaffen, so hat er dies den Nutzern vorher unter Angabe der dadurch entstehenden Kosten mitzuteilen; die Maßnahme ist unzulässig, wenn die Mehrheit der Nutzer innerhalb eines Monats nach Zugang der Mitteilung widerspricht. Die Wahl der Ausstattung bleibt im Rahmen des § 5 dem Gebäudeeigentümer überlassen.

Widerspricht die Mehrheit der Mieter der Anmietung, bleibt dem Vermieter nichts anderes übrig, als die Geräte zu kaufen und den Kaufpreis über die Mieterhöhungsmöglichkeit (Modernisierung) nach § 559 BGB mit einer Erhöhung der Jahresmiete um 11 Prozent der aufgewendeten Kosten zu berechnen. Hier ist allerdings auch das Wirtschaftlichkeitsgebot zu beachten. Sachlich nicht gerechtfertigte Kosten oder langfristige Mietverträge verstoßen gegen das Gebot der Wirtschaftlichkeit. Die Heizkosten können dann auf das angemessene Maß gekürzt werden.

Weitere Stichwörter:
Vereinbarung von Betriebskosten, Vorauszahlungen, Wärmedienstkosten

Verbrauchsschätzung

§ 9a HeizKV regelt die Schätzung des Heiz- und Warmwasserverbrauchs mit folgendem Wortlaut:

§ 9a HeizKV

(1) Kann der anteilige Wärme- oder Warmwasserverbrauch von Nutzern für einen Abrechnungszeitraum wegen Geräteausfalls oder aus anderen zwingenden Gründen nicht ordnungsgemäß erfasst werden, ist er vom Gebäudeeigentümer auf der Grundlage des Verbrauchs der betroffenen Räume in vergleichbaren Zeiträumen oder des Verbrauchs vergleichbarer anderer Räume im jeweiligen Abrechnungszeitraum oder des Durchschnittsverbrauchs des Gebäudes oder der Nutzergruppe zu ermitteln. Der so ermittelte anteilige Verbrauch ist bei der Kostenverteilung anstelle des erfassten Verbrauchs zu Grunde zu legen.

(2) Überschreitet die von der Verbrauchsermittlung nach Absatz 1 betroffene Wohn- oder Nutzfläche oder der umbaute Raum 25 vom Hundert der für die Kostenverteilung maßgeblichen gesamten Wohn- oder Nutzfläche oder des maßgeblichen gesamten umbauten Raumes, sind die Kosten ausschließlich nach den nach § 7 Absatz 1 Satz 5 und § 8 Absatz 1 für die Verteilung der übrigen Kosten zu Grunde zu legenden Maßstäben zu verteilen.

Kann beispielsweise ein Verbrauchserfassungsgerät an einem Heizkörper wegen der Möblierung nicht abgelesen werden, kann der Vermieter bei der Erstellung der Heizkostenabrechnung den Wert schätzen. Der Schätzung ist der vorausgegangene Abrechnungszeitraum zugrunde zu legen. Als andere Schätzungsmethode kommt der Ablesewert eines vergleichbaren Raums in der jeweiligen Abrechnungsperiode in Betracht.

Weitere Stichwörter:
Stromkosten der Heizanlage, Wärmedienstkosten

Vereinbarung von Betriebskosten

Die einfachste Fallkonstellation: Man vereinbart im Mietvertrag ausdrücklich bestimmte Betriebskostenpositionen mit entsprechendem Umlageschlüssel. Wählt man eine solche Vereinbarung, sollten die Betriebskosten alle einzeln aufgeführt werden. Diese Methode birgt das Risiko in sich, dass bestimmte Kostenpositionen vergessen werden oder durch ungenaue Bezeichnung verschiedene Kostenpositionen begrifflich nicht abgedeckt werden.

Es ist weiter darauf zu achten, dass das Bestimmtheitserfordernis erfüllt wird, damit dem Mieter deutlich wird, welche Kosten umgelegt werden sollen. Ungenauigkeiten und Unklarheiten gehen zulasten des Vermieters.

In einer Entscheidung vom 10.02.2016 (Az. VIII ZR 137/15) hat der BGH lapidar festgestellt, dass es in der Wohnraummiete genüge, zur Übertragung der Betriebskosten auf den Mieter eine Vereinbarung zu treffen, dass dieser „die Betriebskosten" zu tragen habe. Eine Bezugnahme auf die Betriebskostenverordnung oder auf das Beifügen eines Betriebskostenkatalogs ist nach dieser Entscheidung nicht erforderlich.

Zweite Fallkonstellation: Es ist deshalb ausreichend, im Mietvertrag eine Bezugnahme auf § 2 BetrKV herzustellen. Klauseln in Mietverträgen, die den Mieter verpflichten, sämtliche Betriebskosten im Sinne von § 2 BetrKV zu tragen (in älteren Mietverträgen den Betriebskostenkatalog Anlage 3 zu § 27 II. Berechnungsverordnung), sind wirksam. Es ist zwar nicht nötig, den Text der Betriebskostenvereinbarung beizufügen, aber sinnvoll, damit sich der Mieter kundig machen kann.

Dritte Fallkonstellation: Es stehen bestimmte Betriebskostenpositionen nicht im Mietvertrag, es wird darüber abgerechnet und vom Mieter bezahlt. Fraglich ist, ob letztlich auch eine schlüssige Vereinbarung über die Einbeziehung von Betriebskosten möglich ist.

Der BGH entschied bereits im Jahr 2000, dass auch stillschweigend abgegebene Willenserklärungen aus der Sicht des Erklärungsempfängers (objektiver Empfängerhorizont) auszulegen sind. Aus den Entscheidungsgründen:

BGH vom 29.05.2000, Az. XII ZR 35/00

(...) Eine Vereinbarung der Parteien über den Umfang der von dem Mieter zu zahlenden Nebenkosten kann auch durch jahrelange Zahlung stillschweigend getroffen werden (vgl. Palandt/Putzo, BGB 68. Auflage, § 535 Rn. 37a m. w. N.). Im vorliegenden Fall ist davon auszugehen, dass die Parteien sich durch jahrelange Übung stillschweigend darauf geeinigt haben, die von der neuen Hauptvermieterin der Beklagten in Rechnung gestellten Nebenkosten auf die Klägerin abzuwälzen. Auch stillschweigend abgegebene Willenserklärungen sind auszulegen aus der Sicht des Erklärungsempfängers. Die Beklagte konnte das Verhalten der Klägerin nur dahin verstehen, dass die Klägerin mit der Abwälzung der erhöhten Nebenkostenabrechnungen einverstanden war. (...)

Einschränkend ist darauf hinzuweisen, dass die zitierte Entscheidung zu einem Gewerberaummietverhältnis ergangen ist.

Im entschiedenen Fall hatte der Vermieter Betriebskosten umgelegt und der Mieter diese mehrere Jahre (hier sechs Jahre lang) beglichen, obwohl dazu im Mietvertrag keine Vereinbarung vorgesehen war. Der BGH hatte damals entschieden, dass der Vermieter, auf dessen Empfängerhorizont es ankam, die Zahlungen des Mieters so verstehen konnte und durfte, dass dieser mit der Zahlung einverstanden gewesen sei.

Die Entscheidung des BGH vom Februar 2016 (siehe oben) macht es dem Wohnraumvermieter leicht, einfach zu sagen, der Mieter muss die Betriebskosten tragen. Jede weitere Aufzählung von einzelnen Betriebskosten schränkt ihn ein und macht es für ihn schwieriger, nicht vereinbarte Betriebskosten durch jahrelange Zahlung als Vereinbarung umzudeuten. Wenn jemand mehr als sechs Jahre die Betriebskostenarten bezahlt, obwohl es dazu keine Vereinbarung gibt, muss er meines Erachtens so behandelt werden, als hätte er eine entsprechende Vereinbarung getroffen.

Weitere Stichwörter:
Aperiodische Betriebskosten, Erhöhung der Betriebskosten, Umlagefähige Kosten

Verjährung

Bei der Frage, wann Betriebskostenansprüche des Vermieters verjähren, muss ein verbreiteter Irrtum korrigiert werden: Die zwölfmonatige Frist, innerhalb der der Vermieter die Abrechnung erstellen sollte, hat nichts mit der Verjährung zu tun. Das ist die Abrechnungsfrist.

Viele Vermieter glauben, dass der Mieter nach Ablauf der Zwölf-Monats-Frist kein Recht mehr auf Abrechnung hätte. Mieter glauben, dass sie nach Fristablauf ohne Abrechnung alle Betriebskostenvorauszahlungen zurückfordern können. Beide Auffassungen sind falsch.

Der Vermieter ist nach § 556 BGB verpflichtet, innerhalb von zwölf Monaten nach Ende des Abrechnungszeitraums eine Betriebskostenabrechnung zu erstellen; der Mieter kann nach Ablauf dieser zwölf Monate die Abrechnung verlangen und eventuell die Abrechnung einklagen.

Negative Rechtsfolge eines Fristversäumnisses für den Vermieter ist, dass er keine Betriebskostennachforderungen mehr geltend machen kann, es sei denn, er kann tatsächlich nachweisen, dass die Säumnis nicht seine Schuld war. Er darf bei korrekter Abrechnung, die verspätet erstellt wird, die Vorauszahlungen „behalten".

Aber: Der Anspruch auf Abrechnung verjährt nach § 195 BGB in drei Jahren. Diese Verjährungsfrist beginnt nach § 199 Abs. 1 BGB mit dem Ende des Jahres zu laufen, in dem die Forderung entstanden ist.

§ 199 Abs. 1 BGB

(1) Die regelmäßige Verjährungsfrist beginnt, soweit nicht ein anderer Verjährungsbeginn bestimmt ist, mit dem Schluss des Jahres, in dem

1. der Anspruch entstanden ist und

2. der Gläubiger von den den Anspruch begründenden Umständen und der Person des Schuldners Kenntnis erlangt oder ohne grobe Fahrlässigkeit erlangen müsste.

Beispiel:

Für den Abrechnungszeitraum „Kalenderjahr 2016" muss bis zum 31.12.2017 die Abrechnung vorliegen. Am 01.01.2018 tritt automatisch die Fälligkeit der Leistung ein: Sie kann nicht mehr hinausgeschoben werden und der Gläubiger (Mieter) kann nun die Vorlage einer Abrechnung gerichtlich geltend machen.

Mit dem Ende des Kalenderjahres 2018 (nicht 2017!) beginnt nach § 199 Abs. 1 BGB die Verjährungsfrist zu laufen. Diese beträgt drei Jahre und läuft deshalb bis Ende 2021. Erst nach dem 31.12.2021 kann sich der Vermieter auf den Einwand der Verjährung berufen und braucht dann nicht mehr abzurechnen. Allerdings kann die Verjährungsfrist zwischenzeitlich gehemmt sein, etwa durch eine Klage des Mieters vor Gericht.

Eine Klage ist nicht immer erforderlich, außer zur Hemmung der Verjährung: Der Mieter hat gegen den nicht abrechnenden Vermieter ein wirksames und effektives Druckmittel: Erstellt der Vermieter nicht innerhalb der zwölfmonatigen Frist eine Abrechnung, hat der Mieter ein Zurückbehaltungsrecht an den laufenden Betriebskostenvorauszahlungen. „Zurückbehalten" bedeutet aber nicht „behalten dürfen". Vielmehr dürfen die Vorauszahlungsbeträge nur vorläufig einbehalten werden, und zwar so lange, bis eine Abrechnung erfolgt. Wird abgerechnet, müssen die ausstehenden Betriebskostenvorauszahlungen für den gesamten Zeitraum nachentrichtet werden, eventuell unter Verrechnung eines Guthabenbetrages, der sich aus der „alten" Abrechnung ergibt.

Die Ausübung des Zurückbehaltungsrechts funktioniert nur in den Fällen, in denen das Mietverhältnis noch fortbesteht. Ist es beendet, kann der Mieter kein Zurückbehaltungsrecht mehr geltend machen, da er keine Betriebskostenvorauszahlungen mehr schuldet.

Der BGH gesteht deshalb als Ausnahme von der Regel den ehemaligen Mietern das Recht zu, nach ergebnislosem Ablauf der zwölfmonatigen Abrechnungsfrist die Betriebskostenvorauszahlungen für den abgelaufenen Abrechnungszeitraum in voller Höhe zurückzufordern. Es sei unangemessen, wenn der Mieter erst einmal auf Abrechnung klagen muss, um dann nach Erhalt der Abrechnung ein zweites Mal wegen der Auszahlung eines eventuellen Guthabens erneut klagen zu müssen (BGH vom 09.03.2005, Az. VIII ZR 57/04).

In die gleiche Richtung geht eine andere Entscheidung des BGH: Eine nach Ende der Abrechnungsfrist vom Vermieter erstellte Abrechnung kommt auch dann zu spät, wenn der Mieter zuvor die Entrichtung der Nachzahlung zugesagt hat. Der Vermieter kann nach Ende der Abrechnungsfrist keine Betriebskostennachzahlungen mehr fordern und die Frist beginnt durch die Zusage des Mieters nicht neu zu laufen (BGH vom 09.04.2008, Az. VIII ZR 84/07).

Weitere Stichwörter:
Abrechnungsfrist, Verwirkung

Vermieterwechsel

→ Eigentümerwechsel

Vermietete Eigentumswohnung

Ob eine Wohnung im Wohnungseigentum steht oder es sich um normales Eigentum handelt, ist für den Mietvertrag gleichgültig. Es gelten für den Vermieter die gleichen Grundsätze, wie für den Mieter. Bei der vermieteten Eigentumswohnung erhält der Vermieter eine Jahresabrechnung vom WEG-Verwalter. Diese Jahresabrechnung kann er nicht 1 : 1 als Betriebskostenabrechnung an seinen Mieter weitergeben. Die Begriffe „Betriebskosten" und „Nebenkosten", die im Mietrecht gleichbehandelt werden, sind nicht identisch mit den Jahresabrechnungen der Wohnungseigentümergemeinschaft. Es gibt sicherlich viele Gemeinsamkeiten und zum Teil nur geringe Unterschiede.

Die laufenden Kosten der Jahresabrechnung im Rahmen der Wohnungseigentümergemeinschaft sind nicht identisch mit den auf den Mieter umlegbaren Betriebskosten. Des Weiteren können die Umlageschlüssel innerhalb der Eigentümergemeinschaft von den mietvertraglich vereinbarten Umlageschlüsseln abweichen. Im Wohnungseigentumsrecht gilt strikt das Abflussprinzip. Mietrechtlich ist sowohl das Abflussprinzip als auch das Leistungs- und Zeitabgrenzungsprinzip möglich.

Das WEG sieht als Betriebskosten, zusätzlich zu den mietrechtlichen Betriebskosten noch die Verwaltungskosten, Instandhaltungskosten, Instandhaltungsrücklagen und Bankgebühren etc. an.

In der Hausgeld- oder Wohngeldabrechnung im Rahmen des Wohnungseigentumsgesetzes kann der Vermieter die Abrechnung der Wohnungseigentümergemeinschaft, selbst wenn sie rechtskräftig beschlossen ist, nicht auf den Mieter umlegen. Auch müssen die monatlich vom Eigentümer an die Verwaltung zu bezahlenden Hausgelder (Abschlagszahlungen auf die Jahresabrechnung) nicht mit den Vorauszahlungen des Mieters an den Vermieter (= Eigentümer) identisch sein. Meistens sind die Hausgeldzahlungen innerhalb der Wohnungseigentümergemeinschaft höher, da dort auch umfangreichere Kosten auf den Eigentümer umgelegt werden können (z. B. Instandhaltungs- und Instandsetzungskosten).

Bekommt ein Mieter von seinem Vermieter eine Abrechnung über die Betriebskosten und beruht diese auf der Basis der Verwaltungsabrechnung, ist diese kritisch zu betrachten.

Weitere Stichwörter:
Abflussprinzip, Eigentumswohnung, Miteigentumsanteil

Versicherungen

Maßgeblich für die formelle Wirksamkeit einer Betriebskostenabrechnung ist die Nachvollziehbarkeit und Prüffähigkeit für den Mieter. Notwendig, aber auch ausreichend ist es, dass der Mieter die ihm angelasteten Kosten bereits aus der Abrechnung klar ersehen und überprüfen kann, so dass die Einsichtnahme in dafür vorliegende Belege nur noch zur Kontrolle und zur Behebung von Zweifeln erforderlich ist; die Pflichten zur Spezifizierung der Kosten dürfen allerdings nicht überspannt werden. In einer Entscheidung vom 16.09.2009 hat der BGH zur Nachvollziehbarkeit Folgendes gesagt:

BGH vom 16.09.2009, Az. VIII ZR 346/08

(…) Die Nachvollziehbarkeit der Abrechnung für den Mieter ist auch dann gewährleistet, wenn der Vermieter eng zusammenhängende Kosten – wie hier die Kosten für eine Sach- und Haftpflichtversicherung – in einer Summe zusammenfasst, ohne die auf die jeweilige Versicherungsart entfallenden Einzelbeträge anzugeben. (…)

Der BGH weist in dieser Entscheidung nochmals darauf hin, dass auch die Abrechnung der Kosten für Frischwasser und Abwasser in einer Position zulässig sei (Senatsurteil vom 15.07.2009, Az. VIII ZR 340/08).

Weitere Stichwörter:
Elementarschadenversicherung, Leitungswasserversicherung, Sachversicherungen

Verteilerschlüssel

→ Umlageschlüssel

Verwaltergebühren

Gelegentlich positionieren Vermieter von Eigentumswohnungen im Rahmen der Nebenkostenabrechnung Verwaltergebühren, die ein Hausverwalter den Wohnungseigentümern in Rechnung stellt, auf der Mieterabrechnung. Selbst wenn diese Kosten, die eindeutig als Verwaltungskosten zu qualifizieren sind, zwischen den Parteien im Mietvertrag vereinbart sind, sind sie trotzdem nicht umlagefähig, da die Vereinbarung unwirksam ist (§ 1 Abs. 1 Satz 1 BetrKV).

Auch eine Individualvereinbarung (dann ist das AGB-Recht gemäß § 305 ff. BGB nicht anwendbar) macht die Umlage von Verwaltungskosten nicht zulässig.

Stellt der Mieter fest, dass er zu Unrecht Beträge an den Vermieter gezahlt hat, kann er die überzahlten Beträge zurückfordern, wenn sie nicht verjährt sind.

Weitere Stichwörter:
Allgemeine Geschäftsbedingungen, Nicht umlagefähige Betriebskosten

Verwaltungskosten

Darunter versteht man die Kosten, die dem Grundstückseigentümer für die Bewirtschaftung des Grundstücks mit Gebäude anfallen. Der Aufwand, den der Vermieter mit der Erstellung der Abrechnung hat, gehört zu den genannten Verwaltungskosten, genauso wie das Sammeln der Belege und das Führen der Buchhaltung.

Die Kosten der persönlichen Verwaltungsarbeit des Vermieters, wozu auch die Beauftragung von Wärmemessdiensten gehört, sind zwar Betriebskosten eines Grundstücks (Mietobjektes), aber nach § 2 Nr. 1 BetrKV („… zu den Betriebskosten gehören nicht … die Kosten der zur Verwaltung des Gebäudes erforderlichen Arbeitskräfte und Einrichtungen …“) nicht auf den Mieter umlegbar. Im Wohnraummietrecht dürfen solche Kosten nicht vereinbart werden. Auch nicht in Form einer individuellen Vereinbarung, die den Schutz der Allgemeinen Geschäftsbedingungen aushebeln würde.

Weitere Stichwörter:
Bankspesen, Bearbeitungsgebühren

Verwirkung

Nach allgemeinen Grundsätzen ist ein Recht verwirkt, wenn der Berechtigte das Recht längere Zeit hindurch nicht geltend gemacht hat und der Verpflichtete sich darauf eingerichtet hat und sich nach dem gesamten Verhalten des Berechtigten auch darauf einrichten durfte, dass dieser das Recht nicht mehr geltend machen werde. Aus den Entscheidungsgründen ist Folgendes zu zitieren:

BGH vom 19.10.2005, Az. XII ZR 224/03

(…) die Klägerin habe durch die widerspruchslose Hinnahme der gekürzten Miete über einen längeren Zeitraum ihr Nachforderungsrecht auf die volle Miete gemäß § 539 BGB a. F. analog „verwirkt". Die Partner eines Mietverhältnisses könnten in der Regel davon ausgehen, dass laufend zu erfüllende Ansprüche zeitnah geltend gemacht würden. Deshalb sei es – zumindest für die Zeit vor Inkrafttreten des Mietrechtsreformgesetzes am 01.09.2001 – herrschende Meinung gewesen, dass der Mieter in analoger Anwendung des § 539 BGB a. F. sein Recht zur Minderung verliere, wenn er den Mietzins vorbehaltlos und ungemindert über einen Zeitraum von sechs Monaten gezahlt habe. Die Gewährleistungsrechte seien dann für die Vergangenheit und die Zukunft ausgeschlossen gewesen, ohne dass es eines weiteren Vertrauenstatbestands auf Seiten des Vermieters bedurft hätte. Diese Grundsätze seien spiegelbildlich auch auf den hier vorliegenden Fall anzuwenden, in dem der Vermieter über einen längeren Zeitraum widerspruchslos die restliche Miete nicht verlange. (…)

Die Verwirkung ist juristisch gesehen ein Fall der unzulässigen Rechtsausübung wegen widersprüchlichen Verhaltens. Ein verwirktes Recht ist dann, ähnlich wie bei der Verjährung, zwar „vorhanden", aber nicht mehr durchsetzbar. Es handelt sich um eine rechtsvernichtende Einwendung.

Zusätzlich zu dem Zeitmoment („längere Zeit") muss auch noch das Umstandsmoment hinzukommen. Der reine Zeitablauf und eine ordnungsgemäße Leistung von Vorauszahlungen reichen nicht aus. Es bedarf zusätzlicher Gesichtspunkte, dass der Vermieter darauf vertrauen konnte, nicht mehr in Anspruch genommen zu werden.

Man kann im Betriebskostenrecht an Verwirkung denken, wenn der Vermieter auf Einwendungen des Mieters gegen eine erteilte Abrechnung fast zwei Jahre lang nicht reagiert hat. Insbesondere dann, wenn das Mietverhältnis beendet ist, kommt der Einwand der Verwirkung eher zum Tragen. Bei Beendigung eines Mietverhältnisses wird nach gewisser Zeit auch über die Kaution abgerechnet. Im Anschluss daran muss der Mieter eher nicht mehr damit rechnen, dass noch eine Nebenkostennachzahlung kommen wird.

Weitere Stichwörter:
Einwendungen gegen die Abrechnung, Verjährung

Videoüberwachung

Unzulässig ist generell im Mietrecht eine verdeckte Videoüberwachung von allgemein zugänglichen Bereichen im Mietobjekt, wie z. B. im Hausflur oder im Bereich der Außeneingangs- oder der Wohnungstüren. Da es nicht im Belieben des Überwachenden, also entweder des Mieters oder des Vermieters, stehen kann, was mit einer Videoaufzeichnung passiert, wird darin eine Verletzung des Persönlichkeitsrechts nach Art. 2 GG gesehen.

Ein solcher Eingriff wäre nur dann gerechtfertigt, wenn unmittelbare Angriffe auf eine Person oder auf die Bewohner bevorstehen würden. Nach Maßgabe von § 6b Abs. 3 BDSG sind solche Aufzeichnungen aber unverzüglich zu löschen, wenn sie zur Erreichung des Zwecks nicht mehr erforderlich sind.

Grundsätzlich zulässig ist eine Videoüberwachung dann, wenn der überwachte Bereich ausschließlich und alleine den Hoheitsbereich des Vermieters oder des Mieters betrifft. Hier weiß nämlich der ungebetene Besucher, dass er Fremdbesitz betritt. Wie bei einem Türspion, der dazu dient, von innen zu überprüfen, wer vor der Türe steht, wäre diesbezüglich eine Videoüberwachung ebenfalls zulässig.

Kosten, die für diese Tätigkeit entstehen, und der Strom, der eventuell verbraucht wird, sind keine Betriebskosten, wenn die Überwachung vom Vermieter veranlasst wird. Wird die Videoüberwachung in zulässiger Weise vom Mieter veranlasst, muss er auch für die Kosten aufkommen.

Weitere Stichwörter:
Allgemeinstrom, Pförtner, Sicherheitsdienst

Vollwartungsvertrag

In der Regel gibt es sog. Vollwartungsverträge beim Betrieb von Aufzügen in Wohngebäuden. Was hat hier der Vermieter mit der Fachfirma vereinbart?

Zum Vollwartungsvertrag gehören neben den regelmäßigen Wartungsarbeiten auch die Reparaturen. Die Vergütung des Vollwartungsvertrags enthält zudem Anteile für die Behebung von Ausfällen, die durch den täglichen Gebrauch der Anlage entstehen und für die Anschaffung von Ersatzteilen. Der Vollwartungsvertrag bezieht sich regelmäßig auf Instandsetzungsarbeiten und die Beseitigung von Betriebsstörungen.

Reparaturkosten, Instandsetzungsarbeiten und Ersatz von Verschleißteilen sind keine umlagefähigen Betriebskosten. Deswegen ist vom Vollwartungsvertrag bei der Umlage von Betriebskosten ein regelmäßiger Abzug zu machen. So hat das LG Duisburg in seinem Urteil vom 02.03.2004 (Az. 13 S 265/03) einen Abzug von 40 Prozent pauschal vorgenommen.

Weitere Stichwörter:
Betriebskosten, Instandhaltung/Instandsetzung

Vorauszahlungen

Haben Vermieter und Mieter vereinbart, dass zusätzlich zur Miete noch Betriebskosten zu bezahlen sind, und zwar nicht als Pauschale, hat der Mieter auf die zukünftig zu erwartenden Nebenkosten eine Vorauszahlung zu leisten. Über diese Vorauszahlungen ist dann nach Ablauf des Abrechnungsjahres innerhalb von zwölf Monaten abzurechnen. Die Vorauszahlungen sind in etwa in der Höhe zu bemessen, wie die zu erwartenden Betriebskosten insgesamt anfallen werden. Die Vorauszahlungen dürfen keinen kostengünstigen Kredit für den Vermieter darstellen. Einen Orientierungsrahmen geben die letztjährigen Abrechnungen.

Übersteigen die entstandenen Kosten die Vorauszahlungen, muss der Mieter den Differenzbetrag nachzahlen. Sind die tatsächlichen Betriebskosten im Abrechnungsjahr niedriger, kann der Mieter vom Vermieter die entsprechende Erstattung (Guthaben) verlangen.

Der Mieter darf nicht ohne Weiteres die monatlichen Vorauszahlungen von sich aus reduzieren, wenn er die Vermutung hat, die Vorauszahlungen seien zu hoch, schon gar nicht vor Erhalt der Jahresabrechnung.

Verfügt der Mieter über ein erhebliches Guthaben, sind die neuen Vorauszahlungen auf der Basis der Abrechnung dann entsprechend zu reduzieren und anzupassen.

Hat der Mieter einen erheblichen Nachzahlungsbetrag zu leisten, kann der Vermieter eine Erhöhung der Vorauszahlungen verlangen. Die Fälligkeit der Vorauszahlungen kann zwischen dem Vermieter und Mieter frei vereinbart werden. Es können monatliche Vorauszahlungen verlangt werden, zweimonatig, halbjährlich oder eben gar keine.

Generell ist zu sagen, dass Erhöhungen oder Reduzierungen der Vorauszahlungen, bevor sie vorgenommen werden, vom Mieter oder Vermieter der jeweils anderen Vertragspartei mitgeteilt werden müssen. Für diese Mitteilung ist Textform ausreichend. Schriftform wird nicht verlangt.

Anzuraten ist, Vorauszahlungsbeträge der Höhe nach in angemessener Form in den Mietvertrag aufzunehmen. Des Weiteren ist klarzustellen, dass sich die Vorauszahlungsbeträge auf sämtliche Betriebskosten beziehen. Hat der Vermieter den gesamten Betriebskostenkatalog gemäß § 2 BetrKV in den Mietvertrag einbezogen, ist es ausreichend, einen einheitlichen Vorauszahlungsbetrag zu bestimmen, eine Aufteilung des Vorauszahlungsbetrags auf einzelne Betriebskostenpositionen ist nicht notwendig.

Auch hier gilt: Lücken und Auslassungen sowie unklare Regelungen gehen zulasten des Verwenders des Mietvertragsformulars, also in der Regel zulasten des Vermieters. Es ist insoweit auch bei Vereinbarungen der Vorauszahlungsbeträge darauf zu achten, möglichst klare und eindeutige Vereinbarungen zu treffen.

Eine spätere Anpassung der Höhe der Betriebskostenvorauszahlungen ist durch § 560 Abs. 4 BGB abgedeckt, hier heißt es:

§ 560 Abs. 4 BGB

Sind Betriebskostenvorauszahlungen vereinbart worden, so kann jede Vertragspartei nach einer Abrechnung durch Erklärung in Textform eine Anpassung auf eine angemessene Höhe vornehmen.

Weitere Stichwörter:
Guthaben, Nachzahlungssaldo, Textform

Vorerfassung

Der vorgenannte Begriff taucht in § 5 Abs. 1 Satz 1 HeizKV auf. Sind in einer Nutzungseinheit verschiedene Mietergruppen vorhanden, z. B. Gewerbe- und Wohneinheiten, sind die unterschiedlichen Nutzergruppen auch unterschiedlich zu erfassen. Sind überall einheitliche Erfassungsgeräte vorhanden, reicht für die Abrechnung der Heizkosten die Differenzmethode aus. Werden aber die verschiedenen Nutzer mit unterschiedlichen Erfassungsgeräten abgerechnet, ist zunächst eine Vorerfassung des Anteils der einzelnen Nutzergruppen erforderlich. Und zwar unterschieden nach den Verbrauchergruppen, die mit gleichen Erfassungsgeräten ausgestattet sind.

Hat der Vermieter den Verbrauch unter Verstoß gegen § 5 Abs. 2 Satz 1 HeizKV ermittelt, ist in der Regel gleichwohl der ermittelte Verbrauch der Abrechnung zugrunde zu legen und nicht allein nach der Wohnfläche abzurechnen.

In einem solchen Fall ist eine Kürzung gemäß § 12 Abs. 1 Satz 1 HeizKV vorzunehmen. Der Kürzungsbetrag ist dabei von dem für den Nutzer in der Abrechnung ausgewiesenen Anteil der Gesamtkosten zu errechnen (vgl. BGH vom 20.01.2016, Az. VIII ZR 329/14).

Maßgebend in der zitierten Entscheidung war, dass der Wärmeverbrauch für einen Teil der Wohnungen mittels Wärmemengenzählern gemessen wurde und ein anderer Teil mittels Heizkostenverteiler. Der Verbrauch der jeweiligen Nutzergruppen wurde demnach mit gleichen Ausstattungen erfasst. Deswegen kommt § 5 Abs. 2 Satz 1 HeizKV hier zur Anwendung.

Weitere Stichwörter:
Verbrauchserfassung, Verbrauchserfassungsgeräte

Vorwegabzug

Grundsätzlich ist bei der Abrechnung der Betriebskosten für eine teilweise gewerbliche und teilweise zu Wohnzwecken genutzte Immobilie nicht zwingend die Vornahme eines Vorwegabzugs für die gewerbliche Nutzung vorzunehmen. Ein Vorwegabzug ist nicht erforderlich bei den Mindestanforderungen, die an eine Betriebskostenabrechnung zu stellen sind. Nur dann, wenn durch die gewerbliche Nutzung ein erheblicher Mehrverbrauch verursacht wird, ist ein solcher Vorwegabzug geboten. Ich verweise insoweit auf eine Entscheidung des BGH vom 11.08.2010 (Az. VIII ZR 45/10). Bei einer Abrechnung der Betriebskosten eines gemischt genutzten Objekts nach dem Flächenmaßstab obliegt dem Mieter die von den Juristen sog. Darlegungs- und Beweislast. Der Mieter muss behaupten und entsprechend Beweis anbieten, dass durch die gewerbliche Nutzung erhebliche Mehrkosten pro Quadratmeter entstehen. Diesbezüglich ist auch nach den einzelnen Betriebskostenarten zu unterscheiden.

Weitere Stichwörter:
Grundsteuer, Grundsteuererhöhung, Verbrauchserfassung

Wärmecontracting

→ Contracting

Wärmedienstkosten

Die Gebühren und Kosten für die Erfassung des Wärmeverbrauchs und des Warmwasserverbrauchs sowie die zugehörigen Abrechnungskosten sowie die Kosten für das Ablesen zur Erstellung der verbrauchsabhängigen Abrechnung der Heiz- und Warmwasserkosten durch professionelle Unternehmen sind umlagefähig und Teil der Heizkostenabrechnung.

Erstellt der Vermieter die Heiz- und Warmwasserkostenabrechnung dagegen nach Vorgaben der Heizkostenverordnung selbst, ist sein eigener Aufwand als Verwaltungskosten einzustufen und damit nicht umlagefähig. Wenn der Hausverwalter einer vermieteten Eigentumswohnung die Heizkosten und Warmwasserkosten in Eigenregie ermittelt und berechnet, sind dessen Kosten auch Kosten der Verwaltung und daher nicht umlagefähig. Das ist nicht immer nachvollziehbar.

Weitere Stichwörter:
Heizkostenverordnung, Kürzung der Heizkosten, Verwaltungskosten

Wärmemengenzähler

Der Wärmeverbrauch wird in der physikalischen Einheit Kilowattstunden (kWh) oder Megawattstunden (mWh) gemessen. Die Idee der Messung liegt darin, dass festgestellt wird, wie viel Wärmeenergie von den Heizkörpern an die Umgebung abgegeben wird. Das stellt der sog. Wärmemengenzähler dadurch fest, dass die Temperatur des ankommenden Heizwassers (warm) gemessen wird und im Rücklauf die Temperatur des abfließenden (kühleren) Heizwassers. Die Sensoren ermitteln die Differenz und damit auch den tatsächlichen Verbrauch. Diese Messeinheiten befinden sich am Anfang eines Leitungssystems.

Nicht zu verwechseln ist das Messsystem mit den sog. Heizkostenverteilern. Hier wird kein Energieverbrauch gemessen, sondern die Umgebungswärme am Heizkörper in Einheiten umgerechnet.

Im Ergebnis muss derjenige Mieter mehr bezahlen, der viel Einheiten verbraucht hat, als derjenige Mieter im gleichen Gebäude, der wenig Einheiten verbraucht hat. Das ist eine relative Bezugsgröße.

Die Eichfrist für Wärmezähler beträgt fünf Jahre.

Weitere Stichwörter:
Eichgesetz, Heizkostenverteiler, Kaltwasserzähler, Warmwasserzähler

Warmluftheizung

Unter diesem Begriff wird ein Heizsystem verstanden, das erzeugte Wärme ohne weiteren Zwischenträger in einem Gebäude als Warmluft verteilt. Die Wärme wird über die Raumluft übertragen. Die warme Luft wird durch ihren eigenen Auftrieb oder durch Ventilatoren über ein Kanal- oder Schachtsystem zu den Räumen transportiert. Der Heizkessel zur Erzeugung der Warmluft sollte möglichst an der tiefsten Stelle des Gebäudes stehen; die warme Luft wird dann entweder durch den eigenen Auftrieb oder durch Ventilatoren im Haus darüber verteilt. Da Luft, im Gegensatz zu Wasser, die Wärme sehr schlecht speichert, ist die Warmluftheizung für Wohnungen und kleine Einheiten ungeeignet.

Unabhängig von der Größe einer Wohnung können die Kosten für den Betrieb einer Warmluftheizung, insbesondere die Kosten, die durch den Heizautomaten entstehen, der die Warmluft herstellt, wie Heizkosten nach der Heizkostenverordnung abgerechnet werden. Das gilt auch für den Betrieb der zur Anlage gehörenden Ventilatoren. Das Gebot der Wirtschaftlichkeit ist zu beachten.

Weitere Stichwörter:
Allgemeinstrom, Schwimmbad, Stromkosten der Heizanlage

Warmmiete

Die Miete ist die Gegenleistung des Mieters für die Überlassung der Mietsache, wie § 535 BGB postuliert. Grundsätzlich enthält der Mietzins („die Miete") das gesamte Entgelt für die vom Vermieter erbrachten Leistungen, inklusive der Betriebskosten, Warmwasserkosten und der Heizkosten. Das ist mit dem umgangssprachlichen Begriff Warmmiete gemeint.

Weitere Stichwörter:
Kaltmiete, Teilinklusivmiete, Vereinbarung von Betriebskosten

Warmwasseraufteilung

In der Heizkostenabrechnung ist sowohl der Verbrauch von Warmwasser erfasst, als auch der Heizkostenverbrauch. Wird der Warmwasserverbrauch individuell erfasst, stellt bei einem Mieterwechsel die Aufteilung der Warmwasserkosten zwischen ausziehendem und einziehendem Mieter kein Problem dar. Der bei der Warmwasserabrechnung umzulegende Festkostenanteil, der nach Quadratmetern aufzuteilen ist, kann zeitanteilig aufgeteilt werden. Eine Abrechnung nach Gradtagszahlen empfiehlt sich hier nicht, da der Warmwasserverbrauch unabhängig von den Witterungsbedingungen ist. Er ist im Winter in etwa gleich hoch, wie im Sommer.

Die Kostentragungspflicht der Zwischenablesung für Warmwasser sollte im Mietvertrag geregelt sein. Fehlt eine solche Vereinbarung, trägt grundsätzlich der Vermieter die Kosten. In einem Urteil des BGH heißt es:

§ **BGH vom 14.11.2007, Az. VIII ZR 19/07**

(...) Kosten der Verbrauchserfassung und der Abrechnung von Betriebskosten, die wegen des Auszugs eines Mieters vor Ablauf der Abrechnungsperiode entstehen, sind keine Betriebskosten, sondern Verwaltungskosten, die in Ermangelung anderweitiger vertraglicher Regelungen dem Vermieter zur Last fallen. (...)

Warmwasserversorgung

Der Vermieter ist grundsätzlich verpflichtet, 24 Stunden an 365 Tagen im Jahr die Warmwasserversorgungsanlage seiner vermieteten Immobilie in Betrieb zu halten. Es muss ständig warmes Wasser zur Verfügung stehen. Das Wasser sollte eine Temperatur von 40 °C bis 50 °C haben.

Die Geräte für die Warmwasseraufbereitung, wie Gastherme oder Boiler, selbst wenn diese sich in der Mietwohnung befinden, hat grundsätzlich der Vermieter instand zu halten. Falls ein Gerät erneuert werden muss, hat er die Kosten zu tragen.

Weitere Stichwörter:
Heizkostenverordnung, Instandhaltung/Instandsetzung, Warmmiete

Warmwasserzähler

Der Warmwasserzähler wird landläufig auch als Wasseruhr bezeichnet. Das Gerät ist ein Messgerät, welches das Volumen der durchgeflossenen Wassermenge anzeigt und muss nach dem Mess- und Eichgesetz alle fünf Jahre geeicht werden. Die Verbrauchserfassung für die Nutzung des Warmwassers ist gemäß § 4 Abs. 1 HeizKV für den Nutzer vorgeschrieben. Sollte die Wohnung des Mieters keinen solchen Zähler haben, ist der Vermieter verpflichtet, Warmwasserzähler einzubauen. Der Mieter hat den Einbau als Modernisierungsmaßnahme zu dulden.

Bei der Warmwasserversorgung aus einer verbundenen Anlage hat der Vermieter zwingend verbrauchsabhängig abzurechnen. Geschieht das nicht, hat der Mieter ein Kürzungsrecht von 15 Prozent gemäß § 12 HeizKV. Zudem kann er vom Vermieter verlangen, dass ein Warmwasserzähler eingebaut wird (§ 4 Abs. 4 HeizKV).

Weitere Stichwörter:
Eichgesetz, Warmwasserversorgung

Wartungskosten

Die Betriebskostenverordnung sieht bei einzelnen Betriebskostenpositionen vor, dass auch die Wartungskosten auf den Mieter umgelegt werden dürfen.

So sind in § 2 Nr. 2 BetrKV die „Kosten der Wartung von Wassermengenreglern" erwähnt. In § 2 Nr. 4a BetrKV sind die Kosten der „regelmäßigen Prüfung der Betriebsbereitschaft und der Betriebssicherheit einschließlich der Einstellung durch eine Fachkraft" aufgeführt. Damit sind auch Wartungskosten gemeint. Oder in Ziffer 5c die Kosten der Reinigung und Wartung von Warmwassergeräten.

Immer wieder muss man feststellen, dass unter den Begriff Wartung auch Reparaturen „versteckt" werden. Das gilt insbesondere bei Vollwartungsverträgen. Die Reparaturkosten sind aber Sache des Vermieters und können nicht über die Wartungskosten in Form von Betriebskosten auf den Mieter umgelegt werden. Deshalb sollte der Wartungsvertrag in einen Wartungsteil und einen Reparaturteil aufgegliedert sein. So kann man Meinungsverschiedenheiten mit den Mietern vermeiden. Der Vermieter trägt das Risiko, dass er die Wartungskosten insgesamt nicht mehr umlegen kann, wenn nicht deutlich gemacht werden kann, ob und wenn ja, wie hoch ein Reparaturkostenanteil in den Wartungskosten mit enthalten ist.

Weitere Stichwörter:
Instandhaltung/Instandsetzung, Pauschalen, Vollwartungsvertrag

Wartungskosten für einen Aufzug

Gemäß der Betriebssicherheitsverordnung, die jetzt anstatt der Aufzugsordnung gilt, ist die technische Anlage in einem ordnungsgemäßen Zustand zu erhalten und regelmäßig zu überwachen. Diese regelmäßig anfallenden Kosten sind von Mieter, wenn es vereinbart ist, zu erstatten. Dazu gehören auch die Kosten für den Betrieb einer Notrufeinrichtung, die für Aufzüge vorgeschrieben ist. Insbesondere umlagefähig sind die Kosten, die für die Anmietung einer Notrufeinrichtung entstehen.

Der Betreiber muss dazu die notwendigen Instandsetzungs- oder Wartungsarbeiten unverzüglich vornehmen. Die Kosten der gesetzlich vorgeschriebenen regelmäßigen Aufzugswartung gehören zu den umlagefähigen Betriebskosten nach § 2 Nr. 7 BetrKV. Darin dürfen aber keine Reparaturkosten enthalten sein.

Bei der Wartung von Aufzügen, für die ein Vollwartungsvertrag abgeschlossen ist, kann man generell einen Reparaturkostenanteil von mindestens 20 Prozent schätzen. Dieser Schätzwert wird jedoch nicht von allen Gerichten akzeptiert und zugrunde gelegt. Es empfiehlt sich daher dringend, wenn ein Vollwartungsvertrag abgeschlossen wird, diesen in einen Reparaturkostenanteil und einen Wartungsanteil aufzuteilen.

Weitere Stichwörter:
Aufzug, Aufzugskosten, Elektroanlagen, Vollwartungsvertrag

Waschmaschinenbetrieb/Wascheinrichtung

Die Kosten für maschinelle Wascheinrichtungen sind in § 2 Nr. 16 BetrKV geregelt. Dazu gehören die Kosten des Betriebsstroms, die Kosten der Überwachung, der Pflege und Reinigung der maschinellen Einrichtung, der regelmäßigen Prüfung ihrer Betriebsbereitschaft und die Betriebssicherheit sowie die Kosten der Wasserversorgung. Jedoch nur, wenn diese nicht bereits unter der Rubrik „Kaltwasser" berücksichtigt sind. Zu den maschinellen Wascheinrichtungen zählen Wasch- und Trockenmaschinen, Schleudern, Bügelautomaten und ähnliches.

Zum Betriebsstrom zählt auch die Zählermiete. Die Wasserkosten sind separat abzurechnen und mit einem separaten Verbrauchszähler zu ermitteln oder in nachvollziehbarer und schlüssiger Weise festzustellen. Können sie nicht separat festgestellt werden, gehören sie zu den üblichen Kosten des sog. Allgemeinwassers im Sinne von § 2 Nr. 2 BetrKV und können nicht über Nr. 16 (Wascheinrichtungen) abgerechnet werden. Werden bei maschinellen Wascheinrichtungen beispielsweise über einen Münzbetrieb Einnahmen erzielt, sind diese als Guthaben zu Gunsten der Mieter wieder anzurechnen.

Weitere Stichwörter:
Allgemeinstrom, Münzwaschautomat, Wasserverbrauch, Wasserzähler

Wasseraufbereitung

Zu den Kosten der Wasserversorgung gemäß § 2 Nr. 2 BetrKV zählen auch die Strom- und Wartungskosten einer Wasseraufbereitungsanlage. Ebenso gehören dazu die erforderlichen Aufbereitungsstoffe wie Filter oder chemische Zusätze. Eine Wasseraufbereitungsanlage ist immer dann erforderlich, insbesondere als hauseigene Anlage, wenn farb- und/oder geruchsbeeinträchtigende Stoffe im Wasser enthalten sind. Zudem erspart der Einsatz einer zentralen Wasseraufbereitungsanlage den häufigen Einsatz von Entkalkern bei hohem Kalkgehalt des Wassers.

Weitere Stichwörter:
Wartungskosten, Wasserzähler

Wasserschaden

Wälzt der Vermieter im Rahmen der Betriebskostenabrechnung die Versicherungsprämien für eine Leitungswasserschaden- oder Gebäudeelementarversicherung auf den Mieter ab, besteht die mietvertragliche Pflicht des Vermieters, eine bestehende Versicherung im Fall eines Wasserschadens in Anspruch zu nehmen (BGH vom 03.11.2004, Az. VII ZR 28/04).

Weitere Stichwörter:
Leitungswasserversicherung, Sachversicherungen, Versicherungen

Wasserverbrauch

Der Wasserverbrauch einer vermieteten Wohnung kann entweder durch Warm- und Kaltwasserzähler ermittelt werden oder durch das Verhältnis der Wohnfläche der Wohnung zur Gesamtwohnfläche des Gebäudes oder nach Anzahl der Nutzer, sprich nach Einheiten oder nach Köpfen, innerhalb der Wohnung. Statistisch gesehen beträgt der Wasserverbrauch etwa 127 Liter Wasser pro Kopf und Tag (www.energiesparen-im-haushalt.de) – das sind im Jahr ca. 46 m^3 pro „Kopf".

Weitere Stichwörter:
Flächenmaßstab, Umlageschlüssel, Wasserzähler

Wasserversorgung

Gibt es in einem gemischt vermieteten Objekt verschiedene Nutzer, also Gewerbe und Wohnungen, ist der Vermieter bei der Abrechnung von Kaltwasserkosten nicht verpflichtet, die verschiedenen Nutzergruppen mit verschiedenen Zählern zu erfassen, wenn dies nicht im Mietvertrag vereinbart ist.

So ist es zulässig, den Verbrauch der Wohnungen mittels Zwischenzähler vom Gesamtverbrauch abzuziehen und nach der Differenzmethode den Rest auf den Gewerbemieter umzulegen. Dazu eine Entscheidung des BGH:

§ **BGH vom 25.11.2009, Az. VIII ZR 69/09**

(...) Der Vermieter ist bei der Abrechnung von Wasserkosten mangels entsprechender Vereinbarungen nicht verpflichtet, verschiedene Nutzergruppen durch jeweils gesonderte Zähler zu erfassen. Der Verbrauch von Wohneinheiten kann in der Weise ermittelt werden, dass der mittels Zwischenzähler gemessene Verbrauch eines gewerblichen Mieters von dem Gesamtverbrauch laut Hauptwasserzähler abgezogen wird. (...)

Die Überlegungen des BGH sind insoweit anders als bei der Heizkostenabrechnung. Die Heizkostenverordnung verlangt, dass alle Nutzergruppen gemessen werden, was bedeutet, dass die Ermittlung des Verbrauchs einer Nutzergruppe durch Subtraktion des gemessenen Verbrauchs einer anderen Nutzergruppe vom Gesamtverbrauch unzulässig ist (§ 5 HeizKV).

Weitere Stichwörter:
Heizkostenabrechnung, Oberflächenwasser, Wasserzähler

Wasserzähler

Es gibt sowohl Kaltwasserzähler, als auch Warmwasserzähler. Der Warmwasserverbrauch muss nach der Heizkostenverordnung abgerechnet werden, der Kaltwasserverbrauch nicht. Trotzdem sind beide Zählertypen eichpflichtig. Es sind Verbrauchserfassungsgeräte nach dem Eichgesetz, wobei Kaltwasserzähler nach sechs Jahren geeicht werden, Warmwasserzähler nach fünf Jahren.

Ist die Eichfrist abgelaufen, darf nicht mehr auf der Grundlage der Messergebnisse abgerechnet werden. Grundsätzlich ist eine Nacheichung vor Ort nicht möglich. Deswegen müssen die Geräte ausgetauscht und so lange ein Ersatzgerät installiert werden. Dieses müsste dann nach der durchgeführten Eichung wieder ersetzt werden. Es entsteht ein zweimaliger Aufwand für Aus- und Einbau. Es ist daher kostengünstiger, anstelle des ausgebauten Geräts ein neues oder generalüberholtes Gerät mit aktueller Eichung einzubauen. Die Kosten für die Eichung oder die Beglaubigung kann der Vermieter auf den Mieter umlegen. Sie dürfen allerdings nicht überteuert sein, da das Wirtschaftlichkeitsgebot zu beachten ist.

Weitere Stichwörter:
Eichgesetz, Warmwasserversorgung, Zwischenablesekosten

Winterdienst

Die Durchführung des Winterdienstes zählt zu den Verkehrssicherungspflichten des Grundstückseigentümers oder Erbbauberechtigten. Dazu gehört z. B. das Schneeräumen und Streuen der Wege zum Gebäude und vor dem Gebäude, jedenfalls alle relevanten Flächen, die im Winter bei Schnee und Eis (oder im Herbst bei Laubfall) für Benutzer Gefahren darstellen können. Entweder werden diese Arbeiten von einem Hausmeister, einer Winterdienstfirma ausgeführt oder von den Mietern selbst im Rahmen einer Kehrwochenverpflichtung.

Fallen hierfür Kosten an, also Arbeitslohn, Streumaterial oder Entgelte für ein gewerbliches Unternehmen mit Umsatzsteuer, sind das umlegbare Betriebskosten im Sinne von § 2 Nr. 8 BetrKV. Es gehört zu den Kosten der Straßenreinigung.

Nicht zu den umlegbaren Betriebskosten zählen z. B. die Anschaffung einer Kehrmaschine oder eines Laubsaugers bzw. -bläsers. Diese Kosten sind deshalb keine Betriebskosten, da das Definitionsmerkmal „laufend" fehlt. Es sind einmalige Anschaffungen und damit nicht auf den Mieter umlegbar. Anders bei der Beschaffung von Benzin für den Rasenmäher oder den Laubsauger. Hierbei handelt es sich um regelmäßig wiederkehrende Kosten.

Weitere Stichwörter:
Hauswart, Straßenreinigung, Streugut

Wirtschaftlichkeitsprinzip

→ Gebot der Wirtschaftlichkeit

Wirtschaftsjahr

→ Geschäftsjahr

Wohnfläche

An den Begriff der Wohnfläche knüpfen unterschiedliche Mietkonditionen an. So wird etwa die ortsübliche Vergleichsmiete in einem Mietspiegel als Geldbetrag pro Quadratmeter Wohnfläche angegeben. Im Mietvertrag wird häufig die Größe der Wohnung in Quadratmeter Wohnfläche angegeben. Der Umlageschlüssel bei den Betriebskosten setzt die Wohnfläche einer Wohnung in das Verhältnis zur Gesamtwohnfläche.

Welche Flächen einer Wohnung zählen als Wohnflächen? Was ist damit gemeint?

Den Begriff „Wohnfläche" definiert die Wohnflächenverordnung wie folgt:

§ 2 Abs. 1 WoFlV

Die Wohnfläche einer Wohnung umfasst die Grundflächen der Räume, die ausschließlich zu dieser Wohnung gehören.

Für freifinanzierte Wohnungen ist die Wohnflächenverordnung über § 556a Abs. 1 BGB („Haben die Vertragsparteien nichts anderes vereinbart, sind die Betriebskosten vorbehaltlich anderweitiger Vorschriften nach dem Anteil der Wohnfläche umzulegen …") zwischen den Mietvertragsparteien anwendbar, es sei denn, es ist ausdrücklich etwas anderes vereinbart.

Der BGH hat diesbezüglich Folgendes in seinem Leitsatz veröffentlicht:

§ **BGH vom 23.05.2007, Az. VIII ZR 231/06**

(...) Ist davon auszugehen, dass die Parteien eines Wohnraummietvertrages sich (stillschweigend) auf eine Wohnflächenberechnung nach den Vorschriften der §§ 42 bis 44 II. BV bzw. der Wohnflächenverordnung geeinigt haben, ist für eine Anwendung der DIN 283 auch dann kein Raum, wenn diese bei der Ermittlung der Wohnfläche im Einzelfall zu einem anderen Ergebnis führt; nach der DIN 283 ist die Wohnfläche nur dann zu berechnen, wenn die Parteien dies vereinbart haben oder sie als Berechnungsmethode ortsüblich oder nach der Art der Wohnung naheliegender ist (Fortführung des Senatsurteils vom 24.03.2004, Az. VIII ZR 44/03).

Diese Auffassung hat der BGH in einer apäteren Entscheidung bestätigt:

§ **BGH vom 29.09.2009, Az. VIII ZR 242/08**

(...) Nach der Rechtsprechung des Senats kommt ... einer Vereinbarung darüber, welche Flächen in die Berechnung der Wohnfläche einzubeziehen sind, Vorrang zu. (...)

Im entschiedenen Fall hatte der Vermieter Souterrainräume der Wohnung zu Wohnzwecken vermietet, so dass diese Fläche zur Wohnfläche einzurechnen ist. Ähnlich bei einem ausgebauten Dachgeschoß.

Die Wohnfläche umfasst die Grundflächen aller Räume, die ausschließlich zu dieser Wohnung gehören. Dazu zählen auch Wintergarten, Balkon, Loggia, Dachgarten und Terrasse. Zur Wohnfläche, wie die Bezeichnung schon sagt, gehören nicht die Grundflächen von Zubehörräumen wie Keller, Abstellräumen außerhalb der Wohnung, Waschküche, Dachbodenräumen, Trockenräumen, Heizungsräumen und Garagen sowie Geschäftsräume, da man in ihnen nicht „wohnt“, es sei denn, sie sind ausdrücklich zu Wohnzwecken vermietet.

Welche Flächen stellen die Grundfläche dar? Zur Grundfläche gehören etwa Standflächen von Einbaumöbeln, versetzbaren Raumteilern oder fest eingebauten Gegenständen wie Öfen, Herde, Bade- oder Duschwannen.

Nicht zur Grundfläche zählen Schornsteine, Vormauerungen und freistehende Pfeiler und Säulen, wenn sie höher als 1,5 Meter sind und mehr als 0,1 Quadratmeter „Grundfläche" ausweisen. Bei Dachschrägen werden bei einer lichten Höhe von 2 Metern die Grundflächen vollständig angerechnet, bei einer lichten Höhe von mindestens 1 Meter und weniger als 2 Meter zur Hälfte und bei einer lichten Höhe unter 1 Meter findet keine Anrechnung statt.

Nur zur Hälfte als Wohnfläche anrechenbar sind die Grundflächen von Wintergärten und Schwimmbädern, wenn es sich um einen nach allen Seiten geschlossenen Raum handelt. Bei Balkonen, Loggien, Dachgärten und Terrassen zählt die Grundfläche in der Regel zu einem Viertel, höchstens jedoch zur Hälfte als Wohnfläche.

Die Wohnfläche wirkt sich auf die Betriebskostenabrechnung aus. Die Wohnfläche ist die Berechnungsbasis für den gesetzlichen Maßstab, nämlich der Flächenmaßstab (§ 556a Abs. 1 BGB). Maßgeblich ist die tatsächliche Wohnfläche, nicht die vereinbarte.

Anlass zum Streit gibt die Bewertung der Balkon- und Terrassenflächen, da die Wohnflächenverordnung einen gewissen Spielraum lässt:

§ 4 Nr. 4 WoFlV

Die Grundflächen (...)

4. von Balkonen, Loggien, Dachgärten und Terrassen sind in der Regel zu einem Viertel, höchstens jedoch zur Hälfte anzurechnen.

Den Streit entscheidet der Wohnwert der konkreten Wohnung. Es gibt Balkone, die dem Mieter praktisch überhaupt keinen Nutzen bieten, also keinen Wohnwert haben, weil sie zu klein sind oder zu einer verkehrsreichen Straße hin gelegen sind. Andererseits gibt es Dachterrassen mit hohen Nutzwerten, weil sie großzügig sind und vielleicht eine schöne Aussicht auf einen Stadtpark bieten. Im Normalfall ist die Balkonfläche daher zu einem Viertel als Wohnfläche anzurechnen, bei Balkonen mit hohem Nutzwert bis zur Hälfte.

Weitere Stichwörter:
Fehler der Mietflächenberechnung, Flächenmaßstab, Umlageschlüssel

Zahlung der Abrechnung

Erhält der Wohnraummieter eine Abrechnung seines Vermieters und bezahlt er den geforderten Nachzahlungsbetrag ohne weiteren Vorbehalt per Banküberweisung, sind Einwendungen des Mieters gegen die Abrechnung nicht ausgeschlossen, es sei denn, die Jahresfrist (§ 556 Abs. 3 Satz 5 BGB) ist abgelaufen. Allein die vorbehaltlose Zahlung wird nicht als deklaratorisches Schuldanerkenntnis gesehen (BGH, NJW 2011, 843).

Hat der Mieter Bedenken gegen die Richtigkeit der Nebenkostenabrechnung, sollte er seine Einwendungen zusammen mit der Zahlung vorbringen und sicherheitshalber unter dem Vorbehalt der Rückforderung leisten.

Weitere Stichwörter:
Abrechnung, Nachzahlungssaldo, Zahlung unter Vorbehalt

Zahlung unter Vorbehalt

Ist der Mieter, nachdem er eine Nebenkostenabrechnung seines Vermieters erhalten hat, nicht sicher, ob diese richtig ist, oder lässt sich ein Problempunkt erst nach einigen Wochen zwischen ihm und dem Vermieter klären, kann er die Nachzahlung unter Vorbehalt tätigen. Diesen Zusatz („Zahlung unter Vorbehalt") kann jeder Kontoinhaber auf seiner Überweisung im „Verwendungszweck" einfügen, was auch beim Onlinebanking möglich ist.

Die Zahlung unter Vorbehalt hat zur Folge, dass der Vermieter erst einmal den Nachzahlungsbetrag erhält und über ihn frei verfügen kann, gleichzeitig behält sich aber der Mieter das Recht vor, diesen Betrag zurückzufordern, wenn der Sachverhalt geklärt ist: nämlich dann, wenn der Empfänger das Geld zu Unrecht erhalten hat. Hat der Mieter ohne Vorbehalt bezahlt, quasi die Forderung anerkannt, kann er hinterher nicht mehr einwenden, der Vermieter habe falsch abgerechnet und den vorbehaltlos geleisteten Zahlbetrag zu Unrecht erhalten.

Auch die Zahlung unter Vorbehalt kann Erfüllungswirkung haben, wie der BGH in seiner Entscheidung vom 28.11.2007 (Az. VIII ZR 145/07) nebenbei feststellt unter Verweis auf eine andere Entscheidung:

§ **BGH vom 06.10.1998, Az. XI ZR 36/98**

Leistet ein Schuldner unter Vorbehalt, kann ein solcher Vorbehalt nach der ständigen Rechtsprechung des BGH (...) unterschiedliche Bedeutung haben: Im Allgemeinen will der Schuldner lediglich dem Verständnis seiner Leistung als Anerkenntnis (früher § 208, jetzt § 212 BGB) entgegentreten und die Wirkung des § 814 BGB ausschließen, sich also die Möglichkeit offenhalten, das Geleistete gemäß § 812 BGB zurückzufordern; ein Vorbehalt dieser Art stellt die Ordnungsmäßigkeit der Erfüllung nicht infrage. Anders ist es, wenn der Schuldner in der Weise unter Vorbehalt leistet, dass den Leistungsempfänger für einen späteren Rückforderungsstreit die Beweislast für das Bestehen des Anspruchs treffen soll. Ein Vorbehalt dieser Art ist keine Erfüllung im Sinne von § 362 BGB. Er liegt insbesondere dann vor, wenn ein Schuldner während eines Rechtsstreits zahlt und seine Rechtsverteidigung fortsetzt, weil damit zum Ausdruck kommt, dass die Zahlung auf den Ausgang des Rechtsstreits keinen Einfluss haben soll. (...)

Empfehlenswert ist angesichts dieser Rechtsprechung für den Mieter, nur bei der für ihn im Zeitpunkt der Prüfung unklaren Position einen Vorbehalt zu formulieren, etwa derart, dass man noch einen bestimmten Beleg sehen und nachprüfen wolle, oder die Abrechnung insgesamt von einem Fachmann überprüft werden soll, der aber erst in ein paar Wochen den Vorgang bearbeiten kann; man also noch Zeit benötigt und die verzögerte Zahlung nicht als Zahlungsverweigerung sehen möchte.

Weitere Stichwörter:
Ausgleich des Saldos, Ausschlussfrist, Nachzahlungsfrist

Zahlungsklage des Vermieters

Klagt der Vermieter nach Beendigung des Mietverhältnisses auf rückständige Miete oder Schadensersatz, kann der Mieter mit dem Anspruch auf Rückzahlung geleisteter Vorauszahlungen aufrechnen, wenn die Abrechnungsfrist abgelaufen ist und der Vermieter nicht abgerechnet hat. Verliert die Aufrechnungserklärung des Mieters infolge der Abrechnung durch den Vermieter nunmehr ihre Wirkung, kann der Mieter den Anspruch sofort nach Zugang der Abrechnung anerkennen und damit die für ihn günstige Kostenfolge des § 93 ZPO erreichen.

Weitere Stichwörter:
Fälligkeit der Nebenkosten, Verjährung, Verwirkung

Zentralheizung

Von einer Zentralheizung spricht man, wenn eine Heizungsanlage mehrere Wohnungen mit Wärme und Warmwasser versorgt. Nicht zu den Zentralheizungsanlagen gehören Einzelfeuerstätten wie Kohle- oder Ölöfen in einzelnen Räumen oder Etagenheizungen. Bei den Einzelfeuerstätten oder Etagenheizungen bezieht der Mieter selbst das Brennmaterial. Die dafür anfallenden Kosten tauchen daher in der vom Vermieter zu erstellenden Betriebskostenabrechnung nicht auf.

Weitere Stichwörter:
Etagenheizung, Fernwärme, Gasetagenheizung, Heizung, Modernisierung

Zurückbehaltungsrecht

In § 273 BGB wird das Zurückbehaltungsrecht wie folgt definiert:

§ 273 Abs 1 BGB

Hat der Schuldner aus demselben rechtlichen Verhältnis, auf dem seine Verpflichtung beruht, einen fälligen Anspruch gegen den Gläubiger, so kann er, sofern nicht aus dem Schuldverhältnis sich ein anderes ergibt, die geschuldete Leistung verweigern, bis die ihm gebührende Leistung bewirkt wird (Zurückbehaltungsrecht).

Das in § 273 BGB genannte Zurückbehaltungsrecht ist ein Sicherungsmittel und dient zur Durchsetzung der eigenen Gegenansprüche. Die beiden sich gegenüberstehenden Ansprüche (man spricht von beiderseitigen Ansprüchen) müssen aus einem einheitlichen Lebensverhältnis stammen. Außerdem muss Gegenseitigkeit bestehen: „Der zurückhaltende Schuldner muss zugleich Gläubiger des Gegenanspruchs und der Gläubiger des Anspruchs zugleich Schuldner des Gegenanspruchs sein", so die Anmerkung in einem juristischen Kommentar (Palandt, Kommentar zum Bürgerlichen Gesetzbuch, 68. Auflage, zu § 273 Rn. 6).

Die Ausübung eines Zurückbehaltungsrechts ist in jedem Wohnraummietverhältnis grundsätzlich zulässig, aber beschränkt durch § 556b BGB:

§ 556b Abs. 2 BGB

Der Mieter kann entgegen einer vertraglichen Bestimmung gegen eine Mietforderung mit einer Forderung auf Grund der §§ 536a, 539 oder aus ungerechtfertigter Bereicherung wegen zu viel gezahlter Miete aufrechnen oder wegen einer solchen Forderung ein Zurückbehaltungsrecht ausüben, wenn er seine Absicht dem Vermieter mindestens einen Monat vor der Fälligkeit der Miete in Textform angezeigt hat. Eine zum Nachteil des Mieters abweichende Vereinbarung ist unwirksam.

Oder anders ausgedrückt: Glaubt der Mieter, er habe ein Zurückbehaltungsrecht, und möchte er davon Gebrauch machen, muss er die Absicht dem Vermieter mindestens einen Monat vor der Fälligkeit der Miete in Textform anzeigen.

Hat der Vermieter trotz Ablauf der Abrechnungsperiode und trotz Ablauf der Abrechnungsfrist von zwölf Monaten keine Betriebskostenabrechnung erteilt, hat der Mieter einen fälligen Anspruch auf Vorlage einer Betriebskostenabrechnung. Rechnet der Vermieter nicht ab, trotz schriftlicher Aufforderung durch den Mieter, kann der Mieter zur Durchsetzung seines Anspruchs ein Zurückbehaltungsrecht gemäß § 273 BGB an den laufenden (neuen) Betriebskostenvorauszahlungen ausüben (Langenberg in Schmidt-Futterer, Mietrecht, Kommentar, 9. Auflage, zu § 556 Rn. 459).

Das Zurückbehaltungsrecht ist aber der Höhe nach begrenzt auf die Vorauszahlungsbeträge, die im nicht abgerechneten Zeitraum geleistet wurden. Das Zurückbehaltungsrecht endet, wenn der Vermieter eine formell ordnungsgemäße Abrechnung vorlegt. Wird wegen der Ausübung des Zurückbehaltungsrechtes nunmehr der Anspruch durch den Vermieter erfüllt, besteht kein Zurückbehaltungsrecht mehr und der Mieter muss, um im Beispiel zu bleiben, seine einbehaltenen Vorauszahlungen nunmehr an den Vermieter unter Abzug eines eventuellen Guthabens bezahlen.

Weitere Stichwörter:
Aufrechnung, Betriebskostenabrechnung, Betriebskostenvorauszahlung, Textform, Zahlung unter Vorbehalt

Zwangsversteigerung

Erhält ein Bieter im Rahmen der Zwangsversteigerung den Zuschlag für ein vermietetes Haus oder eine Eigentumswohnung, wird er mit Verkündung des Zuschlagsbeschlusses Eigentümer, nicht erst – wie sonst üblich – mit Eintragung im Grundbuch. Diese Sachlage hat erst einmal keinen Einfluss für den Mieter einer versteigerten Immobilie.

Neuer Vermieter ist der Erwerber gemäß § 566 BGB. Er ist dann verpflichtet, gegenüber dem Mieter nach Ablauf der Abrechnungsperiode unter Berücksichtigung der gesetzlichen Vorgaben über die Betriebskosten abzurechnen, sofern eine Vereinbarung im „übernommenen" Mietvertrag besteht. Durch die erfolgreiche Zwangsversteigerung wird nur der Vermieter ausgewechselt, der bestehende Mietvertrag jedoch nicht tangiert. Es muss daher kein neuer Mietvertrag abgeschlossen werden.

Der Mieter ist verpflichtet, ab Kenntnis vom Zuschlagsbeschluss und ab Kenntnis des Wechsels in der Vermieterstellung seine Miete und Betriebskostenvorauszahlungen an den neuen Vermieter zu leisten.

Oft fällt es dem neuen Vermieter schwer, eine ordnungsgemäße Abrechnung der Betriebskosten zu erstellen, da er vermutlich vom früheren Eigentümer und Schuldner der Zwangsversteigerung wenig Informationen zur Berechnung der Betriebskosten erhält. Hier kann der Erwerber nur auf den „good-will" des Schuldners (= früheren Vermieters) hoffen, dass er ihn mit entsprechenden Unterlagen versorgt. Der Anspruch des Mieters auf Vorlage einer ordnungsgemäßen Abrechnung entfällt nicht durch die Zwangsversteigerung. Der Mieter kann, sofern eine Abrechnung fällig ist, und diese nicht vorgelegt wird, sein Zurückbehaltungsrecht an den Vorauszahlungen geltend machen.

Weitere Stichwörter:
Abrechnungspflicht, Vorauszahlungen, Wirtschaftsjahr

Zwangsverwalter

Was der Begriff meint, ist exakt in § 1 ZwVVO (Zwangsverwalterverordnung) beschrieben:

§ 1 ZwVVO

(1) Zwangsverwalter und Zwangsverwalterinnen führen die Verwaltung selbständig und wirtschaftlich nach pflichtgemäßem Ermessen aus. Sie sind jedoch an die vom Gericht erteilten Weisungen gebunden.

(2) Als Verwalter ist eine geschäftskundige natürliche Person zu bestellen, die nach Qualifikation und vorhandener Büroausstattung die Gewähr für die ordnungsgemäße Gestaltung und Durchführung der Zwangsverwaltung bietet.

(3) Der Verwalter darf die Verwaltung nicht einem anderen übertragen. Ist er verhindert, die Verwaltung zu führen, so hat er dies dem Gericht unverzüglich anzuzeigen. Zur Besorgung einzelner Geschäfte, die keinen Aufschub dulden, kann sich jedoch der Verwalter im Fall seiner Verhinderung anderer Personen bedienen. Ihm ist auch gestattet, Hilfskräfte zu unselbständigen Tätigkeiten unter seiner Verantwortung heranzuziehen.

Wie muss der Zwangsverwalter seine Aufgaben erledigen? In einem juristischen Kommentar wird die Tätigkeit auf der Grundlage des oben zitierten Verordnungstextes wie folgt beschrieben:

(...) Der Zwangsverwalter muss wie ein verantwortungsbewusster Eigentümer handeln und darf bei seiner Tätigkeit nicht durch das Vollstreckungsgericht unnötig eingeschränkt werden. Jede schematische, bürokratische Verfahrenshandhabung sollte vermieden werden. Das gilt für Vollstreckungsgericht und Zwangsverwalter gleichermaßen. Das Gesetz und die Zwangsverwalterverordnung lassen dem Zwangsverwalter bei seiner Tätigkeit einen weiten Spielraum, sodass im Rahmen der Bestimmungen großzügig verfahren werden kann (...)

(Stöber, ZVG, 17. Auflage 2002, § 146, Rn. 2.3.)

Weitere Stichwörter:
Eigentumswohnung, Vermieterwechsel, Zwischenabrechnung

Zwangsverwaltung

Wenn eine vermietete Wohnung unter Zwangsverwaltung gestellt wird, bedeutet das, dass der Gläubiger des Vermieters (Eigentümers) die Mieteinnahmen, die er vom Mieter erhält, zur Befriedigung der Gläubigerforderung beschlagnahmen lässt. Der Zwangsverwalter wird vom örtlichen Amtsgericht (Rechtspfleger) auf Antrag des Gläubigers, der einen vollstreckbaren Titel besitzen muss, eingesetzt. Der Zwangsverwalter tritt quasi für die Dauer der Beschlagnahme in die Rechte und Pflichten aus dem Mietvertrag in vollem Umfang ein. Der Gesetzgeber formuliert diesen Gedanken grundlegend in § 152 ZVG:

§ 152 Abs. 2 ZVG

Ist das Grundstück vor der Beschlagnahme einem Mieter oder Pächter überlassen, so ist der Miet- oder Pachtvertrag auch dem Verwalter gegenüber wirksam.

Mieter-Zahlungen sind nur noch an den Zwangsverwalter zu leisten. Der Zwangsverwalter muss eventuelle Guthaben des Mieters aus einer Betriebskostenabrechnung zurückzahlen. Ist die Zwangsverwaltung bereits wieder beendet und das Guthaben aus der Betriebskostenabrechnung noch nicht ausbezahlt, kann der Zwangsverwalter nicht mehr zur Rückzahlung verklagt werden.

BGH vom 25.05.2005, Az. VIII ZR 301/03

(...) Ein Zwangsverwalter, der auf Rückgabe einer Mietsicherheit klageweise in Anspruch genommen wird, ist zur Führung des Prozesses jedenfalls dann nicht mehr befugt, wenn die Zwangsverwaltung vor Rechtshängigkeit der Streitsache aufgehoben worden ist. In diesem Fall ist die Klage mangels Prozessführungsbefugnis des als Zwangsverwalter in Anspruch genommenen Beklagten als unzulässig abzuweisen. (...)

Oder andere Fallkonstellation: Die Zwangsverwaltung beginnt, aber das Mietverhältnis endete kurz vorher: Im Rahmen der Zwangsverwaltung muss dann vom Zwangsverwalter innerhalb der Abrechnungsfrist die Betriebskostenabrechnung erstellt werden. In einem anderen Urteil des BGH heißt es:

§ **BGH vom 26.03.2003, Az. VII ZR 333/02**

(...) Außerdem ist der Zwangsverwalter weiter verpflichtet, eventuelle Guthaben des Mieters auszubezahlen, selbst dann, wenn er, da die Zwangsverwaltung innerhalb einer Abrechnungsperiode erfolgte, nicht alle Vorauszahlungen erhalten hat. Häufig kämpft der Zwangsverwalter auch mit dem Problem, dass er vom Schuldner (= Vermieter) nicht immer alle Belege erhält, die zur Erstellung der Abrechnung erforderlich sind, dann gibt es eben nur eine rudimentäre Betriebskostenabrechnung. (...)

Weitere Stichwörter:
Abrechnung, Ausgleich des Saldos, Eigentümerwechsel

Zweifamilienhaus

§ **§ 2 HeizKV**

Außer bei Gebäude mit nicht mehr als zwei Wohnungen, von denen eine der Vermieter selbst bewohnt, gehen die Vorschriften dieser Verordnung rechtsgeschäftlichen Bestimmungen vor.

Was bedeutet das? Von den rechtlichen Vorgaben darf der Vermieter einer Wohnung im Rahmen der Heizkostenverordnung nur für eine vermietete Wohnung abweichen, die in einem Haus liegt, das er selbst bewohnt. Man spricht von einer Einliegerwohnung. Bei solchen Mietverhältnissen kann im Mietvertrag, der eine rechtsgeschäftliche Bestimmung im Sinne des Wortlauts der Heizkostenvereinbarung ist, einen anderen Abrechnungsmaßstab für die Heizkosten und Warmwasserkosten vereinbaren. Um sich z. B. die Ablesekosten einer Messdienstfirma zu sparen, könnte man den Flächenmaßstab als Umlageschlüssel zugrunde legen, selbst die Warmwasseruhren ablesen und dann nach anteiligem Verbrauch abrechnen.

Weitere Stichwörter:
Heizkostenverordnung, Flächenmaßstab, Personenzahl, Wohnfläche

Zwischenablesekosten

Diese Kosten entstehen bei einem Mieterwechsel während der laufenden Abrechnungsperiode. Es hat dann eine Ablesung der Verbrauchserfassungsgeräte zu erfolgen. In § 9b HeizKV ist dies bei einem Nutzerwechsel, sprich bei einem Mieterwechsel, sogar gesetzlich vorgeschrieben. Nach § 9b Abs. 4 HeizKV ist eine andere Regelung denkbar.

Bei Betriebskosten, die verbrauchsabhängig abgerechnet werden, etwa das Kaltwasser, bedeutet die Zwischenablesung die Zäsur, nach der der Vermieter die Kosten auf den ausziehenden und die Kosten auf den einziehenden Mieter zu verteilen hat. Bei den Heizkosten ist nach dem verbrauchsunabhängigen Kostenanteil (Grundkosten) und dem verbrauchsabhängigen Kostenanteil zu unterscheiden. Die verbrauchsunabhängigen Kosten können zeitanteilig auf den Vor- und Nachmieter verteilt werden.

Bei den verbrauchsabhängigen Kosten gibt es ebenso wie beim Kaltwasser eigentlich keine Probleme. Man weiß, was der Vormieter verbraucht hat, und man weiß, was der neue Mieter verbraucht hat. Ist von einem Wärmemessdienst eine Zwischenablesung erforderlich, entstehen wiederum Kosten und es stellt sich die Frage, wer diese Kosten zu tragen hat.

Grundsätzlich sind diese Kosten nicht von der Gesamtheit der Mieter im Wohnobjekt zu bezahlen. Man kann argumentieren, dass bei einem Mieterwechsel die Mietvertragspartei, die den Wechsel verursacht hat, die Kosten zu tragen hat. Andererseits kann man auch sagen, dass der vertragstreue Mieter, der fristgemäß und ordentlich gekündigt hat und auszieht, keine Kosten zu tragen hat, er hat ja nur seine ihm zustehenden Rechte geltend gemacht, also nicht rechtswidrig gehandelt. Dieses Argument hat zur Folge, dass der Vermieter für die Kosten aufkommen muss. Oder man „verschiebt" die Kosten auf den neuen Mieter, der eben nicht zu Beginn einer neuen Abrechnungsperiode einzieht.

Eine vermittelnde Lösung meint zumindest bei den Heizkosten, dass diese Kosten für die Zwischenablesung anteilig auf die Heizkosten im gleichen Verhältnis aufgeteilt werden und praktisch die Zwischenablesung wie Heizkosten (Nebenkosten der Heizkostenabrechnung) angesehen werden. Bei den verbrauchsunabhängigen Kosten ist der jeweilige Zeitanteil auf den Vor- und Nachmieter zu verteilen.

Weitere Stichwörter:
Auszugspauschale, Mieterwechsel, Nachzahlungssaldo

Zwischenablesung

Probleme mit der Heizkostenabrechnung gibt es bei einem Mieterwechsel. § 9b Abs. 1 HeizKV bestimmt, dass der Gebäudeeigentümer eine Zwischenablesung vorzunehmen hat und den verbrauchsabhängigen Teil der Heizkosten auf dieser Grundlage aufzuteilen hat.

Der feste Kostenanteil, der nicht nach Verbrauch auf die Nutzer verteilt wird, kann entweder nach Gradtagszahlen abgerechnet werden oder zeitanteilig aufgeteilt werden (§ 9b Abs. 2 HeizKV).

Ist keine Zwischenablesung möglich, sei es aus technischen Gründen, sei es aus Vergesslichkeit oder ähnlichem, oder die Geräte sind defekt, ist die gesamte Heizkostenabrechnung nach Gradtagszahlen oder zeitanteilig aufzusplitten (§ 9b Abs. 3 HeizKV).

In § 9 Abs. 4 HeizKV ist ferner geregelt, dass im Mietvertrag auch eine andere Vereinbarung wirksam zwischen den Parteien geregelt sein kann.

Weitere Stichwörter:
Heizkosten, Heizkostenabrechnung, Zwischenablesekosten

Zwischenabrechnung

Endet ein Mietverhältnis während einer Abrechnungsperiode (meist das Kalenderjahr), kann der Mieter grundsätzlich keine Zwischenabrechnung vom Vermieter verlangen, wohl aber eine Zwischenablesung. Nach § 566 Abs. 3 BGB ist der Vermieter nicht zu Teilabrechnungen verpflichtet. Wörtlich heißt es dort:

§ 566 Abs. 3 BGB

Über die Vorauszahlungen für Betriebskosten ist jährlich abzurechnen; dabei ist der Grundsatz der Wirtschaftlichkeit zu beachten. Die Abrechnung ist dem Mieter spätestens bis zum Ablauf des zwölften Monats nach Ende des Abrechnungszeitraums mitzuteilen. Nach Ablauf dieser Frist ist die Geltendmachung einer Nachforderung durch den Vermieter ausgeschlossen, es sei denn, der Vermieter hat die verspätete Geltendmachung nicht zu vertreten. Der Vermieter ist zu Teilabrechnungen nicht verpflichtet. Einwendungen gegen die Abrechnung hat der Mieter dem Vermieter spätestens bis zum Ablauf des zwölften Monats nach Zugang der Abrechnung mitzuteilen. Nach Ablauf dieser Frist kann der Mieter Einwendungen nicht mehr geltend machen, es sei denn, der Mieter hat die verspätete Geltendmachung nicht zu vertreten.

Demnach muss der Mieter auf die Vorlage der Betriebskostenabrechnung mindestens bis zum Ablauf der Abrechnungsfrist warten. Ggf. muss der Vermieter schon über die einbehaltene Kaution (Sicherheitsleistung) abrechnen, ohne dass er die Betriebskosten des letzten Abrechnungszeitraumes abrechnen muss: Er darf grundsätzlich einen Pauschalbetrag von der Kaution bis zur fristgemäßen Vorlage der Betriebskostenabrechnung einbehalten. Der Höhe nach darf dieser Betrag die zu erwartende Nachzahlung nur geringfügig im Rahmen der üblichen Preissteigerung übersteigen. Hatte der Mieter im Vorjahr ein Guthaben, darf der Einbehalt an der Kaution nur ganz gering ausfallen.

Weitere Stichwörter:
Abrechnungsperiode, Nachzahlungssaldo, Zwischenablesung